Justice, Droit et Justification

Philosophie et transculturalité

Sous la direction de
Jacques Poulain (Paris),
Hans Jörg Sandkühler (Brême),
Fathi Triki (Tunis)

Vol. 9

En coopération avec les
Chaires UNESCO de Philosophie à Tunis et à Paris
et la Section allemande «Droits de l'homme et cultures»
de la Chaire UNESCO (Paris) à Brême

PETER LANG
Frankfurt am Main · Berlin · Bern · Bruxelles · New York · Oxford · Wien

Jacques Poulain
Hans Jörg Sandkühler
Fathi Triki
(éds.)

Justice, Droit et Justification

Perspectives transculturelles

PETER LANG
Internationaler Verlag der Wissenschaften

Information bibliographique de la Deutsche Nationalbibliothek
La Deutsche Nationalbibliothek a répertorié cette publication dans la Deutsche Nationalbibliographie; les données bibliographiques détaillées peuvent être consultées sur Internet à l'adresse http://dnb.d-nb.de.

ISSN 1618-467X
ISBN 978-3-631-60824-1

www.peterlang.de

Table des matières

Avant-propos

Des équipes de recherche des Chaires UNESCO de Philosophie à l'Université de Tunis, à l'Université de Paris VIII et de la Section allemande « Droits de l'homme et cultures » de la Chaire UNESCO de Philosophie (Paris) à l'Université de Brême organisent depuis 2000 des colloques sur la Philosophie transculturelle. Au centre de la coopération figurent les questions qui concernent, d'un côté, le dialogue transculturel et, de l'autre, les contributions philosophiques au développement de la réflexion critique sur les sciences, la politique et le droit, l'éthique et l'esthétique dans les cadres de l'UNESCO. L'instrument de travail commun est la philosophie, entendue au sens large, en tant que pensée théorique, ouverte sur le savoir fourni par d'autres disciplines. Le travail des notions et des concepts philosophiques, le renouvellement du glossaire des idées et la mise en question des visions du monde aident à mieux maîtriser ce dernier. Par l'examen attentif des modes de culture, par l'introduction d'un nouvel universalisme qui prend au sérieux les différences et les diversités, la philosophie participe à l'édifier d'une identité plurielle, ouverte à l'homme contemporain.

Le 10ème colloque «Justice, Droit et Justification. Perspectives transculturelles» a été organisé à Brême en 2009.

La collection « Philosophie et transculturalité » dans laquelle paraît ce volume a été publiée d'abord en allemand et en français; elle a été intitulée « Philosophie des Zusammen-lebens/Philosopher le vivre-ensemble » : *Die Aufgaben der Philosophie in der transkulturellen Welt. La tâche de la philosophie dans le monde transculturel* (Vol. 1, 2002), *Der Fremde und die Gerechtigkeit. L'étranger et la justice* (Vol. 2, 2003) und *Gewalt und Recht in transkultureller Perspektive. Violence et droits dans une perspective transculturelle* (Vol. 3, 2004). Désormais les travaux sont publiés dans deux collections : la collection française « Philosophie et transculturalité » et allemande « Philosophie und Transkulturalität ».

Nous remercions Mme Catherine Garcia-Szczesny et M. Sarhan Dhouib pour leur aide précieuse, car sans leur patient travail de correction des épreuves et de collection des textes ce livre ne pourrait pas paraître.

Paris – Brême – Tunis, mars 2010 J. P./ H.J. S./ F. T.

Hans Jörg Sandkühler

Justice, droit et justification. Introduction

Cette introduction est consacrée à une interrogation sur la signification des notions de « justice », « droit » et « justification ». D'un plus grand intérêt que leur définition est cependant le problème de leur corrélation.

Je défends les quatre thèses suivantes :

i) Les humains n'agissent pas tous et toujours équitablement, ni envers leurs contemporains, ni envers les générations futures.[1]

ii) C'est la raison pour laquelle les revendications morales de justice sont transformées en droit juridique.

iii) Le droit doit être un droit juste, son fondement et sa mesure doivent donc être la justice.

iv) Les propositions concernant la justice ne se réfèrent pas directement à un fait donné, à une entité; parce qu'elles dépendent d'attitudes épistémiques, de convictions, de théories et de cultures épistémiques[2], elles nécessitent une justification épistémique.

Ces quatre thèses soumettent le débat sur la justice et le droit à certaines modalités : étant donné que dans le monde dans lequel nous vivons, *de facto*, droit et justice ne coïncident pas *a priori*, l'énoncé « le droit se base sur la justice » serait donc un énoncé descriptif erroné. Les notions de « justice », de « droit » et de « justification » sont des éléments et fonctions de *théorie normative*. Autrement dit : l'énoncé normatif selon lequel la justice *doit être* la base et la mesure du droit *doit* faire l'objet d'une justification épistémique.

1. La justice

La justice est un principe essentiel de l'organisation du vivre-ensemble humain et une norme politique centrale depuis qu'Aristote l'a définie comme étant une vertu en rapport avec l'Autre (*pros heteron*).[3] Une caractéristique constitutive de la justice est l'égalité. Des personnes considérées comme égales en vertu de traits

1 Cf. Meyer 2009.
2 Cf. Sandkühler 2009c.
3 Aristoteles, Ethique de Nicomaque, V, 3, 1129 b 32.

communs essentiels doivent être traitées à égalité. Ceci est le principe *formel* de la justice défini par Aristote qui se réfère ici à Platon.[4] Une action est juste quand elle accorde à une personne ce qui lui revient.

Stefan Gosepath précise : « La justice concerne (...) la totalité des revendications et obligations réciproques ou droits et devoirs d'ordre moral que les humains ont les uns envers les autres en toute impartialité. Cette définition est purement formelle, car elle ne répond pas à la question essentielle qui est de savoir à qui revient quoi. La définition communément admise de la justice contient plusieurs variables, que l'on doit cerner afin de parvenir à des conceptions plus spécifiques. (...) Une conception de la justice doit donner une réponse fondée à la question suivante : qui doit quoi à qui, dans quelles circonstances, de quelle manière, pour quelle raison, de quel point de vue, au nom de quel principe et à quelle fin? Les questions soulevées par la notion de justice concernent donc au moins les (...) dimensions suivantes : (1) les circonstances, (2) les objets, (3) les sujets, (4) la dimension, (5) la perspective de justification, (6) les raisons, (7) les catégories et (8) les principes de la justice (...) La perspective de l'impartialité, essentielle à la justice, nécessite deux données : l'impartialité commande d'une part l'utilisation impartiale d'une norme fixée (...). L'application des règles réclame d'autre part une impartialité comprise en interdiction de maximes fondées sur un particularisme ou sur l'égoïsme purs. Ce que l'on réclame par contre est une impartialité de second degré : une justification impartiale ou du moins une justifiabilité des normes en question. (...) Le contenu de la justice nomme les principes et critères matériels de la justice. Toutes les conceptions modernes de la justice acceptent une norme de base commune : les humains doivent tous être par principe considérés comme égaux, c'est-à-dire pourvus de la même dignité. Chaque humain doit donc être traité à considération et égard égaux. Selon l'approche que chaque conception a de la norme fondamentale d'une égalité dans la dignité, existent des conceptions différentes de l'équité ou de la justice entre personnes égales. »[5]

La justice est une norme. Platon déjà pose la question dans sa *Politeia* : Pourquoi doit-on respecter la règle générale de la justice jusque dans ses propres actes? Les règles dictant un comportement juste doivent être bien sûr respectées par tous, mais il pourrait être plus profitable à un individu que tous obéissent à la règle, sauf lui-même. Ainsi, depuis l'antiquité, le problème de la relation entre justice, politique et droit est à l'ordre du jour.

Le 20ème siècle a traité de ce problème par le biais d'une controverse sur le droit naturel et le positivisme juridique – en Allemagne surtout entre Hans Kelsen, représentant du positivisme juridique, et Gustav Radbruch, dont le but fut une médiation entre les deux positions.

4 *Ibid.*, 1131a10-b15.
5 Gosepath 2009.

Ni l'idée de droit – chez Radbruch : la justice – ni le droit positif ne peuvent se comprendre comme une objectivité ontiquement « donnée » par la nature, la raison ou l'histoire, une objectivité que les sujets de droit n'auraient qu'à reconnaître ou interpréter.

Tel est le fondement de ce que dit Hans Kelsen : « Si la justice existait au sens où on l'invoque habituellement quand on veut satisfaire certains intérêts au détriment de ceux des autres, alors le droit positif serait tout à fait superflu et son existence inconcevable. »[6] Si la justice et le droit ne sont pas fondés ontiquement et si on ne peut les fonder ontologiquement, alors le conflit d'interprétations relatif à la définition du « droit juste » est inévitable. Le pluralisme[7], le relativisme et le droit à la divergence interfèrent aussi dans les réponses à la question du droit juste. Il faut, dès lors, se demander quelles justifications de la justice et du droit ont le plus de chances d'être reconnues.

Kelsen et Radbruch connaissent et acceptent le problème du relativisme.[8] Kelsen relie les arguments suivants : Dans les sociétés coexistent des systèmes moraux entièrement différents et contradictoires; c'est pourquoi il n'y a que des valeurs relatives; l'exigence selon laquelle les normes devraient être justes pour être considérées comme relevant du droit revient à dire que ces normes doivent contenir quelque chose qui serait commun à tous les systèmes de justice; le seul point commun est que ces normes posent un comportement déterminé comme étant de l'ordre du devoir; « alors en ce sens relatif, tout droit est moral, tout droit constitue une valeur morale – relative. Avec cette nuance : la question du rapport entre droit et morale n'est pas une question relative au contenu du droit mais à sa forme »; si le droit est par définition moral, « cela n'a pas de sens d'exiger, sous la présupposition d'une valeur morale absolue, que le droit soit moral ». La conclusion de Kelsen consiste en la thèse de la séparation – la « séparation du droit et de la morale et du droit et de la justice » : « L'exigence soumise à la présupposition d'une doctrine relativiste des valeurs, exigence qui consiste à séparer le droit de la morale, et donc le droit de la justice signifie que [...] l'on exprime – quand un ordre juridique est estimé comme moral ou non-moral, juste ou injuste – le rapport de cet ordre juridique à un système moral parmi de nombreux autres systèmes possibles et non pas à ce qu'on appelle « la » morale, et que l'on exprime par conséquent un jugement de valeur relatif et non absolu. »[9] Le bilan de Kelsen est le suivant : la théorie pure du droit « pose la question du droit réel et possible, et non celle du droit « idéal », « juste » ».[10]

6 Kelsen 1985, p. 15.
7 Cf. Sandkühler 2004.
8 Cf. Sandkühler 2002.
9 Kelsen 1992, pp. 66-69.
10 *Ibid.*, p. 112.

Gustav Radbruch, qui se situe à l'antipode de Kelsen, souligne également dans sa *Philosophie du droit* (1932) l'importance du « relativisme » qui est, selon lui, la « présupposition idéelle de la démocratie ».[11] Cependant, il en tire des conséquences tout à fait différentes : « le droit est la réalité dont le sens consiste à servir les valeurs juridiques, l'idée du droit. Le concept de droit s'appuie donc sur l'idée de droit. » Que contient cette idée de droit? Cette idée n'est rien d'autre que la justice. Il est question d'une justice qui n'est pas mesurée au droit positif; c'est le droit positif qui est mesuré par elle.[12] Cette réhabilitation des principes du droit naturel semble rendre Radbruch impuissant face à des objections justifiées, qu'il a d'ailleurs aussi lui-même soulevées, contre la fonctionnalisation de la nature dans le concept de droit. Pourtant, tel n'est pas le cas. Radbruch attribue un caractère historique et une positivité juridique aux principes universels du droit à travers lesquels se réalisent les formes relatives de la justice. Il montre en 1945, que le relativisme des valeurs et du droit paie assurément le prix pour réhabiliter un droit naturel minimal. Ce prix est la conviction que le droit doit suivre la raison; il postule ainsi une raison dans le droit, raison post-métaphysique et non plus substantielle qui s'exprime dans les droits de l'homme devenus positifs.

Selon la « formule de Radbruch », un droit positif injuste peut aussi revendiquer une validité, mais seulement jusqu'au point où la négation de la justice atteint une telle ampleur que la loi devenue droit erroné doit faire place à la justice.[13]

Dans le cadre de nouvelles théories de la justice, le « principe de la différence » formulé par John Rawls en vue d'une définition de la *justice sociale* a été primordial. Dans son esprit, les inégalités sociales et économiques ne sont admissibles dans une société juste que dans le seul but de favoriser au maximum ses membres les plus défavorisés.[14] La théorie de *justice politique* de Rawls mise sur un « overlapping consensus » entre vérités éthiques concurrentielles, et ce consensus est sensé être plus vaste qu'un « modus vivendi » stratégique.

La théorie libérale de justice a soulevé, entre autres, l'opposition de Martha C. Nussbaum. Celle-ci argumente, en se référant à Aristote, qu'une notion positive de « bonne vie » serait indispensable en politique. Les humains ont des aptitudes, ajoute-t-elle, « qui aspirent à une certaine application et attendent de celle-ci leur réalisation ».[15] Les aptitudes humaines fondamentales justifient elles-mêmes la revendication de leur réalisation pratique. Nussbaum en déduit aussi que l'État a

[11] Radbruch 1992, p. 3 sq.
[12] *Ibid.*, p. 34 sq.
[13] Radbruch 1973, p. 345.
[14] Rawls 1971, p. 72; Rawls 2001, p. 42 sq.
[15] Nussbaum 1999, p. 112.

le devoir de créer de justes conditions permettant la réalisation des aptitudes humaines.

2. Le droit

Le droit existe dans un sens objectif comme subjectif. « Le droit objectif – en anglais *law* – est une règle d'action qui sert au vivre-ensemble. (…) On distingue le droit matériel de règlementation du droit judiciaire et procédurier d'imposition du droit matériel, le droit constitutionnel du droit simple, le droit contraignant (*ius cogens*) du droit dispositif (*ius dispositivum*) dont l'application peut être modifiée par les contractants, enfin le droit en rigueur (*de lege lata*) du droit futur (*de lege ferenda*). (...) Le droit subjectif, en anglais *right*, est la possibilité d'agir dans le cadre de règles de vie comme le droit, la morale, la politique, l'éthique, le droit naturel ou la révélation religieuse, c'est-à-dire la possibilité de faire ou de ne pas faire une chose, de la posséder ou de la réclamer. L'ordre existant peut reconnaitre ces possibilités d'action, les permettre ou les générer. La notion du droit subjectif se réfère à la notion de devoir au niveau de la nécessité non-causale d'action (…). Georg Jellinek a proposé une classification spécifique courante encore de nos jours des droits publics subjectifs. Il différencie quatre rapports fondamentaux d'individu à l'État : une attitude passive de soumission au pouvoir, une attitude négative de défense contre les interventions du pouvoir dans la sphère privée de la liberté, une attitude positive de revendication à la productivité et à la reconnaissance et une attitude active d'engagement personnel en faveur de l'État. Alors que la première attitude de soumission passive ne mène pas aux droits subjectifs, les trois autres aboutissent aux droits subjectifs des *status negativus*, *positivus* et *activus*, c'est-à-dire aux droits de liberté, de revendication, de productivité et d'intervention/participation. »[16]

Ces énoncés succincts omettent une question essentielle à notre contexte – celle concernant les raisons d'une transformation d'un droit moral à la justice en droit positif. La réponse, qui ne peut être ici qu'esquissée, a des dimensions épistémologiques, anthropologiques et politiques : les humains ne disposent pas de la seule et unique vérité, pas plus qu'ils ne sont « par l'Être » appelés à être les représentants d'une vérité; ceci est aussi valable pour les vérités morales. Le savoir et l'agir moraux s'élaborent dans les contextes du pluralisme des cultures épistémiques et des pratiques sociales.

Les normes de conduite dérivent d'une multitude de versions possibles du monde dans les contextes desquelles les perceptions du bien, de la justice et de l'acte juste se différencient également. Il s'en suit un pluralisme et un relativisme des convictions morales et du comportement politique dans la société et l'État.

[16] Von der Pfordten 2009.

Dans la mesure où, en absence de garantie de liberté et justice pour tous, la liberté individuelle s'anéantit elle-même, le pluralisme épistémique, moral et politique réclame une réponse à la question que posent les modalités d'une application de la justice.

Ma proposition est de répondre à cette question dans le contexte d'une théorie normative du droit et de l'État de droit. La critique pratique de l'injustice et des déformations de l'État de droit et de l'État social devient une critique dans le sens d'une justification normative des fonctions du droit et de l'État de droit. Quelles pourraient être les fondements d'une telle critique? L'éthique? La morale? La religion? Une éthique? Une morale? Une religion? Une obligation générale et praticable à une éthique, morale ou religion n'est pas une caractéristique des sociétés modernes. Hans Kelsen en déduisait « le renoncement à l'habitude tenace de poser des revendications, qui ne peuvent qu'avoir un caractère hautement subjectif, en se référant à une instance objective, et ceci même en toute bonne croyance de représenter l'idéal d'une religion, nation ou classe sociale ».[17]

De bonnes raisons s'opposent à l'hypothèse d'une éthique, morale ou religion qui pourrait jeter les bases universellement contraignantes et efficaces d'une critique de l'injustice. Je nomme ici l'expérience que nous avons de nous-mêmes : nous ne sommes pas absolument bons et n'agissons pas toujours d'après les règles du bien et de la justice.

Les considérations d'ordre théorique et pratique attestent en conséquence qu'aucune morale privée ne peut être la base d'une norme de justice et de critique à l'injustice. La critique doit se faire dans le cadre du droit. Il faut bien sûr ajouter ici dans le cadre *de quel droit*. Il ne peut être question de droit tout-court, mais bien du droit qui satisfait aux normes de la dignité humaine[18], de l'égalité, de la liberté, de la justice et des droits de l'homme. Dans ce cadre, les préférences individuelles ne peuvent être universalisées. Pour cette raison exige l'État de droit des principes *formels* de justice, d'égalité et de généralité du droit indifférents aux interprétations du monde et aux préférences individuelles.

Les expériences que nous avons de nous-mêmes, et qui mènent à la transformation des revendications morales en droit positif, se reflètent dans la théorie politique des temps modernes, particulièrement dans la relation de la morale au droit – par exemple les hypothèses d'un contrat social – et dans la juridisation de la morale par le droit. La philosophie des Lumières se donna comme but le perfectionnement de l'espèce humaine. « Le progrès de l'humanité » fut une notion critique, dirigée vers le futur. L'idée d'un perfectionnement futur ne reposait pas sur un optimisme philanthropique. Bien au contraire : l'image de l'homme qui, dans la lignée de Machiavel, Pascal et Hobbes, influença la pensée historique et politique, était pessimiste. De Locke aux fédéralistes américains, en passant par

17 Kelsen 1985, p. XI.
18 Cf. Sandkühler 2007, 2007a, 2009a.

Kant, Turgot, Smith et d'autres, l'image de l'homme ne passe sous silence aucun des déficits foncièrement inhérents à la nature humaine. C'est ce que montre l'exemple des *Federalist Papers* destinés, en pleine phase de fondation des Etats-Unis, à en rechercher la forme d'organisation; ainsi de ce propos de J. Madison : « L'intérêt personnel de l'individu doit être associé aux droits constitutionnels. Que de tels artifices soient nécessaires est peut-être l'expression de l'imperfection de la nature humaine (...). Mais que les hommes aient besoin d'un gouvernement n'est-il pas déjà la plus claire expression du défaut de la nature humaine ? »[19] La solution de Kant à ce problème est la suivante : « Dans leur méchanceté naturelle et dans leur situation de domination des uns sur les autres, les hommes ont besoin d'un pouvoir qui maintienne sous la *contrainte de la loi publique* chacune de leurs associations plus étendues et qui, ce faisant, garantisse à chacun son droit. (...) La contrainte qui peut être légalement imposée à un homme par un autre homme ne peut les viser, en tant qu'ils sont sujets de droits, qu'au moyen d'une *législation* à laquelle ils doivent obéir, à laquelle ils ont donné leur voix ou qui, plutôt, est devenue loi par l'union des volontés. (...) quand bien même nous n'aurions pas de raisons théoriquement suffisantes, quand bien même les politiciens nous vanteraient de tous autres moyens, il nous faudrait *agir comme si* le genre humain aspirait toujours à être meilleur. »[20]

Dans cette perspective, la juridisation des revendications morales à la justice émane d'une *anthropologie critique* qui implique le déficit moral des humains.

Il existe un troisième bon argument pour la transformation des revendications morales en droit positif. Il émane d'un scepticisme envers les acteurs du droit et de l'État, donc envers nous-mêmes. Le chemin est long entre les convictions d'ordre moral et leur application. Ceci est une évidence. Et parce qu'elle nous est évidente, nous misons sur une juridiction qui protège dans l'État de Droit les libertés subjectives en un système juridique objectif jouissant de la plus large

19 J. Madison, *The Federalist No. 51.* The Structure of the Government Must Furnish the Proper Checks and Balances Between the Different Departments. *Independent Journal* Wednesday, February 6, 1788 : « The interest of the man must be connected with the constitutional rights of the place. It may be a reflection on human nature, that such devices should be necessary to control the abuses of government. But what is government itself, but the greatest of all reflections on human nature ? If men were angels, no government would be necessary. If angels were to govern men, neither external nor internal controls on government would be necessary. In framing a government which is to be administered by men over men, the great difficulty lies in this : you must first enable the government to control the governed; and in the next place oblige it to control itself. A dependence on the people is, no doubt, the primary control on the government; but experience has taught mankind the necessity of auxiliary precautions. »

20 Kant, Ein Reinschriftfragment zu Kants ‹Streit der Fakultäten› (aus dem Nachlass: bis 1798), Loses Blatt Krakau. In : *Kant-Studien* 51 (1959/60), pp. 5-8.

acceptation unanime possible. En citant Habermas : « Le droit transfère les exigences normatives des individus libérés de leur charge morale aux lois, qui assurent la compatibilité des libertés d'action individuelles. »[21] Habermas ajoute : « Le système juridique (...) signifie pour l'individu, sous l'aspect de la complémentarité du droit et de la morale, une décharge des responsabilités de son propre jugement moral. »[22]

3. *La justification*

Ma thèse de départ était que tous les énoncés sur la justice et le droit nécessitent une justification épistémique, car la vérité des choses ne se manifeste pas par elle-même. « Justification épistémique » est une des notions essentielles et controversées de la théorie de la connaissance et du savoir.[23] D'après la définition communément courante aujourd'hui du mot, « savoir » est une conviction vraie justifié. Au lieu de définition, il serait plus adapté de parler de problème. Les représentants d'un réalisme métaphysique partent d'une directe référence de nos énoncés aux objets, évènements etc., et parviennent à un autre résultat en ce qui concerne la justification épistémique que les représentants des réalisme interne, pluralisme et contextualisme. Ces derniers admettent une dépendance de la pensée et de la connaissance, ainsi que de nos énoncés de réseau sémantique et sémiotique, de systèmes de signes, symboles, descriptions et interprétations.

La conviction d'un sujet *S* à propos d'un fait donné *p* est reconnue comme étant licite vue d'une perspective réaliste si le sujet croit disposer à un moment défini d'une raison suffisante de justification. Les conditions nécessaires sont les suivantes :

(i) *S* croit que *p*;
(ii) *p* est vrai et
(iii) *S* peut justifier sa certitude.

Mais il est douteux que cette *triade de prémisses* soit entièrement réalisable. *Si* elle l'était, il serait juste de parler de savoir comme conviction justifiée ou croyance vraie justifiée – *si* la différence entre savoir et croire et la signification de « vrai » étaient définissables sans équivoque et les critères et standards de justification incontestables. Chaque déclaration d'un sujet par rapport à *p* est liée

[21] Habermas 1994, p. 110.

[22] *Ibid.*, p. 147.

[23] La notion de justification est intimement liée aux notions de droit et de justice; cf. Mann 1992. Nous ne pouvons ici traiter l'aspect théologique de justification; celle-ci a deux préliminaires: le péché originel et le libre-arbitre; justification est d'après Thomas d'Aquin l'acte de grâce de Dieu. Pour la justification épistémique cf. Goldman 1979, Alston 2005, Matthiessen/ Willaschek 2009, Sandkühler 2009.

par une attitude propositionnelle au contenu propositionnel *p* : *S* croit, souhaite, craint, affirme « que *p* ». Les conditions de plausibilité des convictions sont examinées pour la simple raison que, dans la majorité des cas, leur fondement n'est pas évident. Les attitudes propositionnelles se basent sur des convictions.

L'observance de règles de justification conditionnelle empirique de conviction – sois convaincu « que *p* », si l'existence de *p* est garantie de manière empirique – ne fait pas la règle, mais l'exception. En tant que norme de justifications du savoir elle n'est pas universalisable. La plupart des convictions ne seront pas justifiées de façon empirique, leur véracité supposée se base bien mieux sur une *reconnaissance pragmatique* individuelle et interindividuelle. L'énoncé de « *p* » est accepté comme vrai si une personne ou un groupe a de bonnes raisons (des raisons supposées bonnes) de le reconnaître comme tel. Ce qui est reconnu est censé être justifié.

Sommes-nous à même de nous attribuer un savoir et d'émettre ainsi des énoncés sur le monde extérieur pouvant passer pour vrais? La réponse du réaliste interne à cette question ne sera pas le « oui » du représentant de la théorie de correspondance, pas plus que le « non » du sceptique; sa réponse contextualiste sera : « cela dépend ». La véracité du savoir est une vérité caractérisée par le contexte sémantique respectif. Au processus de genèse du savoir et à sa dynamique participent des postulats d'autorité et des standards de justification spécifiques. Leur sont inhérents un certain habitus, certaines évidences, perspectives et présuppositions, certaines convictions, des lieux-communs langagiers, sémiotiques et sémantiques, des habitudes de comportements, des pratiques et techniques culturelles spécifiques et des valeurs, normes et règles reconnues dans ce contexte précis.

Tant qu'on y adhère, une conviction est une habitude qui ne s'évalue pas – pas d'emblée du moins – en regard de critères de rationalité et/ou de moralité. Elle remplit sa fonction d'habitude et échappe, en tant qu'opinion évidente, au savoir et au contrôle de celui qui y adhère. Le « tribunal de la raison » de Kant n'existe pas pour les convictions. Nos convictions créent par le biais de stéréotypes et de routines une identité propre, une conformité aux communautés de convictions. Ou bien, avec les mots de R. Rorty : « Qui a des convictions (…) sera toujours à même d'en justifier la plupart en se référant pour ce faire à des raisons qui correspondent aux exigences de cette communauté. »[24]

Le problème épistémologique lié aux convictions et à leur justification ne réside pas dans le fait que la connaissance serait en fait censée représenter la réalité comme telle. Il ne repose pas dans le fait que les convictions engendrent des attitudes propositionnelles et contaminent ainsi les contenus propositionnels. Les convictions se rapportant à des faits peuvent être pertinentes car la réalité

[24] Cf. Rorty 1994, p. 29.

n'oblige à aucune conviction et les versions possibles du monde jouissent d'une grande part de liberté. L'erreur est humaine.

Concernant les entités non-observables, il semble n'exister aucune différence entre conviction et savoir. Le savoir est dans tous ces cas une forme de croyance et la vérification ne peut être assurée ni ontologiquement, ni épistémologiquement. Ce genre de convictions n'est pas l'exception, mais bien au contraire plus répandue et représentée dans les cultures épistémiques que les convictions appuyées sur l'empirie. Dans la vie sociale quotidienne, la plupart des convictions souscrivent *de facto* à d'autres normes que celles de la justification empirique.

Toutefois le sens commun peut évoluer par raisons pragmatiques dans le cadre des convictions sans pour cela réclamer une garantie ontologique pour les propositions qu'elle induit. Ceci est surtout valable pour les convictions et discours religieux et idéologiques, dans lesquels la différence entre « existant » et « non-existant » comme base d'évaluation du « vrai » et « non-vrai » disparaît. Au lieu d'une revendication de réelle existence de *p* apparaissent des critères de reconnaissance épistémique de ce que *p*. Ces derniers se contentent de motivations beaucoup plus déficientes que les justifications épistémiques. La reconnaissance d'un fait ne présuppose pas l'existence de motifs empiriques pour sa justification. La reconnaissance a ses sources dans les expériences depuis toujours éprouvées, dans la vraisemblance d'autorités, dans les critères présumés de l'utilité et dans l'aboutissement : je suis autorisé à savoir « que *p* » si l'expérience l'enseigne, si les autorités le croient ou croient le savoir, si cela est utile ou bien facilite le succès, le mien comme celui d'un tiers, du peuple, de l'humanité.

Ces convictions sont essentiellement infaillibles. Leur démenti empirique ne dévalorise pas nécessairement leur rôle de savoir qu'il y a lieu de croire. Car la reconnaissance d'une conviction comprise comme justification résulte de la conviction première qu'un système de convictions est cohérent[25] et, dans l'ensemble de ses évidences, justifié.[26]

C'est la raison pour laquelle je plaide pour une *stratégie faible de la reconnaissance* plutôt que pour une stratégie forte de justification épistémique; la stratégie faible est fondée sur des évidences et ontologiquement neutre. Elle se contente de la supposition de correspondance, mais *de facto* n'attend pas davantage que la cohérence; elle est fonctionnelle, fondée de manière pragmatique et facilite la *compréhension* des convictions et de leurs énoncés. Elle minimise les revendications de vérité normatives : le système de convictions décide de l'utilisation du prédicat « vrai »; « vrai » ne doit pas nécessairement désigner une relation entre les énoncés appartenant à un système de convictions et faits du «monde réel »; une conviction sera reconnue comme vraie, si elle reste en toute

25 BonJour 1985, p. 93 sq.

26 On n'attend pas de propositions dans un système cohérent qu'elles soient en relation *causale* ou déductive ou justifiées.

évidence non-réfutée. Cette stratégie faible accepte le problème que le pluralisme de convictions concurrentielles, respectivement cohérentes et tenues pour vraies puisse entrainer le relativisme.

La question n'est pas si cette stratégie existe, mais plutôt d'en estimer la portée; il est évident que les opinions, dogmes et convictions trouvent leur reconnaissance de cette manière. Le problème est de savoir si cette stratégie se limite au secteur des opinions collectives et religieuses, idéologiques et doctrinales. Est-elle aussi défendable en philosophie et sur le terrain de la science?

Vouloir savoir, pouvoir savoir, pouvoir croire et « *avoir* » un savoir sont inhérents à l'humain. De même qu'il est humain de se référer à de bons motifs et justifications du savoir. En dépit de positions relativistes courantes au quotidien, le doute radical et un relativisme épistémologique de l'aléatoire sont non seulement contre-intuitifs mais encore, en regard de la nécessité d'agir, contre-producteurs.

En philosophie, il doit être permis de demander quelle *certitude* peut offrir quel savoir à qui et dans quelles limites des revendication de savoir et de vérité peuvent être validées à bon escient. Le non-aboutissement et le non-savoir, l'incertitude et le doute appartiennent au pouvoir-savoir. En tant que provocation permanente intimement liée au *savoir de dimension humaine*, la question de la certitude oblige à considérer, dans une perspective critique, tout individuel « je sais » plus humblement comme un « je crois savoir ».

Cette retenue facilite la reconnaissance de l'altérité, la charité (principe de l'interprétation bienveillante) dans l'effort de compréhension, la tolérance envers les convictions d'autrui dans les limites moralement et juridiquement défendables exprimées par les droits de l'homme et le *sensus communis* en base normative de la reconnaissance de convictions en tant que savoir.

Bibliographie

Alston, W.P., 2005, *Beyond ‹Justification›. Dimensions of Epistemic Evaluation*, Ithaca/ London.

BonJour, L., 1985, *The Structure of Empirical Knowledge*, Cambridge (MA.)

Goldman, A., 1979, What is justified belief? In : Pappas 1979.

Gosepath, S., 2009, Gerechtigkeit. In : H.J. Sandkühler (Éd.), *Enzyklopädie Philosophie*, 2ème éd., 3 vol., vol. 1, Hamburg.

Habermas, J., 41994 [1992], *Faktizität und Geltung. Beiträge zur Diskurstheorie des Rechts und des demokratischen Rechtsstaats*, Frankfurt/M.

Hamilton, A./ J. Madison/ J. Jay, 1993, *Die Federalist Papers*. Übers., eingel. und mit Anmerkungen versehen v. B. Zehnpfennig, Darmstadt.

Kelsen, H., 1985 [1934], *Reine Rechtslehre. Einleitung in die rechtswissenschaftliche Problematik*, 1. Aufl.. Mit Vorw. zum Neudruck v. S.L. Paulson, Aalen.

Kelsen, H., 1992 [1960], *Reine Rechtslehre*. Zweite, vollst. neu bearb. und erw. Aufl. 1960, Nachdruck, Wien.

Kelsen, H., 2000 [1953], *Was ist Gerechtigkeit?* Nachwort von Robert Walter, Stuttgart.

Mann, W., 1992, Rechtfertigung. In : J. Ritter/ K. Gründer (Éd.), *Historisches Wörterbuch der Philosoophie*, Bd. 8, Basel/Stuttgart.

Matthiessen, H.O./ M. Willaschek, 2009, Rechtfertigung, epistemische. In : H.J. Sandkühler (Éd.), *Enzyklopädie Philosophie*, 2ème éd., 3 vol., vol. 3, Hamburg.

Meyer, L.H., 2009, Rechte zukünftiger Generationen. In : H.J. Sandkühler (Éd.), *Enzyklopädie Philosophie*, 2ème éd., 3 vol., vol. 3, Hamburg.

Pappas, G. (ed.), 1979, *Justification and Knowledge*, Dordrecht.

Radbruch, G., 21959 [1947], *Vorschule der Rechtsphilosophie*, Göttingen.

Radbruch, G., 1963 [31932], *Rechtsphilosophie*. Sechste Aufl. Nach dem Tode d. Verf. besorgt v. Erik Wolf, Stuttgart.

Radbruch, G., 81973, *Rechtsphilosophie*, Stuttgart.

Radbruch, G., 1990, Der Relativismus in der Rechtsphilosophie. In : idem, *Gesamtausgabe, Rechtsphilosophie III*, hg. v. Winfried Hassemer.

Radbruch, G., 1999 [1932], *Rechtsphilosophie. Studienausgabe*. Hg. v. R. Dreier/ S.L. Paulson, Göttingen.

Rawls, J., 1971, *A Theory of Justice*, Cambridge MA.

Rawls, J., 2001, *Justice as Fairness*, Cambridge MA.

Rorty, R., 1994, *Hoffnung statt Erkenntnis. Eine Einführung in die pragmatische Philosophie*. Aus d. Amerik. v. J. Schulte, Wien.

Sandkühler, H.J., 2002, ‚Natur' des Rechts und Relativismus im Recht. Eine Studie zu Gustav Radbruch und Hans Kelsen im Kontext des Neukantianismus. In : *Neukantianismus und Rechtsphilosophie*, hg. v. R. Alexy et al., Baden-Baden 2002.

Sandkühler, H.J., 2004, Pluralism, Cultures of Knowledge, Transculturality, and Fundamental Rights. In : idem/Hong-Bin Lim (eds.), *Transculturality – Epistemology, Ethics, and Politics*, Frankfurt/M. et al.

Sandkühler, H.J. (Éd.), 2007, *Menschenwürde. Philosophische, theologische und juristische Analysen*, Frankfurt/M. et al.

Sandkühler, H.J., 2007a, Menschenwürde und die Transformation moralischer Rechte in positives Recht. In : idem 2007.

Sandkühler, H.J., 2009, *Kritik der Repräsentation. Einführung in die Theorie der Überzeugungen, der Wissenskulturen und des Wissens*, Frankfurt/M.

Sandkühler, H.J., 2009a, La dignité humaine et la transformation des droits moraux en droit positif – Introduction. In : Jacques Poulain, Hans Jörg Sandkühler, Fathi Triki (Ed.), *La dignité humaine*, Frankfurt/M. et al.

Sandkühler, H.J., 2009b, Menschenrechte. In : idem. (Éd.), *Enzyklopädie Philosophie*, 2ème éd., 3 vol., vol. 3,, Hamburg.

Sandkühler, H.J., 2009c, Wissenskulturen. In : idem (Éd.), Enzyklopädie Philosophie, 2ème éd., 3 vol., vol. 3, Hamburg.

Von der Pfordten, D., 2009, Recht/Gesetz. In : H.J. Sandkühler (Éd.), *Enzyklopädie Philosophie*, 2ème éd., 3 vol., vol. 3, Hamburg.

Jacques Poulain

Qu'est-ce que la justice ?

1. La conscience contemporaine d'injustice et l'enjeu qu'elle ouvre

Les problèmes socio-politiques rencontrés dans l'ancienne République démocratique allemande ont réveillé de façon inédite, dès les premières années de la décennie précédente, la conscience d'injustice sociale. Abordés comme des problèmes de gestion et de redistribution des droits, des devoirs et des biens, ils ont confronté la population des *nouveaux Länder* à l'attrait qu'exerçaient sur elle les succès du libéralisme aussi bien qu'à la peur de l'injustice sociale, qui semblait devoir déferler dès qu'on donnerait libre cours à la mise en application du néolibéralisme sur leur territoire. Parce qu'il était hors de question d'invoquer à nouveau, comme instance infaillible de redistribution des rôles et des biens sociaux, une conscience communautaire discréditée par la faillite du totalitarisme propre au capitalisme d'État, sont apparues tout à coup à la lumière du jour les limites du concept même de justice qui sous-tendait la foi moderne en un progrès historique et social. La conviction de pouvoir transformer l'homme directement et de façon à le faire s'approcher des conditions sociales garantissant une distribution parfaite des droits, des devoirs et des biens se révèle reposer sur une projection dans les idéaux sociaux, des exigences de réciprocité inhérentes à la communication et aux conditions d'accès à une compréhension et à une entente mutuelle parfaitement transparentes à elles-mêmes.

Le retour des nationalismes et des luttes interethniques en Europe et en Afrique dans les années 80 et 90, les explosions de haine raciale aux Etats-Unis et en Afrique, et enfin les rechutes plus récentes dans les fondamentalismes religieux ou politiques ne sont rien d'autre qu'une tentative irrationnelle d'absolutiser la nation, la race, l'Etat ou la religion afin de maîtriser les crises d'injustice économiques et sociales magiquement par le consensus, en faisant de celui-ci le garant de l'existence des peuples. Les institutions juridiques, morales et politiques héritées de la modernité semblent impuissantes à endiguer cette rechute dans un totémisme archaïque. Cette rechute fait disparaître la raison en détruisant toute confiance en elle et en son pouvoir de faire régner la justice et la liberté car elle est assez radicale pour rendre nuls les conseils et les menaces prodigués aux belligérants et condamne les pactes qu'on les force à conclure, à n'exister que sur le papier.

Contrairement aux attentes et à la conviction qui avaient fait de la présupposition de transparence communicationnelle totale le *nec plus ultra* de la conscience du sens de l'histoire, la conscience consensuelle s'avèrerait aussi aveugle que la conscience des individus participant à l'éclatement de ce consensus. La conscience d'injustice se verrait aussi peu fondée à faire valoir inconditionnellement ses droits que ne l'était la conscience de justice, présumée légitimer les programmations de l'évolution sociale. Car ce qui se révèlerait de plus en plus douteux, ce serait la justesse même de cette fascination collective exercée par l'idéal de justice. N'a-t-on pas commis à l'égard de l'humanité la plus grande injustice qu'on puisse commettre à son endroit lorsqu'on a sécularisé son idéal de salut en transformant en instance de bonheur social, le jugement moral par lequel chacun devait se reconnaître heureux d'être heureux : heureux de voir sa conscience de bonheur harmonisée au bonheur que lui avait mérité la réalisation de ses devoirs et de ses rôles sociaux ? Cet enchaînement de chacun aux désirs de tous ne présuppose-t-il pas, pour se légitimer, un savoir collectif sur les besoins, les normes et le bonheur, un savoir partagé par tous, mais un savoir que personne ne pourrait prétendre détenir ?

Si ce savoir collectif n'existe pas, ne persiste plus guère que la conscience généralisée d'injustice qu'on ressent à l'égard de l'histoire elle-même. Cet enchaînement de tous à l'action s'avèrerait alors n'avoir toujours été qu'un esclavage collectif à une perception présumée commune du monde, appelée science, à une distribution aveugle des tâches et des rôles sociaux ainsi qu'à la recherche d'actions consommatoires, privées ou collectives, arbitrairement fixées. L'idée même de justice n'aurait toujours été, et serait vouée à n'être, qu'un moyen idéologique d'enchaînement mutuel à la construction d'un homme enchaîné par lui-même à lui-même. L'humanité aurait payé sa foi en l'histoire par le sacrifice de sa liberté à cet idéal d'enchaînement mutuel : par une hétéronomie qui, avant d'affecter l'action, la perception ou le bonheur qu'on y trouve, s'en serait prise à la pensée elle-même. Cette hétéronomie de pensée aurait ainsi contraint chacun à soumettre son jugement aux préjugés théoriques et pratiques de la communauté ainsi qu'à ses habitudes consommatoires.

Cet échec massif de la raison politique et la répétition de ces malheurs de civilisation qu'on croyait à jamais dépassés, contraignent-t-ils à rejeter comme irrationnelle la volonté moderne de rationaliser les rapports de force en réalisant un idéal de justice dans le respect de l'autonomie des individus et des groupes ? suffit-il d'organiser à bon escient le recours international à la puissance militaire des Etats-nations pour neutraliser toute violence interethnique ou communautaire ? d'imposer par les règlements juridiques adéquats une coexistence pacifique entre les classes sociales et les races ainsi qu'une limitation du droit à l'immigration ? ou invitent-ils chacun à juger autrement de ses conditions sociales d'existence ? à abandonner le rêve moderne de se transformer directement lui-même en être conforme à ses idéaux rationnels comme s'il était un corps de désirs irrationnels et injustes à maîtriser par l'esprit ? comme s'il était déjà pour lui-même l'ennemi que chacun a à combattre en lui-même ? Doit-on abandonner cette volonté de puissance rationnelle héritée par la philosophie moderne des religions des dieux souverains ? Les phénomènes nationalistes, racistes et fondamentalistes ne témoignent-t-ils pas en effet de ce que l'image moderne de l'homme était fausse pour autant qu'elle vouait ce dernier à lutter contre ses désirs et à chercher à se maîtriser ainsi lui-même au lieu de juger de l'objectivité de ces désirs ?

Le concept de justice distributive sur lequel se fondent les institutions juridiques et politiques nord-américaines et européennes est emprunté à un modèle de rétribution équitable dans l'échange, conçu sur le paradigme de l'échange communicationnel et à l'image du contrat entre sujets volontaires et libres. C'est précisément en voulant réaliser de façon visible l'idéal de justice sociale réglé par le contrat qu'apparaissent les insuffisances de la notion d'engagement mutuel dans le caractère à la fois inéluctable et irrationnel des revendications qu'entraîne aveuglément son échec. La réduction des questions de justice à des questions formelles de procédure est en effet interne au modèle anthropologique sous-jacent au concept moderne du sujet. Celui-ci ne peut s'y reconnaître comme tel et libre qu'en soumettant ses rapports d'appropriation du monde, de lui-même et d'autrui à l'approbation d'autrui, dans le contexte d'une satisfaction mutuelle et proportionnelle des droits et des devoirs. Cette tentative de régulation de l'appropriation par les individus et les groupes de leurs actions et de leurs biens apparaît toujours dans ses résultats aussi arbitraire que le vouloir individuel qu'elle prétend régler. L'invocation du consensus comme autorité transcendante aux individus, prônée par les théories contemporaines de la justice de Rawls et d'Habermas, ne fait pas exception à la règle. Au lieu d'y voir une solution, il faut accepter de reconnaître que les théories contractualistes et consensualistes ont produit les impasses éthico-politiques auxquelles elles prétendent faire échapper.

L'enjeu qui s'ouvre au cœur de cette catastrophe culturelle est de dégager l'espace de pensée d'une troisième voie, de faire paraître, la fausseté des images d'homme qui avaient donné à cette justice l'apparence de constituer le seul *Ersatz* sécularisé du salut qu'on ait pu croire valide. Il importe de reconnaître derrière l'échec de l'idée moderne de la justice la source de cette autonomie : la faculté de juger de chacun et de tous, pour lui rendre tout le tranchant que l'imposture des États, des nations, des religions et des peuples s'est si bien entendu à émousser. N'est-ce pas déjà le partage de cette faculté de juger des conditions de vie qui a créé l'espace public de l'existence de tous ? n'est-ce pas lui qui, cette fois encore, se met lui-même en demeure de discerner, derrière cette injustice fondamentale qui éclate au grand jour de la mondialisation économique et qui est inhérente au concept même de justice, les conditions réelles de justice qui ont toujours permis de surmonter les conditions sociales et historiques de l'injustice ? N'est-ce pas déjà ce partage politique du jugement qui s'avère avoir toujours paré à cette insuffisance de l'idéal de justice ?

2. *L'application contemporaine de l'idéal moderne de justice et la manifestation de ses limitations*

Emblème du nouveau désordre mondial aussi bien que de l'ancien, la mondialisation exhibe, sans pouvoir les cacher, les difficultés d'une restructuration de la société qui cherche à faire respecter la justice pour régler les rapports de distribution proportionnelle des tâches et des biens sur la seule base d'une éthique de la solidarité, de la responsabilité et de l'accord mutuel. Le modèle libéral, défendu par J. Rawls depuis 1973, a semblé suffire à cette tâche. Il se contente de conditionner l'accès à l'équité de la distribution des biens, par un libre accès aux rôles sociaux, accordé à tous les partenaires sociaux, reconnus égaux en droit. Son application interne aux Etats ou aux rapports entre Etats a buté et bute encore, on le sait, sur l'inégalité des compétences, qui disqualifie d'avance, par souci d'efficacité, les défavorisés et la plupart des partenaires des pays en voie de développement. La libre entreprise n'a eu, semblait-il, qu'un effet désastreux aux yeux de ceux qui sortaient des « Etats-providence» coloniaux : celui de les spolier de leurs droits sociaux. L'impossibilité de rassembler *ex nihilo* les fonds et les compétences nécessaires à l'instauration et au développement du système de libre entreprise fait éclater au grand jour la dynamique d'exclusion des défavorisés, inhérente au système libéral, qui se trahit de nos jours, dans tous les pays du monde, par la dénégation de leurs droits sociaux.

Les droits de l'homme ont beau en effet avoir été inscrits dans la constitution de presque tous les pays du monde, ils ont beau paraître se situer ainsi au-dessus des rapports de force politique, l'exercice même de ces droits s'est manifesté de plus en plus tributaire de la capacité réelle des États à s'imposer comme arbitre entre les forces politiques et les corporations multinationales. Au fur et à mesure que l'expérimentation économique internationale a pris le pas sur la régulation politique des rapports économiques, il est devenu pratiquement impossible aux États de compenser les inégalités renforcées ou engendrées par cette expérimentation, guidée par la seule exigence de rentabilité. En refusant au maximum de partenaires sociaux l'accès à la sécurité sociale, aux indemnités de chômage, en privant le maximum de citoyens des moyens de se donner une éducation et d'accéder à un logement, on a produit un maximum de non-citoyens, d'hommes privés de l'exercice réel de leurs droits, civils et civiques. La dynamique réelle d'asservissement capitaliste s'est révélé ainsi avoir le dernier mot malgré les prétentions libérales à affirmer l'égalité de chacun dans le respect de sa liberté d'opinion et dans l'horizon d'une solidarité fraternelle. Comment, dans ces conditions, instaurer les bases d'un État de droit libéral et justifier en même temps, d'un point de vue théorique, cette forme d'organisation politico-économique comme la seule capable de fonctionner au bénéfice des plus défavorisés, comme le désire Rawls ? Suffit-il de percer à jour la dynamique d'autofalsification du libéralisme pour en dégager l'antidote ? L'alternative au modèle social américain, présentée par J. Habermas, est construite sur l'idée que le capitalisme avancé ne peut mener effectivement qu'à une impasse : à la paupérisation des classes les plus défavorisées et au renforcement, par l'exclusion civique, de l'asymétrie sociale. Pour l'éviter, Habermas propose de substituer aux rapports de force inscrits dans les structures économiques du capitalisme, la dynamique de communication qui se situe déjà au cœur des mécanismes économiques de l'offre et de la demande, mais qui y demeure inefficace pour la bonne raison que son pouvoir de critique sociale se voit d'emblée neutralisé par la politique libérale et les coalitions d'intérêts que celle-ci laisse prospérer. Une véritable dynamique sociale de la communication exigerait en effet, non seulement un accès égalitaire aux rôles sociaux, mais aussi l'égalité de tous dans la formulation de la loi, assurée par l'ouverture d'une discussion publique sur les besoins et les normes.

Face à la méfiance généralisée qu'inspirent les lois politiques, il s'imposerait de rendre une légitimité aux anciennes et aux nouvelles normes dans lesquelles l'homme contemporain peut se reconnaître : en motivant à nouveau son adhésion à elles, mais rationnellement cette fois. Si l'on prend bien garde d'entourer le débat public des garanties permettant d'assurer à chacun une liberté totale à l'égard des contraintes externes qui pèsent habituellement sur la communication, on peut prendre comme règle gouvernant ce débat, la loi de ne se soumettre qu'à la force du meilleur argument. Seule cette force du meilleur argument pourrait situer ce débat comme elle le doit : au-dessus de la mêlée des intérêts privés ou collectifs ainsi que des rapports de force capitalistes. Elle seule serait digne de faire la loi en rétablissant un rapport de proportionnalité juste entre les droits, les tâches et le bonheur social et individuel accessibles à chacun.

Car la soumission au meilleur argument dans la recherche des besoins universels et des normes universalisables doit témoigner dans la discussion qu'il s'agit bien de besoins et de normes ressentis par tous comme objectifs et communs, comme essentiels aux hommes et indépendants des désirs qu'ont certains de les faire reconnaître comme tels par les autres. L'octroi égalitaire à chacun de la liberté autarcique d'occuper tous les rôles sociaux ainsi que tous les rôles d'argumentation dans cette discussion publique est présumé garantir, autant que faire se peut, les résultats visés : il est présumé garantir à tous la possibilité d'y identifier les besoins et les normes qui rendent chacun autonome.

Il suffirait de reconnaître que cette dynamique argumentative peut être implantée ou est déjà présente dans les différents espaces publics qui nourrissent l'espace public politique par le biais des institutions que la Constitution d'un pays habilite à former l'opinion publique, telles que les parlements, les tribunaux et les administrations[1] : on prendrait alors conscience qu'on vit déjà au sein

[1] Cf. J. Habermas, *Droit et Morale* (Tanner Lectures – 1986), Seuil, Paris, 1997.

d'une démocratie délibérative qui ne met en pratique que ce sur quoi se sont prononcés ces espaces de communication entourant et guidant l'exercice du pouvoir.

Cette thérapie législatrice de l'aliénation mutuelle et de l'injustice sociale peut-elle parvenir à ses fins dans des démocraties qui demeurent partout dominées par l'hégémonie du marché ? Difficilement. Car même s'il lève la dénégation libérale que les théoriciens de la justice libérale opposent à la reconnaissance de la paupérisation et de l'aliénation sociale capitalistes, le mime argumentatif de la crise d'orientation sociale ou de la communication advenant dans les parlements, les tribunaux et les administrations, ne fait en effet que transférer la politisation de la vie sociale dans l'espace de discussion où se déploie déjà la réflexion de justification mutuelle des individus les uns à l'égard des autres : là où ils se jugent répondre ou non à leurs attentes mutuelles et où ils jugent que les normes sont ou non appropriées à ces attentes.

Tel qu'il advient, par la force indisponible du meilleur argument, le nouveau consensus régulateur obtenu y est toujours éprouvé comme le lieu d'une gratification rhétorique collective où s'est transmise magiquement la conviction attachée à ce meilleur argument, sans qu'on puisse y distinguer l'objectivité du jugement collectif, d'une part, des contraintes institutionnelles ou des contraintes de marché qui restent à l'arrière-plan de cette discussion, d'autre part. L'autarcie argumentative dont on y fait l'expérience ne saurait donc produire magiquement quelque certitude objective que ce soit concernant l'objectivité de l'autonomie qu'on désire si ardemment y atteindre.

Et l'autonomie collective dont on y jouit comme déploiement public d'une compétence cognitive apparaît toujours comme une menace pour l'autonomie privée des individus, car elle semble déterminée par des contraintes d'intérêts, individuels ou collectifs, masquées. Le sentiment communautaire d'accord collectif ressenti par chacun comme exigence éthique inconditionnelle (sous la forme du *Sollen*, sous la forme de l'impératif catégorique présidant à l'expérimentation communicationnelle de soi et d'autrui), comme « patriotisme constitutionnel », comme « conscience judiciaire authentique » et comme fait : comme consensus politique advenant effectivement, y est en effet présumé juger à la place de chacun de l'objectivité des rapports juridiques et des expériences sociales qui y sont objectivées.

Le prix à payer réside dans la désorientation de la vie sociale et politique qui en dérive. Puisqu'on fonde la reconnaissance politique de l'universalisabilité des normes sur la reconnaissance argumentée de l'objectivité des besoins sociaux reconnus et la légalité des procédures législatives suivies, n'apparaissent à coup sûr universels que les besoins primaires avoués, liés aux instincts intra-spécifiques consommatoires, sexuels ou défensifs.

Au sein de cette expérimentation, n'apparaissent donc universalisables et validables par les lois positives des systèmes juridiques que les normes réglant la satisfaction de ces besoins primitifs, et ce, du seul fait qu'elles soient édictées et se voient suivies *de facto*. Aussi tous les autres besoins deviennent-ils des lieux où s'exacerbe l'incertitude sociale. Dès qu'un partenaire social tente de faire reconnaître comme tel un besoin dérivé, un besoin culturel ou un besoin culturellement conditionné, puis cherche à le faire traduire en norme, il est toujours loisible à chaque autre d'y soupçonner un vœu de domination, un rapport de forces asymétrique, voire un désir inéluctablement privé.

Ce qu'a fait éclater au grand jour l'incapacité dans laquelle on se trouvait d'appliquer le modèle de justice de la pragmatique universelle au contexte des *Länder*, c'est l'ignorance qui habitait le savoir dualiste présupposé, qui faisait de l'homme « un mixte d'esprit et de corps » et qu'on avait placé à la base des systèmes juridiques, moraux et politiques de la modernité. La distribution des droits, des devoirs et des biens s'y faisait dans le respect de l'essence spirituelle de l'homme, dans l'horizon de l'attribution à chacun de son pouvoir de se transformer directement lui-même en disposant librement du savoir qu'il était présumé avoir des rapports nécessaires entre êtres libres, comme s'il pouvait s'accorder cette liberté sans avoir à juger de l'objectivité des conditions de vie inhérentes à ces rapports, comme si cette liberté habitant l'esprit, en l'occurrence, la conscience de ces rapports, n'avait qu'une fonction : justifier une fois pour toutes l'obligation dans laquelle se trouvait chacun de respecter inconditionnellement les impératifs et les interdits associés à ces droits, à ces devoirs et à ses biens par l'éthique sociale de la solidarité. L'imputation de cette liberté de l'esprit garantissait ainsi la possibilité de dompter d'entrée de jeu la nature du corps, hostile à l'esprit, en lui donnant d'emblée la capacité de suspendre l'hostilité entre les partenaires sociaux, de neutraliser au départ la nature agonistique de « l'insociable sociabilité » (Kant) de l'homme, enracinée dans ses instincts de défense et d'agressivité. C'est ce modèle anthropologique hérité de Hobbes aussi bien que de Kant et de Hegel, prônant une prétendue supériorité de l'esprit sur le corps tout en ignorant royalement comment cet esprit avait bien pu naître dans ce corps, qui se voit ici réfuté par lui-même puisque force est bien de reconnaître, qu'il ne peut produire, dans les deux cas, que la réfutation de son idéal de justice.

Ces modèles ne visent en effet qu'à faire de l'homme un animal de justice si bien formé qu'il suffirait de corréler la perception juridique qu'il a de son monde social, à la conscience morale infaillible qui habite son esprit, pour qu'il parvienne à faire un jour de lui-même la machine de justice parfaite qu'il ne peut s'empêcher de rêver d'être. Mais ce dualisme n'érige la conscience morale de chacun en juge infaillible qu'en construisant cette dernière sur la dénégation de la possibilité d'autrui et de la vérité des jugements de ce dernier, comme si celles-ci constituaient toutes deux les seuls dangers qui puissent mettre en péril cette intégration parfaite, individuelle et collective, du corps des pulsions à l'esprit de justice. La variation que le modèle de la pragmatique universelle d'Habermas fait subir au modèle libéral est ici mineure : elle consiste à plaquer le Tiers du consensus, comme conscience argumentative animant l'opinion publique, pour restaurer dans le discours théorique qu'on prône, le pré-savoir qu'on doit avoir de l'issue heureuse de l'expérimentation sociale de l'homme par le consensus. Elle a pourtant beau montrer la pré-réalisation de l'idéal de justice dans l'ontologie de la communication et dans la mise en scène de l'exercice législateur de l'opinion publique (en imposant un respect généralisé de ses conditions d'autarcie), elle n'en est donc pas moins aussi impuissante à inverser cette hétéronomisation des individus les uns envers les autres et à inhiber leur dénégation mutuelle de leurs conditions d'existence, qu'elle est impuissante à dériver de l'alternance des rôles d'énonciateur et d'allocutaire qu'elle veut faire respecter, un critère quelconque qui autorise à distinguer une entente réelle, d'un pseudo-consensus.

Mis à l'épreuve de la réalité, ces deux modèles de justice semblent donc inévitablement amenés à neutraliser la puissance du jugement critique qu'ils désirent tous deux promouvoir, ils semblent voués malgré eux à renforcer ainsi l'injustice sociale qu'ils voulaient tant combattre. Ils transforment en fait cette dernière en injustice de pensée qui atteint les individus et les groupes dans le seul lieu où ils imaginaient encore pouvoir échapper à leurs conditions matérielles d'aliénation : dans leur faculté de juger.

Exclusion des défavorisés et mise entre parenthèses de la faculté de juger d'autrui dérivent en effet toutes deux de la double dénégation qui permettait à la conscience de l'idéal de justice de se complaire en cet idéal et de se satisfaire de cette image de bonheur social, pourvue d'une force d'auto-certification et d'auto-gratification garantie. En concevant la vie psychique sur le modèle du polythéisme grec : comme un conflit interne de chacun avec ses désirs, et la vie sociale, comme une lutte entre individus et entre groupes, méta-stabilisée par le contrat social ainsi que par les conventions juridiques et politiques, on présupposait un savoir partagé qui mettait à même chacun de filtrer parmi ses désirs, ceux qui étaient partagés comme besoins universalisables et parmi les normes, celles qui obligeaient chacun à exécuter tout ce qui avait à être fait pour que tous puissent jouir d'une répartition équitable des biens, réglée sur les compétences et les mérites acquis. Cette répartition et la contemplation de cette équité étaient présumées ouvrir la voie à un bonheur à la fois social et privé en faisant reconnaître la justice qu'elles instauraient et sauvegardaient. Cette justice était ainsi l'Α et l'Ω de la vie psychique comme de la vie sociale, car elle donnait la mesure de ce qu'il fallait savoir, de ce qu'il fallait faire et du bonheur éthique accessible. Elle était l'origine, le moyen et la fin de la vie humaine elle-même.

Le droit n'apparaissait comme lieu d'incarnation sociale de la justice qu'en donnant force de lois aux rapports nécessaires entre êtres libres, reconnus comme tels à travers les rapports externes et sensibles aux choses que l'inscription de l'esprit dans le corps les vouait à entretenir avec elles. Il déterminait ainsi les conditions de la vie humaine en leur appliquant le présavoir moral que l'homme était présumé avoir de lui-même, comme être qui a à maîtriser ses désirs instinctuels en les soumettant à l'esprit. Exclusion des défavorisés et capture de la puissance de juger d'autrui ne feraient que projeter sur la surface sociale la dénégation de soi comme être de désirs, que véhiculaient cette conception morale de l'homme et la dénégation du jugement d'autrui, présumé, lui aussi, être notre ennemi, identifié qu'il est d'avance, dans le néodarwinisme social du capitalisme, à ses désirs instinctuels. L'institution politique elle-même était présumée ne pouvoir faire plier l'irrationnel devant l'esprit qu'en étant la seule détentrice légitime de la violence, qu'en étant seule habilitée à faire violence à cette violence inscrite « par nature » dans les rapports entre hommes.

On ne parvient à se détacher philosophiquement de l'attrait exercé par l'idéal de justice comme idéal auto-suffisant et validé indépendamment de sa réalisation, qu'en dissociant l'idée de justice, de celle du droit et en en ôtant ce qui autorisait à faire du droit, ce *deus ex machina*, apte à métamorphoser magiquement ces rapports de force « naturels » en rapports rationnels, qui contraignait la justice à habiter la vie éthico-politique et à s'y falsifier inexorablement.

La constitution démocratique de l'État de droit ne suffit pas en effet à garantir que l'idéal de justice et de salut public se réalise pour chacun. C'est pourtant parce qu'elle est présumée garantir cette réalisation, que l'octroi juridique du statut de citoyen à tous les partenaires sociaux autorise d'avance l'accès de tous à une liberté autarcique et au respect de leur égalité tout en incitant à invoquer une solidarité fraternelle pour réduire les inégalités de fait. L'accès de principe à une liberté autarcique se paye ici encore par le sacrifice du jugement de chacun, réduit ainsi à ses rôles de porteur de désirs et de droits ainsi qu'à celui d'exécuteur des actions nécessaires à leur satisfaction, sans que la distribution des droits, des devoirs et des biens puisse être elle-même jugée autrement qu'en général et qu'en principe, les individus et la vie sociale ne pouvant être que les lieux d'application de ces contrats sociaux et juridiques, présumés déjà porter en eux ce savoir des relations nécessaires entre êtres libres.

Le système juridique n'est devenu la propriété de l'État moderne comme État de droits qu'en posant la question de son adéquation par rapport à l'idéal de justice qu'il prétendait réaliser. La question de la justice des lois hante le droit moderne et exige leur légitimation permanente de ces changements. Cette exigence de légitimation empêche le positivisme juridique de Bentham et de Kelsen de triompher et d'imposer comme unique source de légitimation, le formalisme pur de la puissance d'auto-légitimation performative, propre aux déclarations juridiques. S'il en est ainsi, la justice ne fait partie du droit qu'en exigeant que les lois conviennent à l'idée de justice. Cette exigence de convenance n'est à son tour aucunement purement formelle, mais elle repose, comme le souligne R. Dworkin, sur l'exigence éthique nourrissant la croyance en la rationalité du droit. Et elle apparaît précisément comme telle là où la légitimité d'un système juridique se trouve mise en défaut, à la façon dont un système scientifique est mis en échec par le cas critique qui vient le falsifier. Dans les cas difficiles (*hard cases*), la croyance qu'il existe bien, malgré tout, une solution juridique aux cas insolubles, implique une foi éthique en l'existence d'une solution juste. La jurisprudence judiciaire est donc fondée sur une éthique judiciaire très étrange : elle oblige le juge à la fois à savoir qu'il existe cette solution dérivant du système de lois et à l'identifier. Cette raison éthique s'avère, pour cette raison, juger comme raison judiciaire en acte.

L'institutionnalisation procédurale de la discussion sans contraintes prônée par J.Habermas ne parvient qu'à légaliser la morale à transfigurer l'exigence d'un savoir éthique de la nature équitable du droit, en propriété cognitive *a priori* de la communauté d'argumentation législatrice et juridique et à métamorphoser celle-ci en Tiers sacré de la communication, voire même en Raison incarnée dans sa faculté législative et judiciaire, dans son aptitude à reconnaître infailliblement les formes juridiques particulières que doit prendre la justice.

Toutes ces conclusions juridiques, éthiques et politiques issues de la dogmatique éthique du droit ne viennent ici, de toute évidence, que redoubler au niveau de l'auto-justification des pratiques juridiques et de leurs méta-descriptions théoriques, la justification *a priori*, déjà véhiculée par ces pratiques, de l'exclusion des exclus pour incompétence sociale, technique et scientifique en matière de conditions de vie. Aussi ne laissent-elles pas parler « ces autres » de la société libérale et les privent-elles, bénies par toutes les règles de l'éthique judiciaire, de tout droit à la dissidence : de leur droit à faire entendre le diagnostic d'injustice qu'ils sont fondés de porter à l'encontre de tout droit puisque tout système juridique parvient ainsi à soumettre d'entrée de jeu les rapports de savoir d'autrui, à l'existence des rapports juridiques de contrat, qu'il les contraint ainsi à troquer leur faculté de juger contre leur faculté de produire. Ne doivent-ils pas se rendre conformes à ce qu'on attend d'eux comme forces de production pour avoir le droit de se juger et de juger autrui conforme ou non à ce que la programmation démocratique de la justice a décidé qu'il devait être ?

C'est ce sacrifice de la faculté de juger des citoyens qui est exigé d'eux pour qu'ils aient le droit d'avoir part à la justice démocratique. Aussi ce sacrifice autorise-t-il à son tour qu'on sacrifie à la justice présumée nécessaire au fonctionnement de la constitution, du pouvoir législatif et du système judiciaire, tous ceux qui ne parviennent pas à y reconnaître leurs conditions justes de vie. Qu'il soit injuste de reconnaître l'injustice inhérente au droit lui-même, c'est ici la seule chose dont on puisse être certain et qui autorise à sacrifier tous ceux qui ne sont certains que du contraire, toutes les victimes du libéralisme pragmatique.

Ce sont pourtant celles-ci qui disent la vérité sur ce qu'il advient nécessairement de la justice présumée des systèmes juridiques, puisque cette justice n'est éthique qu'en étant présumée ne pouvoir engendrer que ceux qui ont accepté de plier leurs actions, leurs désirs et leurs connaissances, à ce que la légitimité des contrats de travail permet à tous d'être et puisque ces systèmes juridiques eux-mêmes condamnent *a priori* ceux qui osent les critiquer, à cette exclusion. Ce sacrifice du jugement ne contraint donc, en dernière analyse, qu'à sacrifier la justice au fonctionnement politique du droit qui nous oblige à juger qu'il est juste et honorable de vendre sa force de production et son jugement pour avoir part à la justice rétributive, garante en dernière instance de la jouissance d'un bonheur enfin proportionnel à nos mérites.

3. *La justice du jugement ou le partage politique de la vérité*

On n'évite la résignation devant ce sacrifice et devant le destin qu'il semble tracer à toutes les démocraties, qu'en osant identifier la démocratie au tort, au danger social absolu qu'elle représentait pour Platon puisqu'on y mêlait et uniformisait tous les genres du social (guerriers, artisans et marchands). Car on révèle ainsi l'enjeu dont elle était porteuse face à un État qui asservit chacun au système de besoins, d'actions et de servitudes tout en se donnant le monopole de défendre sa gestion de la vie sociale contre toute violence, y compris contre la violence du jugement de vérité. La démocratie révèle en effet le secret politique de la justice : qu'on ne naît à soi-même et qu'on n'est tout court, qu'en se rendant libre à l'égard de ce système d'animalisation politique. La dimension publique et politique de la vie n'a pas d'autre sens que de rendre justice à cette liberté foncière qui fait de l'animal parlant, l'être qui se soucie de ce qu'il a en commun avec autrui. Seule la vie publique permet ainsi à tous de se reconnaître aussi autonomes qu'ils le sont. Car l'existence sociale n'est accordée aux individus que si le droit à la parole ne leur est pas seulement reconnu formellement et que si l'on donne réellement droit de cité à la valeur critique de leur jugement, dans la vie politique de tous les jours. Le tort de l'État et de sa gestion de la soumission de la vie politique à l'hégémonie du marché économique est d'interdire la reconnaissance mutuelle de cette autonomie aussi bien que sa production ainsi que la reconnaissance, qui en dérive, de l'égalité de tous, les uns par rapport aux autres.

Seule cette reconnaissance publique et mutuelle de leur liberté fait pourtant de celle-ci, la propriété de tous et les autorise à y mettre leur réalité. Elle donne ainsi à la force transcendantale du langage son ancrage politique en faisant de cette liberté, la réalité sociale dans laquelle ils se reconnaissent mutuellement. Ils n'ont donc pas constamment besoin de s'en assurer à la façon dont les scientifiques tentent de s'assurer de leurs connaissances : en la jaugeant continuellement comme asservissement ou comme libération face aux besoins, aux désirs et aux normes dans lesquels ils se reconnaissent, car cette liberté est posée d'emblée comme ce que l'usage du langage par chacun lui permet d'être à travers ses paroles, ses connaissances, ses actions, ses désirs et son bonheur.

Aussi cette liberté n'est-elle pas une propriété magique de tous, qui leur serait assurée d'avance par la reconnaissance qu'ils opèrent, comme citoyens, de la spécificité du politique et de sa réalité publique, mais elle est indissociable des événements de reconnaissance de vérité qui y adviennent. Même si ce partage de jugement de vérité à travers les partenaires sociaux advient quotidiennement, il a besoin d'être reconnu comme tel pour valider aussi bien les connaissances, les actions et les désirs des uns et des autres que la reconnaissance publique de cette vérité elle-même. Celle-ci se contente de donner aux effets de conscience de vérité, la possibilité d'exister publiquement comme ce que l'existence politique *permet* à chacun d'assumer librement, tout en *l'obligeant* également à l'assumer librement, car aucune autre expérience, fût-elle celle de l'identification à l'État, au consensus ou au droit, ne saurait jouer ce rôle.

Encore faut-il que ce transit de vérité s'apparaisse lui-même à lui-même en substituant à une politique étatique du vouloir, les exigences et l'opérativité d'une politique du jugement. On ne saurait s'approprier une fois pour toutes les conditions d'aperception de cette réalité et les conditions du libre exercice de cette recognition dans la vérité des jugements à la façon dont le droit étatique cherche à s'approprier une fois pour toutes les conditions historiques d'instauration et de sauvegarde de la justice sociale. Les problèmes de justice sont aperceptibles comme tels par le jugement commun porté sur la joie commune ou sur la souffrance commune accompagnant tout partage. Ils n'acquièrent eux-mêmes de réalité déterminante et la puissance de déterminer cette réalité d'échange comme justice ou comme injustice, comme asservissement ou comme libération qu'en transformant cette aperception de la souffrance commune d'injustice, en recognition des rapports sociaux et publiques qui permettent de substituer à ce *sentiment* d'injustice, la recognition des rapports publics réels conditionnant la vie publique et la jouissance réelle de la liberté individuelle et collective. À la politique du contrôle social et au sentiment du sublime qu'évoque l'idée de justice et qui signale l'incapacité de tous à se soumettre à l'indifférence judiciaire et étatique ainsi qu'à l'apathie mutuelle, il s'avère donc nécessaire, ainsi que l'affirme D. Howard, de substituer explicitement une politique du jugement qui se veuille explicitement et politiquement une politique du partage de la vérité, apte à réaliser dans le domaine de l'action et du désir la révolution copernicienne que Kant affirmait déjà réalisée dans les sciences physiques de la « nature visible ». Car la justice rétributive de vérité est déjà présente en tout échange de communication comme on reconnaît qu'il l'est en toute théorie, et elle conditionne, à ce titre, tout autant une conception vraie de la justice que le partage de cette conception ainsi que sa réalisation.

Ce n'est qu'à ce prix qu'on parviendra à substituer à une solidarité affective et à la servitude dictée par les intérêts néo-libéraux, une solidarité de jugement, une solidarité intellectuelle qui ne repose plus sur une distribution asymétrique du travail intellectuel et du travail corporel, mais qui distribue à chacun les résultats de ces jugements de vérité qui lui permettent d'assumer sa participation politique à la vie sociale dans l'horizon de son autonomie théorique ainsi que de reconnaître l'autonomie de jugement dont jouissent ses partenaires sociaux en acceptant de partager politiquement la vérité de leurs jugements.

Fathi Triki

Justification et violence

Le problème de la justification est certainement à l'ordre du jour. Après le développement des éthiques pratiques et dans le sillage de la théorie de la justice de Rawls, on a commencé à mettre en œuvre des systèmes de justification qui, dans un sens, essaient de rétablir ce que Rawls appelle un équilibre réfléchi entre théorie et pratique, et dans un autre, proposent de se référer toujours à un ensemble de jugements moraux et à des principes qui expliquent et l'action et la théorie et les rendent largement acceptables.

Nous aurons le souci, dans notre intervention, d'examiner un des modes de justification de la violence en général et de la guerre en particulier et de critiquer ces systèmes de justification qui peuvent dévier et devenir une arme contre la dignité humaine. Mais auparavant, permettez-moi de rappeler quelques distinctions concernant le sens de ce terme qui peuvent s'avérer importantes dans notre analyse. A cet effet, il y a lieu d'abord d'examiner le sens de justification.

Dérivée du latin *justitia* qui vient de *justus,* la justification indique l'action ou le processus qui rendent conforme au droit, lui-même provenant de *jus/juris*. Etymologiquement donc, justifier c'est « faire juste ». Mais très vite, ce terme qui indiquait simplement rendre juste ou conforme à une norme ou à une règle morale prend le sens de ce qui vise proprement quelque chose qui est injuste, c'est-à-dire en écart par rapport à cette norme ou à cette règle morale.

Dans la justice humaine, il est convenu d'inculper le coupable et justifier l'innocent. C'est finalement le sens premier de « rendre justice ». Ici, le sens de justification renvoie à la mise en pratique des normes de justice acceptées par tous. Dieu, par exemple, est juste par sa grâce. Le principe de justification dans la religion chrétienne, montre comment cet écart peut être positif dans le sens où il est censé renforcer les principes des valeurs humaines; Luther a affirmé que malgré sa condition de pécheur impardonnable, l'humain est sauvé par la seule grâce de Dieu, par le moyen de la foi; cela veut dire que la justice de Dieu est tout le contraire d'un système de rétribution qui récompense ou punit selon les mérites, et dans lequel l'humain pourrait « faire quelque chose » pour gagner son salut. C'est donc Dieu qui justifie. Parce qu'il est juste et qu'il tient ses promesses, il déclare que le pécheur n'est pas radicalement et définitivement coupable; par cet acte de justification, il restaure sa dignité; en quelque sorte il est re-ajusté, justifié dans une juste relation avec Dieu. C'est le sens qu'on octroie à la relation d'amour qu'entretient Dieu avec ses créatures.

Ainsi donc justifier signifie dès l'origine « déclarer juste », reconnaître devant le tribunal (ici de Dieu) que le prévenu n'est plus coupable d'aucune faute, n'encourt aucune sanction et qu'il est habilité de jouir de tous les privilèges accordés à ceux qui ont respecté la loi. La justification est ainsi la décision d'un juge qui prononce un verdict opposé à la condamnation, c'est-à-dire celui de l'acquittement.

Mais ce mot n'indique pas seulement cette action de rendre juste. Dans l'actualité philosophique, il indique surtout les principes, les équivalences, les valeurs de référence auxquels on en appelle lorsqu'on veut défendre une position politique ou morale. Justifier un acte c'est l'expliquer, lui donner les moyens logiques et argumentatifs pour le faire accepter et le rapporter aux valeurs morales, sociales et religieuses généralement acceptées.

Bien sûr, justifier n'est pas expliquer. Il est possible d'expliquer un acte sans le justifier, sans le rendre juste. Expliquer un crime est nécessaire dans un processus judiciaire par exemple mais cela n'oblige pas le juge à le justifier. En revanche, l'explication peut être une condition pour la justification d'un acte. Pour rendre juste un fait, on est souvent amené à réfléchir sur son origine, son mode de constitution et de fonctionnement.

Justifier n'est pas non plus argumenter, puis qu'il est possible d'argumenter contre un acte et de le nier. Mais là aussi, argumenter est le meilleur moyen d'arriver à une justification positive, celle qui ne s'écarte pas de l'effectivité.

Enfin, justifier n'est pas légaliser un acte puisqu'il est toujours possible de justifier un acte illégal étant donné qu'étymologiquement, comme nous venons de le voir, justifier peut être un écart par rapport à la norme ou à la règle morale et peut viser proprement quelque chose qui est injuste.

A ce niveau, l'on peut citer un exemple actuel, celui de la justification de la désobéissance civile. Comme vous le savez, la désobéissance civile est un acte politique majeur qui ne vise pas nécessairement, dans un régime démocratique, la mise en question de la légitimité de la majorité qui règne. Elle est guidée et justifiée par des *principes* politiques et par une *éthique* qui a toujours d'une façon implicite soutenu tout régime démocratique, c'est-à-dire finalement par les principes de la justice qui gouvernent les institutions de la société.

Ainsi donc, pour justifier la désobéissance civile, on recourt à la conception commune de la justice qui sous-tend l'ordre politique. Mais il est possible aussi de s'appuyer sur l'éthique du vivre ensemble qui garantit la dignité humaine. La violation persistante et délibérée des principes de la justice ou de cette éthique de la dignité invite soit à la soumission soit à la résistance. Par la désobéissance civile, une minorité force la majorité à mieux se conformer aux principes de justice et à l'éthique de la civilité.

Du point de vue de la pure légalité, la désobéissance est un acte inacceptable parce qu'il met en cause la règle fondatrice du régime démocratique, à savoir que le pouvoir est toujours à la majorité légitimée par un choix populaire libre. Mais elle peut être justifiée par un autre principe, cette fois-ci fondé sur une morale du vivre-ensemble plutôt que sur des principes politiques.

Cet exemple nous renvoie donc à une distinction longtemps opérée par les philosophes politiques et qui concerne celle qu'on constate entre la légalité et la légitimité. Il serait opportun de se demander si finalement la justification n'indique pas simplement le sens de légitimation dans le cas où il s'agit de procéder à la justification d'un acte politique.

Il faut dire que la légitimité est ici conçue comme principe supérieur au régime politique légal, c'est-à-dire comme norme fondamentale du droit qui répond d'une certaine manière à un projet sociétal, historique ou civilisationnel.

Il faut préciser que c'est une idée récente. Elle résulte d'une construction complexe et précaire de valeurs qui soutiennent « un pouvoir effectif et efficace » et donne lieu à « une reconnaissance des autorités nationales entre elles » et « une reconnaissance par l'opinion publique nationale, des principes et des fins mis en œuvre par l'autorité réputée légitime »[1].

Cela nous amène à affirmer que la légitimation est une opération complexe qui vise à asseoir un régime politique sur des fondements moraux et sociaux faisant appel à la reconnaissance publique intérieure et extérieure. La légalisation des pouvoirs n'est pas suffisante en elle-même pour obtenir l'effectivité et l'efficacité. Elle ne peut en aucun cas remplacer la légitimité. Un gouvernement risque d'être légal sans être légitime et inversement. D'ailleurs tous les régimes politiques illégaux (des dictatures, des démocraties fictives, des régimes militaires, etc.) cherchent à se légitimer par des idéologies ou des actions populistes.

Evidemment, on peut à ce niveau, pour opérer la légitimation, avoir recours à des thèses du jus-naturalisme en rattachant l'existence de critères absolus de justice à celle même d'un Dieu toujours juste. Le droit divin a longtemps joué en faveur d'une légitimité fondatrice de plusieurs dynasties en Europe, pour assurer stabilité et ordre et éviter le chaos « révolutionnaire ». Il joue un rôle déterminant dans plusieurs régimes islamistes comme celui de l'Iran. Mais avec l'établissement du suffrage universel en Occident, la légitimation devient une opération de justification de l'application des lois en se fondant généralement sur deux critères : la liberté et le respect des droits. Mais ce qui va changer radicalement, c'est que les modes de justification de la légitimité démocratique sont toujours à rectifier, à vérifier, à discuter, à mettre à jour, bref à expliquer et argumenter, alors que la légitimité monarchique reste immuable à l'image d'un Dieu toujours juste.

Quoi qu'il en soit, même s'il y a parenté évidente entre légitimation et justification, force nous est de constater que la légitimation concerne souvent un domaine ou un acte politiques, alors que la justification est une opération de la pensée qui peut viser toute activité humaine. En plus, le légitimisme discuté par

[1] R. Polin, « Analyse philosophique de l'idée de légitimité », in *L'idée de légitimité*, Paris, PUF, 1967, p. 28.

plusieurs philosophes de Weber à Raymond Aron, de Kelsen à Schmidt, fait appel à un idéal, à un consensus sur le meilleur gouvernement possible, alors que la justification est un moyen de vérifier si tel ou tel acte est bien conforme à une certaine idée de la justice argumentée et obtenue, il est vrai, par un consensus.

S'il est maintenant établi que légaliser n'est pas légitimer et que, par conséquent une théorie de la légitimité politique reste possible, comment peut-on obtenir la même justification de la distinction entre argumenter et justifier. Autrement dit, si argumenter veut dire recourir aux lois de la pensée, admises de tous par le moyen de la discussion, pourquoi donc faire appel à la justification qui a le même sens et qui vise elle aussi à « rendre juste » ? N'est-il pas nécessaire, à ce niveau d'opérer une déconstruction de cette notion pour voir ce qui sous-tend réellement son usage ? N'est-elle pas le signe que l'argumentation, c'est-à-dire le recours au corpus des lois et règles qui régissent toute discussion, n'est pas suffisante en elle-même ?

En réalité dans toute opération de justification, on tend à dépasser la seule exigence d'une conformité aux lois et aux valeurs éthiques et morales pour faire d'un acte qui paraît injuste en lui-même un acte légitime et acceptable par l'opinion publique. C'est là probablement le caractère spécifique de la justification qui la détache de la légitimation puisqu'elle est toujours définie et expliquée par l'écart qu'elle prend par rapport à la justice. Un acte juste n'a vraiment pas besoin d'être justifié, comme dans une imprimerie une ligne droite de lettres n'a pas besoin d'être justifiée.

Prenons l'exemple de la guerre. Elle a souvent été justifiée par cet écart. Dans son essence même, la guerre ne peut être ni juste ni injuste. Elle a sa réalité dans sa négation comme possible.

Comme on le sait, il y a eu dans l'histoire, plusieurs mécanismes de justification de la guerre. Toute pensée de la guerre est une manière de distinguer une guerre juste d'une guerre injuste[2]. Le corpus des critères de la distinction et de justification diffère, il peut être religieux, comme il peut être politique. Mieux encore, la justification de la guerre peut s'absolutiser dans le sens où elle devient juste quelque soit son atrocité, ses objectifs et ses effets. C'est ainsi que les croisades, par exemple, ont été justifiées.

Je vais essayer de montrer le mécanisme qui a permis cette absolutisation.

Mais c'est ainsi et par un mécanisme équivalent que certains intellectuels en occident ont justifié et justifient encore les guerres d'agression (contre l'Irak et contre la Palestine, par exemple).

Villehardouin[3], ce chroniqueur du Moyen âge, nous décrit le déroulement de la quatrième croisade. Joinville[4] nous donne une biographie de Saint Louis, en

2 Sun-Tzu (Ve siècle avant J.-C.), *L'art de la guerre*, Paris, Flammarion, 1999.

3 Cf. G. de Villehardouin, *La conquête de Constantinople* (1207-1213), Garnier-Flammarion, Paris 1970.

décrivant ses actions et surtout ses guerres. Leur regard est ici purement descriptif. Froissart est un *historien* dans le sens où l'histoire est la collection d'évènements d'une période historique vécue. Incapables de « s'élever aux idées générales », comme dirait Clausewitz[5], incapables de réfléchir sur ces évènements, ces chroniqueurs ont comme objectif d'exalter la « prouesse » et les belles actions des hommes qui organisent la guerre.

Le chroniqueur décrit la bataille et le déroulement de la guerre en mettant l'accent sur le génie des stratèges. Derrière cette position et cette description, se cache une volonté de localiser la guerre avec ses victoires et ses défaites dans la volonté divine. Villehardouin a essayé de justifier la défaite de la quatrième croisade. Cette justification n'est pas seulement d'ordre économique, elle est fondamentalement d'ordre divin. Selon lui, l'objectif de la quatrième croisade est « de venger le Christ et de conquérir Jérusalem », « por la honte Jesu Crist vengier et por Jerusalem reconquérre ». La tactique, au début, était de porter la bataille décisive au cœur même de l'ennemi (au Caire) pour pouvoir délivrer Jérusalem. Seulement à la demande de Venise, toute la tactique a pu être changée. Les croisés s'emparèrent tout d'abord de Zara pour le compte de Venise, puis de Constantinople sans jamais pouvoir délivrer Jérusalem.[6]

Selon Villehardouin, il était nécessaire de prendre Zara avant d'aller délivrer Jérusalem[7]. Ce fut, pour lui donc, une action juste, bonne et nécessaire, malgré l'opinion de certains stratèges et critiques. Toute sa chronique est construite autour de cette justification. Très brièvement on peut localiser cette justification autour de trois points nodaux :

1. L'économique

L'armée rassemblée et débarquée à Venise était peu nombreuse. Les croisés n'eurent pas assez d'argent pour s'acquitter envers Venise. Pour tenir leur parole, ils furent contraints de satisfaire les autorités de Venise en leur délivrant Zara, ville de Dalmatie prise par le roi de Hongrie.

4 Cf. J. de Joinville, *Histoire de saint Louis par Jehan, sire de Joinville; les Annales de son règne par Guillaume de Nangis; sa vie et ses miracles par le Confesseur de la Reine Marguerite. Le tout publié d'après les manuscrits de la Bibliothèque du Roi et accompagné d'un glossaire*, éd. A. Melot/ C. Sallier/ J. Capperonnier, Paris 1761.

5 Cf. *De la guerre* de C. von Clausewitz (Vom Kriege, éd. Par M. von Clausewitz, Berlin, 1832-1834).

6 Cf. G. de Villehardouin, *Chroniques.* In : *Les chroniqueurs français*, Paris, Hachette, 1972, p. 44.

7 *Ibid.*

2. *Le politique*

Pour Villehardouin, cette action est juste dans le sens où elle permet un soutien politique de Venise et le croisement d'un certain nombre de vénitiens. Mais, dans sa chronique, il fait abstraction des raisons politiques profondes de cette déviation, ce qui lui a valu d'être souvent traité par les critiques de partisan de la politique de Venise et son discours a été réduit à la justification pure et simple de cette politique. Il s'est surtout appliqué à signaler la grandeur de cette politique, laquelle se manifesta par Venise.

3. *Le divin*

Il nous semble qu'un des traits marquants de la chronique est le renvoi permanent à la volonté divine pour expliquer, fonder ou justifier un évènement précis dans la guerre. La bataille dans sa structure comme dans son déroulement dépend, dans une large mesure, de l'approbation de Dieu. La victoire n'en est que le signe positif. Zara eût été imprenable si Dieu n'avait été à l'origine de cette action juste. Le récit de cette chronique est donc l'expression de cette description de l'intervention divine dans la guerre. Justifier la guerre par cette volonté surnaturelle, c'est indiquer combien elle peut être considérée comme nécessaire, positive et juste. La prise de Zara est donc, aux yeux de Villehardouin, une action justifiée, conforme aux intérêts de la justice, de la papauté, de la croisade et des croisés. Dieu, à chaque moment de la croisade, multiplia les signes en faveur de cette action. Il a toujours protégé les croisés de Constantinople et le Pape les a attestés de son absolution puisque le pacte conclu par les Français et les Vénitiens en avril 1201 fut, dit-il, approuvé par le Pape.

Là où il y a problème, c'est que Villehardouin a justifié et absolutisé cette guerre fratricide (des chrétiens contre des chrétiens) alors que l'on vient de mettre en place en occident un processus politique et religieux de pacification. On constate que Villehardouin ne tient pas compte des conditions posées par le Pape pour approuver cette entreprise de conquête de Zara. En effet, dans le cadre de l'accord de la « *paix de Dieu* », le Pape[8] rappelle aux croisés qu'ils ne doivent pas s'attaquer à des chrétiens à moins que ceux-ci ne les empêchent d'avancer en leur coupant la route, par exemple. Les croisés « ne s'attaqueraient pas à des chrétiens, à moins que ceux-ci ne leur barrassent à tort la route ou que le cas de force majeure ne les obligeât à faire autrement, de quoi le dégât pontifical serait juge ». Il n'a pas, non plus, évoqué à propos de cet accord, l'opposition catégorique du Pape avant le départ des croisés; il a seulement noté ce désaccord au moment où l'armée croisée faisait son entrée dans Zara.

8 Innocent III, *Lettre VIII*, 63.

Les historiens et les critiques ont pu rétablir la vérité sur cette absolution. L'on sait maintenant que le Pape, avant de leur accorder son pardon, a protesté contre cette action qui n'a fait qu'affaiblir les chrétiens[9]. L'on sait aussi que le pape a excommunié les Vénitiens. Il y a donc des raisons fondamentales qui obligent Villehardouin à observer le silence total sur ces évènements, à faire abstraction totale ou partielle des arguments de ses adversaires. La raison capitale de ces silences semble être la volonté de Villehardouin de localiser cette guerre dans la divinité pour la justifier des deux points de vue tactique et stratégique. L'action étant conforme à cette volonté, il peut donc justifier politiquement son choix stratégique.

L'on sait que la féodalité a débuté donc par une crise sociale à l'échelle du monde occidental, crise qui a pu légitimer et la guerre et le pillage. Mais une mutation survenue aux alentours de l'an mille, qui a pour origine un large mouvement d'autonomie et de développement technique, agricole et urbain, a eu pour effet l'édification de l'idéologie de la « paix de Dieu ». Cette idéologie a eu comme objectif de réinstaller la paix entre les chrétiens et contribuer à améliorer la situation économique et politique du monde occidental. Cette « paix de Dieu » s'exprime de la manière suivante :

> Dieu avait délégué aux rois sacrés la mission de maintenir la paix et la justice, les rois n'en sont plus capables; Dieu reprend donc en main son pouvoir d'ordre et le fait assurer par ses serviteurs, les évêques, avec l'appui des princes locaux[10].

Cette idéologie a édifié, paradoxalement, des structures plus solides à la guerre. En effet, en même temps et par le même mouvement, une morale cohérente et spécifique a été exigée pour accompagner toute pratique militaire. De plus, la pacification divine de l'Occident a permis de déplacer l'ennemi hors du monde chrétien; désormais il se place en Orient. Ainsi donc s'élabore une nouvelle stratégie militaire et une nouvelle conception de la guerre fondées sur l'unification des armées éparpillées.

9 « Aussitôt que le pape eut appris la prise de Zara, il écrivit aux croisés: il leur rappelait qu'ils avaient sapé les murailles de la ville, que le sang avait coulé, bien que les Zariens eussent offert de recourir à l'arbitrage du pape et qu'ils eussent placé sur leurs remparts des images de la croix; il leur rappelait que le roi de Hongrie Henri et son frère le duc André s'étaient croisés; (...). Notons que les églises avaient été pillées, les édifices détruits, le butin partagé entre Français et Vénitiens; il les sommait de ne pas pousser plus loin la destruction et de rendre au roi de Hongrie ce qui lui avait été enlevé ».

10 G. Duby, *Guerres et paysans*, Paris, Gallimard, 1971, p. 185.

De cette moralisation[11] naît un clivage dans la conception nouvelle de la guerre: œuvre du Diable, la guerre injuste, en s'attaquant aux chrétiens, ne fait qu'affaiblir la religion de Dieu. Œuvre de Dieu, la guerre juste, en prenant comme cible les infidèles, renforce cette religion et rétablit la justice dans le monde. La guerre est divine dans la seule mesure où elle se soumet à la volonté de Dieu; elle doit être donc « chose de l'Eglise ». C'est le Pape qui doit lui accorder le privilège d'être proclamée.

Ce processus de justification qui, par des prises de position idéologiques, par des argumentations fallacieuses, par des mensonges et des silences, fait accepter l'inacceptable, on le trouve aussi actuellement chez certains intellectuels, les gens de la plume qui accompagnent toujours les gens de l'épée, selon les termes d'Ibn Khaldoun, ou tout simplement les caporaux de la plume à l'instar du chroniqueur Bernard Henry-Lévy. Ce « nouveau réactionnaire » selon le terme de Maurice Machino, ce « nouveau théologien » selon Daniel Bensaïd, s'est toujours aligné sur les thèses dominantes de la justification de toutes les guerres, de tous les massacres et de toutes les atrocités inhumaines que mène le régime israélien dans le territoire palestinien. A vrai dire, sa pensée, comme l'a bien précisé Bensaïd, est un grand processus d'amalgames dont l'objectif est de justifier le capitalisme et l'impérialisme par une pensée qui se dit de gauche ou pour reprendre une formule de Bensaïd « un robinet à caricatures qui alimente l'eau tiède d'une gauche de centre mou qui ne veut plus rouvrir les questions de justice et d'égalité »[12]. Villehardouin et Bernard Henry-Lévy utilisent le même procédé de justification, en opérant des détournements d'arguments, en gommant des évènements, en se transformant en soldat de la plume au service de la guerre, bref en justifiant l'injustifiable. Le premier a détourné le sens de l'idéologie de l'époque à savoir la paix de Dieu, le second s'est appuyé sur l'humanitaire qui se trouve actuellement chez certains, l'alibi justificateur des interventions militaires et des déclenchements des guerres les plus meurtrières. La paix de Dieu et l'humanitaire sont deux démarches nobles en elles-mêmes et nul ne peut contester leur utilité sociale et universelle. Mais leur mode d'utilisation a été d'une violence inouïe. Les croisades justifiées par « la paix de Dieu » et la guerre contre l'Irak justifiée par l'humanitarisme marquent l'histoire des guerres par des atrocités insupportables.

Nous pouvons multiplier les exemples concernant ces procédés de justifications de la violence, des atrocités de la guerre et des moyens « scientifiques » et « rationnels » mis au service de ces justifications. Le peuple juif en a subi les conséquences les plus atroces lors de la seconde guerre mondiale. Le peuple palestinien en subit actuellement les effets les plus morbides. Pour cela, toute une

11 J. Le Goff, *La civilisation de l'Occident médiéval*, Paris, Éd. Arthaud, 1964, p. 88.

12 D. Bensaid, « *Un nouveau théologien : Bernard-Henry Lévy* ». Fragments Mécréants. Mythes Identitaires et République Imaginaire, vol. 2, Paris, 2005.

littérature a été mise en place. Actuellement, les médias, surtout en occident, s'en occupent merveilleusement en déformant, en substituant des évènements à d'autres, en passant de fausses images, en manipulant, en gommant, en mettant en exergue, en utilisant les guillemets en fabricant des rumeurs, tout cela pour justifier un évènement, une guerre, une agression et même un crime.

Souvenons-nous de l'agression israélienne contre Gaza ou la dernière intervention d'Israël contre le Liban (août 2006). Quand une guerre éclate entre un allié des Etats-Unis, doté d'une aviation moderne des plus sophistiquées, et un peuple démuni qui lutte pour son indépendance et qui utilise la guérilla, les alliés médiatiques de l'armée forte procèdent des moyens de justification sophistiqués : il leur faut, d'une part, humaniser le pachyderme, faire oublier le troupeau qui l'entoure. Et, d'autre part, diaboliser le plus faible, forcément plus fourbe. Le jeu est fait : il faut humaniser l'armée israélienne en lui donnant par exemple un nom abstrait Tsahl qui devient un surnom diminutif affectueux et puis l'on peut manipuler les informations comme on veut. Quand par exemple Hozballah a tiré des roquettes (c'est le nom scientifique donné à cette arme) Bernard Henry-Lévy écrit immédiatement dans le Journal Le Monde :

> Pourquoi ne pas dire « obus » ? ou « missile » ? Pourquoi ne pas rendre, en utilisant le juste mot, toute sa dimension de violence barbare à cette guerre voulue par les iranosaures du Hezbollah et par eux seuls ? [13]

Ce même quotidien nous informe, tenez-vous bien : « Les frappes israéliennes se multiplient sur le Liban, le Hezbollah bombarde Tibériade »[14]. Israël frappe et Hozballah bombarde. Sans commentaire.

Il faut dire que depuis la première guerre contre l'Irak, les stratèges, en mettant au point les différents schémas de batailles possibles et les multiples scénarii de mise en pratique des mouvements de l'armée, fabriquent aussi les différents procédés de justification de chaque action et vont jusqu'à imposer ces procédés aux médias et aux intellectuels soldats de la plume. L'appellation de cette guerre « guerre chirurgicale » fait partie de ces procédés. Lors de la guerre de Gaza, Israël a nommé une spécialiste de droit international porte parole de l'armée. Tout cela pour faire accepter à l'opinion publique, qui devient de plus en plus sensible aux massacres, les actions les plus meurtrières à tel enseigne qu'un mort tué par eux sera facilement justifié et accepté. Alain Badiou[15] a montré comment pour les Américains un millier d'Irakiens tués n'a pas d'effet. Un soldat américain tué peut bouleverser les données stratégiques.

Pour terminer, je dirai que toute guerre a besoin d'être justifiée. Les soldats de la plume le font par tous les procédés même sophistiqués. Sans justification, sans

13 Le Monde, 27. 7. 2006.

14 Le Monde, 15. 7. 2006.

15 A. Badiou, *Circonstances 2: Irak, foulard, Allemagne/France*, Paris 2004.

cet écart par rapport à la justesse et à la vérité, elle ne peut avoir lieu, parce que, comme nous l'avons toujours affirmé, la vérité de la guerre est sa négation.

A mon avis, pour sauver la paix, il faut critiquer ces procédés de justification, rendre à la raison sa dignité et son efficacité, ne pas l'assigner dans la ruse de la justification.

La déconstruction de la justification, en insistant sur sa signification première comme écart et déviation, permet une meilleure connaissance d'autrui, connaissance légitimée rationnellement qui peut dans une grande mesure transformer cette rencontre originellement violente en une hospitalité réfléchie. L'intercompréhension qui peut s'exprimer par plusieurs modalités conceptuelles développées par la philosophie contemporaine comme l'agir communicationnel, la raisonnabilité ou l'interculturalité, contribue à déconstruire la justification et circonscrire la violence dans les rapports inter-humains.

C'est pourquoi, pour mieux fonder ces éthiques pratiques, il vaut mieux mettre en œuvre non des systèmes de justification qui peuvent donner lieu à des écarts du genre que nous avons montré, mais des moyens d'harmoniser les argumentations rationnelles et les exigences d'ordre éthique et moral pour que toute action et toute théorie deviennent du domaine de l'acceptable. La raisonnabilité, comme lien fondamental entre la nécessité logique de l'argumentation et l'exigence morale de l'action, est le meilleur moyen de légitimer nos actes et nos pensées selon la règle de la dignité humaine.

Cyrille B. Koné

Réconciliation, droit et justice

1. Enjeu et trajectoire d'un mot : la réconciliation

Pour faire société et sortir de la misère de l'état de nature, les hommes organisent la vie en mettant en place les institutions chargées de réguler les comportements individuels ainsi que les rapports interpersonnels. Les règles, les normes dont le respect produit la cohésion sociale sont à l'image de celles de la Nature (*physis*) sans toutefois être le fruit d'une génération spontanée. Généralement, elles adviennent de deux manières. Premièrement, selon la vision protagoréenne, elles sont le produit du consensus, de la délibération commune, de l'accord des hommes. Elles maintiennent la société en ce qu'elles assurent l'intérêt général. L'état social correspondant à la situation décrite est l'état du gouvernement démocratique dans lequel la vie sociale est fondée sur le droit juste. Deuxièmement, selon l'école caliclésienne, elles sont l'expression de la volonté du plus fort, du groupe le plus puissant. Quand bien même les lois parviennent ici à maintenir une forme de vie sociale, il n'en demeure pas moins vrai qu'elles assurent principalement des intérêts particuliers. Les rapports entre les individus sont sous le mode du rapport de force permanent afin de dominer l'autre, de lui imposer la règle inique. La violence est donc aux aguets. L'escalade est possible car les règles peuvent être ignorées lorsque les puissants le veulent. Les lois n'ont de réalité qu'apparente. Tout comme le vernis, elles servent ici à l'embellissement et à l'ornement.

Si comme le dit Héraclite, la lutte (l'*agôn*) est le « père de toutes choses » et partant constitutive de la cité, il reste que sous certaines conditions sociales, culturelles et politiques, le conflit dépasse les limites raisonnablement acceptables. Le conflit entre les individus, les intérêts et les groupes n'est jamais loin de dégénérer et la stabilité n'est pas acquise car comme le dit Jean-Jacques Rousseau, « le plus fort n'est jamais assez fort pour être le maître s'il ne transforme sa force en droit. »[1] L'exacerbation des contradictions, du conflit et l'accroissement de l'injustice produisent fatalement la violence qui peut remettre en cause toute possibilité de dialogue. La plupart des pays a, plus ou moins, connu dans l'histoire ancienne ou récente les soubresauts des conflits internes ou externes, plus ou

[1] J.-J. Rousseau : « Du pacte social », chap. VI, *Du contrat social*, Tome III, Paris, Gallimard/Bibliothèque de la Pléiade, 1964.

moins graves, qui ont occasionné les souffrances, les massacres, les violations systématiques des droits humains, etc.

Pour dompter la tragédie et sortir de l'engrenage de la violence, on peut tenter de s'organiser en mettant en place une structure, plus respectueuse des intérêts et des besoins du corps social. Dès lors, la société se voit confrontée avec le problème des injustices, du manquement au droit et des rancœurs qu'il faut savoir gérer pour ne pas compromettre la construction de la société civile qui assure l'épanouissement de tous. En somme il faudrait pouvoir « ôter à la haine son éternité » selon la célèbre formule de Plutarque. C'est alors que se pose la question de la réconciliation à l'échelle communautaire ou nationale.

Dans le *Dictionnaire latin français* de Félix Gaffiot, *reconciliatio* signifie premièrement rétablissement et deuxièmement réconciliation, raccommodement. La personne qui rétablit par exemple les liens coupés raccommode en ce sens qu'elle soude les parties, elle les réconcilie et donc fait office de *reconciliator* (réconciliateur). *Reconcilio* évoque l'action de remettre en état, de rétablir. C'est pourquoi, on ne saurait rigoureusement parlant dire que de bons rapports amicaux ont été rétablis entre des pays ou des individus, quand ils n'ont jamais été mis en difficulté.

L'expression réconciliation a de multiples usages comme conclure la paix, maintenir la communauté, vivre en bonne entente, reprendre les bonnes relations avec un frère, un ami, une communauté, un groupe d'individus, être en harmonie avec soi-même ; toutes ces expressions supposant le retour de l'accord, du sentiment d'amitié. À ce propos, Philippe-Joseph Salazar décrit dans un texte récent la scène de la réconciliation comme une opération de transformation, un changement qualitatif de situation qui fait passer de la haine à l'amitié[2]. La réconciliation suppose ainsi le rétablissement de la paix. Cela peut consister à ramener quelqu'un au logis ou même dans la société[3]. Le terme *reconcilio* a aussi le sens de ramener les ennemis à des relations meilleures ou cordiales. Par exemple, « il a ramené à ton frère les sentiments de son père » ; ce qui laisse entendre qu'il a raccommodé son père avec ton frère. *Reconcilio* a des sens variés comme rapprocher une catégorie sociale de la volonté de l'autorité communale ou étatique, ce qui signifie amener un groupe à reconnaître l'autorité contestée ; ramener les soldats au général revient à remettre et à replacer les militaires frondeurs sous le

2 P.-J. Salazar : Voir le titre de la section intitulée « L'amitié après la haine », p. 30, « L'antidote au mal politique », *Littérature* N° 149 – Mars 2008.

3 Plutarque : *Cap.* 128 et cf. la philosophie sud-africaine de l'*ubuntu* qui accorde une prime importance à la communauté. *Ubuntu* est traduit par *fellowship*, confrérie, communauté, concitoyenneté. Lire à ce propos D. Tutu : *Il n'y a pas d'avenir sans pardon*, Paris, Albin Michel, 2000, ou le texte de J. Derrida : « *Versöhnung, ubuntu, pardon, quel genre ?* », B. Cassin/ O. Cayla/ P.-J. Salazar (éds.) : *Vérité, réconciliation, Réparation*, Paris, Le genre humain/Seuil, 2004, pp. 111-156.

commandement du général ; et ramener à soi les rebelles, c'est les regagner par la parole, cela consiste à retourner les révoltés pour les avoir avec soi. Autrement dit une politique de la parole, fondée sur le droit et la justice peut ramener l'entente et contribuer à la pacification en réconciliant les parties opposées.

La réconciliation réunit et recolle les parties divisées : « Le mot de réconciliation est l'esprit étant-là qui contemple le pur savoir de soi-même comme essence universelle dans son contraire, dans le pur savoir comme singularité qui est absolument au-dedans de soi – une reconnaissance réciproque qui est l'esprit absolu. »[4] Selon Hegel, l'esprit « amorce le processus de réconciliation ». Il est « l'adresse à l'autre »[5]. Il permet de surmonter la division et l'opposition qui règnent avant la réconciliation. L'esprit se manifeste donc dans le mot de réconciliation. On accède au sens de l'esprit par le mot de réconciliation qu'on donne à l'autre. En effet la réconciliation réunit les contradictoires, elle unit les parties divisées et tourne le dos à l'escalade de la violence, à l'exploitation des différences afin de constituer la communauté. D'où l'importance de la réflexion sur le droit, la vérité et la justice dans le contexte de la réconciliation qui assez souvent remet les fautes alors même que l'égalité des citoyens devant la loi est désormais revendiquée. Est-il pertinent de comprendre la réconciliation comme une stratégie d'étouffement de la démocratie, de défense de l'ordre politique dominant ? Comment gracier les violations du droit sans autoriser les abus, les scandales publics et l'immoralité ? Selon quelles modalités la réconciliation peut-elle être source de dynamiques et de structurations sociales ? C'est à tenter de répondre à ces questions que je vais m'employer à présent.

2. La reconnaissance comme vecteur de réconciliation

Si le respect du droit des individus et la vérité peuvent favoriser la réconciliation des protagonistes d'un conflit, on ne peut toutefois soutenir sérieusement que la réconciliation fait le lit de la démocratie en accouchant toujours d'une société fondée sur l'égalité de droit et la justice. Dans l'histoire récente, bien des processus n'ont pas conduit à la mise en place du gouvernement qui respecte la loi. Je voudrais en particulier m'en tenir à l'exemple du Burkina Faso non pas parce qu'il est le plus emblématique, mais tout simplement parce qu'il est le plus proche de moi et qu'une analyse approfondie des autres cas (Afrique du Sud, Algérie, Argentine, Chili, Corée du Sud/Corée du Nord, Congo, Côte-d'Ivoire, Israël/Palestine, Liban, Maroc, RDC, etc.) demanderait plus de temps et d'espace qu'on ne peut se permettre à l'occasion d'une conférence.

4 G.W.F. Hegel : *Phénoménologie de l'esprit*, T. II, Paris, Aubier Montaigne, 1942, p. 198.

5 Voir J. Derrida : « *Versöhnung, ubuntu, pardon, quel genre ?* », B. Cassin/ O. Cayla/ P.-J. Salazar (éds.): *Vérité, réconciliation, Réparation, op. cit.*, p. 111.

Pour appréhender le processus de réconciliation du Burkina Faso, il paraît pertinent de remonter au 15 octobre 1987, date de l'assassinat du capitaine Thomas Sankara, Président du Faso. Une fois le coup d'État militaire du Front Populaire perpétré et que le capitaine Blaise Compaoré fut porté à la présidence et le pouvoir du Front Populaire instauré, les thuriféraires du nouveau régime ont qualifié le changement intervenu comme la « rectification » de la politique du Conseil National de la Révolution. Le mot de rectification fut choisi par le nouveau gouvernement pour justifier son action et annoncer l'œuvre majeure devant consister à corriger les excès de la Révolution Démocratique et Populaire (R.D.P.) qui, pendant 4 ans, a tyrannisé et opposé les *Burkinabe*, les uns par rapport aux autres. Le Front Populaire (F.P.) entendait réparer les abus afin de rassembler le pays dans le droit et la justice. C'est en ce sens que dès le 31 décembre 1987, la nouvelle équipe dirigeante annonce la perspective d'un « retour à la vie constitutionnelle normale ». C'est ainsi que la décision fut prise de créer une « commission constitutionnelle » en vue de jeter les bases du retour à la vie civile qui avait été brutalement arrêté en novembre 1980 par le putsch du « Comité Militaire de Redressement pour le Progrès National » (CMRPN).

Une fois la « commission constitutionnelle » formée et installée, les langues se délient pour s'interroger sur l'opportunité de doter le pays d'une Loi fondamentale avant d'avoir organisé une « Conférence nationale souveraine ». Certaines personnes émettent le souhait de voir clarifier, une fois pour toutes, le débat politique et demandent surtout qu'on tire les enseignements de la longue période de non-droit dans le but de réaliser la réconciliation. La conférence nationale souveraine, tant réclamée, n'eut pas lieu pour des raisons d'opportunité politique.

C'est dans un tel contexte que la commission constitutionnelle livre les résultats de ses travaux. Le 2 juin 1991, la nouvelle constitution de la IV e république est adoptée par une large majorité de votants. Mais depuis, la rhétorique de la réconciliation nationale refait surface régulièrement tout comme les thèmes de « refondation sociopolitique » et de « démocratie ». Outre la consécration des principaux droits fondamentaux, la constitution reconnaît les principes de l'État moderne, à savoir la liberté d'opinion, d'expression, de propriété et l'égalité de droit comme unique régime légal au Burkina Faso et s'appuie sur la déclaration universelle des droits de l'homme de 1948, la chartre africaine des droits de l'homme et des peuples de 1981. Son originalité se situe au niveau de l'article 167[6] qui établit le droit de « désobéissance civile », reconnaissant ainsi au peuple souverain le droit de rejeter tout pouvoir issu de coup de force. Si elle se réfère

6 L'article 167 de la constitution du Burkina Faso dit : « La source de toute légitimité découle de la présente constitution. Tout pouvoir qui ne tire pas sa source de cette constitution, notamment celui issu d'un coup d'État ou d'un putsch est illégal. Dans ce cas, le droit à la désobéissance civile est reconnu à tous les citoyens. »

entre autres à l'Assemblée Nationale, à la Présidence du Faso comme institutions pouvant désamorcer les conflits sociaux, il reste que la réconciliation n'est pas constitutionnalisée, la constitution ne s'y réfère pas explicitement comme dans le cas sud-africain où la volonté de vivre uni, dans le même pays réconcilié[7], est proclamée.

Au Burkina Faso, la loi fondamentale est vague, sinon muette sur les modalités de l'unité nationale à réaliser. Cela explique probablement les polémiques liées à l'organisation de la sortie de crise ainsi que les hésitations du régime lors des graves troubles sociopolitiques qui ont secoué le pays pendant plus de 3 ans, suite à l'assassinat à Sapouy du journaliste Norbert Zongo et ses trois compagnons, le 13 décembre 1998. Selon les conclusions de la Commission d'Enquête Internationale (CEI), le journaliste, qui enquêtait sur la mort du chauffeur du frère du président, aurait été assassiné par les « éléments de la garde présidentielle ». Les compagnons du journaliste auraient été abattus pour ne pas laisser de témoin et les 4 corps furent brûlés pour dissimuler probablement le crime en banal accident de voiture incendiée avec ses occupants par les bandits.

Face à la multiplication des troubles dans le pays, le pouvoir décide, le 21 mai 1999, de la création par décret présidentiel du Collège des Sages. L'organe créé est chargée « d'investiguer, au-delà de la période contemporaine, sur tous les cas de violation des droits de la personne humaine sous toutes leurs formes enregistrées depuis l'accession du pays à la souveraineté internationale ». Comme on le voit, le débat se trouve largement déplacé du fait de l'étendue de la période concernée par l'enquête du Collège des sages. Il n'en reste pas moins que les

7 Voir l'épilogue de la constitution provisoire du 17 novembre 1993, « Unité nationale et réconciliation ». B. Cassin/ O. Cayla/ P.-J. Salazar (éds.) : *Vérité, Réconciliation, Réparation*, *op. cit.*, p. 72 : « La présente Constitution pourvoit un pont historique entre le passé d'une société profondément divisée, marquée par la lutte, le conflit, les souffrances non dites et l'injustice, et un avenir fondé sur la reconnaissance des droits de l'homme, sur la démocratie et une vie paisible côte à côte, et sur des chances de développement pour tous les Sud-africains, sans considération de couleur, de race, de classe, de croyance ou de sexe. La recherche de l'unité nationale, le bien-être de tous les citoyens Sud-africains et la paix exigent une réconciliation du peuple d'Afrique du Sud et la reconstruction de la société. L'adoption de cette Constitution pose la fondation solide sur laquelle le peuple d'Afrique du Sud transcendera les divisions et les luttes du passé qui ont engendré de graves violations des Droits de l'Homme, la transgression des principes d'humanité au cours de conflits violents, et un héritage de haine, de peur, de culpabilité et de vengeance. Nous pouvons maintenant y faire face, sur la base d'un besoin de compréhension et non de vengeance, d'un besoin de réparation et non de représailles, d'un besoin d'*ubuntu* et non de victimisation. Afin de promouvoir cette réconciliation et cette reconstruction, l'amnistie sera accordée pour les actes, omissions et infractions liés à des objectifs politiques et commis au cours des conflits du passé. »

conclusions livrées 2 mois plus tard ont révélé la responsabilité du pouvoir dans la tragique situation du pays, tout en indiquant les voies et moyens d'en sortir, lesquels s'articulent autour du triptyque « vérité, justice et réconciliation ». Mais du rapport des Sages, le pouvoir ne retient que les propositions qui associent l'opposition à la gestion du pouvoir. On fait vite d'entériner la limitation du mandat présidentiel à 5 ans renouvelable une fois, l'octroi de quelques postes ministériels à l'opposition et à la société civile, l'érection de monuments à la gloire des martyrs. La relecture du code électoral favorise en mai 2002 l'élection à l'Assemblée Nationale de 54 députés, issus des partis de l'opposition, sur un total de 110.

Les autres recommandations sont restées lettres mortes, exceptée la proposition emblématique d'organiser la Journée Nationale du Pardon (J.N.P.) pour refaire les liens sociopolitiques cassés et promouvoir le respect des droits de l'homme et la citoyenneté qui fut validée par le pouvoir. La J.N.P. fut organisée le 30 mars 2001, dans le plus grand stade de Ouagadougou. L'organisation de la Journée Nationale du Pardon calme quelque peu la situation sur le plan politique. Mais sur le plan social, l'enjeu de la réconciliation reste toujours important. Les associations de la société civile (les syndicats, les associations des droits de l'homme, etc.) et quelques partis politiques, organisés au sein du Collectif des organisations de masse rejettent la parodie de réconciliation qui sacrifie le droit, la justice et viole la constitution sur l'autel des intérêts individuels. Pour ces associations, la démarche devant conduire à la réconciliation est toute tracée et doit être : « vérité, justice et réconciliation ». Mais pour les tenants du pouvoir, il n'y a pas de préalable qui vaille : l'unité nationale en danger doit être sauvée. C'est pour cela qu'il faut réconcilier les *Burkinabe* sans attendre. Et cela signifie accorder le pardon de l'État s'il le faut, c'est-à-dire remettre les fautes et violations de la loi fondamentale pour maintenir la paix, considérée comme base de la vie sociale.

La promesse de la stabilité ne suffit pas à convaincre certaines victimes et les associations de la société civile d'engager immédiatement la réconciliation. Si le pardon de l'État fut accepté par une partie des victimes de la violence en politique, les familles des victimes emblématiques (Norbert Zongo, Thomas Sankara) et les membres du Collectif refusèrent de pardonner. Ils continuent à demander l'établissement de la vérité et de la justice comme base de la réconciliation car seule la reconnaissance peut favoriser les retrouvailles des citoyens. L'absence de consensus autour de la réconciliation ne permet guère d'atteindre l'objectif principal qui était de renouveler le contrat social, de refonder l'État autour des normes et principes de la société qui bannit le non-respect du droit et l'impunité, fossoyeuse de la démocratie.

L'échec du processus est imputable au fait que les acteurs ne se font pas confiance. Le gouvernement par exemple est suspecté de partialité, d'accointance avec les criminels. On lui reproche de ne vouloir ni vérité ni justice et de chercher à disculper les présumés coupables. Le pouvoir quant à lui considère les membres du Collectif comme des « affamés » de pouvoir, prêts à faire de la désinformation. Dans les cercles du pouvoir, on considère les manifestants qui scandent « vérité et justice » pour les assassinés comme des aigris, des manipulateurs alors que dans les milieux de la société civile, le pouvoir est fustigé et désigné comme responsable des graves crimes perpétrés. Pour les victimes et les associations de défense des droits de l'homme, il faut avant toutes choses établir la vérité et la justice car celles-ci peuvent tout au moins cimenter la communauté. Et l'État doit amener le citoyen à l'accomplissement, c'est-à-dire à être, selon la formule aristotélicienne, le « meilleur des animaux »[8]. Cela suppose de se conformer au bien, au droit, de respecter et/ou faire respecter les principes au fondement de la démocratie.

Au fait, les personnes coalisées demandent à ce qu'on respecte et reconnaisse l'humanité des victimes, leur statut d'être humain. Ce qui est recherché par la société civile et les victimes, c'est « tout simplement le moyen de ne pas être ignoré, traité avec condescendance, mépris ou indifférence, bref, d'être reconnu (...), de ne pas être noyé dans un tout indifférencié, de ne pas être tenu pour un numéro dépourvu d'attributs identifiables et de fins qui (...) soient propres. »[9]. Or dans la sortie de crise, le pouvoir n'a pas reconnu toute sa part de responsabilités par rapport aux victimes de l'assassinat de Sapouy. Il les a même « noyées » en procédant à une demande de pardon qui concerne les manquements et crimes de l'État depuis l'accession du pays à l'indépendance. Pour les organisations de la société civile, le fait d'étendre le pardon aux violences commises depuis 1960 est révélateur de ce que l'État cherche à échapper au face à face avec les victimes du quadruple assassinat de Sapouy. Les victimes et ayants droit ne se considèrent pas reconnues en tant que telles. Elles proclament que le pouvoir les méprise[10] alors qu'il devait se montrer inventif dans les moyens de manifester le respect d'autrui en situation de détresse. Le déni de l'identité, du statut des victimes est vécu comme une forme d'oppression : « Le défaut de reconnaissance ne trahit pas seulement un oubli du respect et de la justice normalement dû. Il peut infliger une cruelle blessure, en accablant ses victimes d'une haine de soi paralysante. La reconnaissance n'est pas simplement une politesse que l'on fait aux gens : c'est

[8] Aristote : *Politique*, I, 2, 1253 a 31-37, Paris, Vrin, 1989.

[9] I. Berlin : *Éloge de la liberté*, trad. Jacqueline Carnaud et Jacqueline Lahana, Paris, Calmann-Lévy, 1990, p. 203.

[10] La reconnaissance est fondamentale. En effet outre le fait que l'identité individuelle ou collective en est tributaire, elle peut aider les victimes à guérir et/ou comprendre leur traumatisme.

un besoin vital. »[11] En effet reconnaître autrui suppose de l'accepter, de le traiter humainement et de lui reconnaître ses droits.

La stratégie du pouvoir qui consiste à plaider la réconciliation, à la dissocier de la vérité et de la justice revient à dire que la réconciliation est de l'ordre de la politique et qu'en tant qu'elle concerne le vivre-ensemble, elle n'a rien à voir avec la morale. Cela signifie qu'elle n'est pas soucieuse du bien et du mal. Comment valider la position qui se contente d'inviter au dépassement des rancœurs sans se préoccuper des conditions de réalisation de la réconciliation ? Un tel point de vue est critiquable car il fait apparaître la morale, le droit et la justice comme non-nécessaires au fonctionnement de la société et les rend responsables de la dégradation des liens sociaux parce qu'ils cherchent à établir la vérité des faits. Il est curieux que l'État qui, en principe, veille au respect des lois pour préserver l'ordre choisisse d'aller à la paix sans se soucier de la justice qui la favorise.

À la différence de conception et de méthode s'ajoute le fait que la réparation des torts, décidée par le pouvoir, est partielle car uniquement matérielle. Quant à la réparation morale, plus importante en ce qu'elle fait de la victime un acteur de la réconciliation dont on prend en compte les souffrances et les attentes, elle n'est pas ici assurée. Or pour les associations de la société civile et les proches des victimes qui se rattachent à l'acception moderne de l'État comme promoteur de la paix, de l'égalité, de la liberté, la réparation morale est essentielle en vue de la réconciliation. On peut affirmer que la conception du pouvoir se rapproche du système traditionnel de gestion des crises[12]. Elle est inspirée du modèle politique *moaaga* qui recherche la cohésion sociale, l'unité du groupe au point qu'on peut s'abstenir de vérité et de justice si celles-ci menacent la paix[13]. C'est ce qui explique probablement l'importance de la place de la chefferie traditionnelle, coutumière, religieuse lors de la J.N.P. le 30 mars 2001 et son rôle décisif dans la décrispation survenue.

Réconcilier en méprisant le droit, la vérité et la justice ne peut briser la glace entre les victimes et les offenseurs. Comment rapprocher les protagonistes si une

[11] C. Taylor : *Multiculturalisme Différence et démocratie*, trad. Denis-Armand Canal, Paris, Flammarion, 1992, p. 68.

[12] Il se pose ici la question de la nature de l'État en Afrique qui demande qu'on statue sur le type de société à construire de sorte à orienter la marche des affaires publiques. Il semble qu'on ne puisse pas se contenter de naviguer au gré des situations entre les cultures politiques locales et les valeurs de la vie moderne car elles sont de nature différentes, elles ne sont pas toujours compatibles. Il est alors nécessaire de dégager une conception politique synthétique, cohérente. Le travail théorique s'avère important pour inventorier les traditions politiques africaines, les analyser et repérer celles qui peuvent être au rendez-vous de l'histoire.

[13] On trouve aussi une telle conception dans le noble mensonge de Platon. C'est dire que cela correspond à une vision du vivre-ensemble.

des parties n'est pas identifiée ? Ne faut-il pas d'abord connaître les victimes pour pouvoir les reconnaître comme semblables ? En commettant un crime, le criminel se met en dehors de sa communauté d'origine. Il rompt le lien qui l'unit aux autres membres et sort en même temps de leur estime. On ne se contente pas de désapprouver son acte, il est mis au banc de la société. Ce qui signifie qu'il devient insignifiant aux yeux des autres. Il ne peut prétendre à la reconnaissance, retrouver son honorabilité qu'en faisant amende honorable.

L'édification de la cité unie ne passe pas forcément par l'absolution des crimes et des violations. La morale et l'esprit du droit démocratique exigent de demander des comptes au responsables de fautes, de les punir s'il le faut pour prévenir le désordre, la récidive et assurer le maintien de la communauté dans le sens de l'idéal commun de justice et de paix. On ne saurait invoquer ni la pitié ni le pardon pour obtenir la grâce des fautes.

> Le pardon est un devoir de l'homme ; mais il ne doit pas être confondu avec la veule patience à supporter les offenses, comme renonciation aux moyens rigoureux pour prévenir l'offense répétée d'autrui ; car ce serait jeter ses droits aux pieds des autres et violer le devoir de l'homme envers lui-même. [14]

Pour Kant, le pardon ne peut être envisagé comme un outil de contournement du droit, de la nécessité de respecter la loi dont l'existence garantit la liberté, la justice, la société. Pardonner serait irresponsable et reviendrait à sacrifier, sans aucune raison, les droits inhérents à la personne humaine. L'homme comme être raisonnable et moral doit être respecté.

> Tout homme a le droit de prétendre au respect de ses semblables et réciproquement il est obligé au respect envers chacun d'eux. [15]

C'est dire que l'être humain mérite de la considération, il ne peut être objet de mauvais traitements. On doit lui reconnaître une valeur intrinsèque qui est hors de prix. Celle-ci ne peut faire l'objet de transaction puisqu'elle n'a pas d'équivalent, elle est inestimable. C'est pourquoi, chaque homme en tant que représentant de l'humanité doit être respecté. L'idée kantienne d'une loi qui garantit la liberté et la justice est importante car c'est sur l'égalité de droit, la parité que se fonde la reconnaissance comme vecteur de réconciliation.[16] En effet le droit, la

14 E. Kant : « Doctrine de la vertu », *Métaphysique des mœurs*, deuxième partie, § 36, p. 140.

15 *Ibid.,* § 38.

16 Voir P. Ricœur : *Parcours de la reconnaissance*, Paris, Stock, 2004 ; G. Jarczyk et P.-J. Labarrière : *La lutte pour la reconnaissance. Grammaire morale des conflits sociaux*, Paris, Cerf, « Passages », 2000 ; A. Honneth : *La lutte pour la reconnaissance. Maîtrise et servitude dans la Phénoménologie de l'esprit de Hegel*, Paris, Aubier, 1987.

loi morale et éthique contraignent l'être humain à tenir compte de l'autre, à prescrire une limite par rapport à autrui et ainsi à le reconnaître en tant que tel.

> Il y a dans la reconnaissance une coïncidence avec soi et une satisfaction qui ne s'obtient pas par l'élimination de l'autre, mais par solidarité avec lui. La reconnaissance laisse l'autre être lui-même et libre. Ce qui permettra à cet autre de reconnaître, ou au contraire de refuser la reconnaissance.[17]

La reconnaissance en tant que fondée sur l'égalité, le respect de l'altérité favorise les retrouvailles interindividuelles en prenant en compte les droits de chaque personne.

3. Conclusion

Au total, on ne saurait porter atteinte à la dignité humaine. Bien au contraire, c'est en la protégeant qu'on affirme véritablement l'éminence de l'être humain qui est capable de reconnaître ses pairs.

> Je ne puis refuser à l'homme vicieux (...) tout respect en tant qu'homme, puisque tout au moins le respect qui lui est dû en sa qualité d'homme ne peut lui être ôté, bien qu'il s'en rende indigne par ses actes. Ainsi peut-il y avoir des peines infamantes qui déshonorent l'humanité même (par exemple l'écartèlement, donner le criminel aux chiens, couper nez et oreilles) et qui non seulement sont plus douloureuses à l'homme jaloux de son honneur (et qui prétend, comme chacun doit le faire, au respect des autres) que la perte de ses biens et de la vie, mais qui encore font rougir de honte le spectateur d'appartenir à une espèce, avec laquelle on doit procéder ainsi. [18]

L'individu ignoble, aux actes contraires à la moralité, mérite d'être respecté. Il le doit, seulement, en sa qualité d'être humain. Par conséquent, on doit s'abstenir de lui faire subir tout mauvais traitement, susceptible d'avilir l'humanité entière à travers sa personne. Toutefois, cela n'autorise pas le laisser-faire et l'injustice qui génèrent le désordre. Le respect des règles établissant l'égalité de droit qui protège l'homme s'avère indispensable à la vie civile. En somme si le régime de l'égalité juridique doit être à la base de la reconnaissance mutuelle des individus dans la société, il n'est pas osé de dire que seule la démocratie a pour horizon la réconciliation.

[17] Th. de Koninck/ G. Larochelle (éds.) : *La dignité humaine Philosophie, droit, politique, économie, médecine*, Paris, PUF, 2005, p. 34.

[18] E. Kant : « Doctrine de la vertu », *Métaphysique des mœurs*, deuxième partie, *op. cit.*, § 39, p. 141.

Mounira Hachana Ben Mustapha

Reconnaissance et justification

1. Introduction

Il s'agit dans cet essai de questionner le rapport complexe et ambigu entre deux concepts incontournables pour toute réflexion normative contemporaine, à savoir le concept de *justification* et celui de *reconnaissance*. La présente réflexion part donc d'un double souci : celui de forger les concepts et de remanier les évidences philosophiques ou extra-philosophiques, et celui d'opérer une certaine forme de critique en partant du paradoxe du justifiable et de l'injustifiable, de l'intrication, dans l'acte justificateur lui-même, d'une composante stratégique et instrumentale, qui contredit et falsifie du même coup la prétention à une justification rationnelle, humaine et universelle.

Les guerres et les violences qui ont marqué le vingtième siècle et qui continuent à harceler des milliers de civils de par le monde, les génocides, le viol des consciences par le discours politique « pollué », la perte de la dignité humaine sous la forme d'un devenir-marchandise qui asservit les êtres humains en les réduisant à de simples rouages dans la machinerie infernale du profit ; tous ces phénomènes pathologiques invitent la réflexion axiologique contemporaine à méditer sur l'écart entre la théorie et la réalité, entre le donné et l'exigible. Cet écart est à coup sûr le lieu par excellence de la parole philosophique, qui refuse de capituler devant l'aléatoire ou devant ce qui prétend à une nécessité trompeuse, qui s'attache à ce devoir assez ardu de reconstruction rationnelle des normes, dans la perspective d'une nouvelle critique de la raison pratique.

L'humanité actuelle est tiraillée entre deux flux aliénants et nocifs : le flux marchand de l'économie mondialisée d'une part et le flux archaïque du fondamentalisme religieux de l'autre, deux flux qui se « justifient » mutuellement et qui collaborent sournoisement à l'hégémonie de l'instrumentalisation et à la mise en échec de toute prétention authentiquement rationnelle.

2. Raison pratique et justification

Ma première hypothèse est la critique de toute forme de réductionnisme qui limiterait l'usage de la raison pratique à un niveau purement technique, celui de l'ajustement des moyens en vue d'une fin. Pour ce dessein, il serait nécessaire de rappeler les racines de cette conception instrumentale : les conditions de la propagation du scepticisme en Occident à partir du 16ème siècle, les « Essais » de

Montaigne, et spécialement le 12ème chapitre intitulé « Apologie de Raimond Sebond » ont fait revivre le pyrrhonisme. Pascal, à la suite de Montaigne, reprend des arguments semblables pour montrer l'incapacité de notre raison à connaitre la nature du Souverain-Bien et de la vraie justice ; le moment cartésien et spinoziste présente un essai pour réformer nos méthodes de connaissance tout en gardant la différence entre l'évidence et la morale rationnelle.

Plus tard, Hume va déclarer ouvertement son scepticisme axiologique « la raison sert à découvrir la vérité ou l'erreur. La vérité et l'erreur consistent dans l'accord et dans le désaccord, soit avec les relations réelles des idées, soit avec l'existence réelle et les faits réels. Donc tout ce qui n'est pas susceptible de cet accord et de ce désaccord, ne peut être ni vrai ni faux et ne peut jamais être un objet de notre raison »[1].

Ce bref rappel historique a pour but de montrer brièvement l'évolution qui a conduit à l'élimination de la métaphysique et à la négation du rôle pratique de la raison, en s'en tenant à l'expérience et au calcul conforme aux règles. Le moment kantien marque à cet égard une innovation radicale dans laquelle la pensée contemporaine puise encore ses ressources normatives, car c'est avec Kant que la théorie du jugement trouve ses lettres de noblesse, avec la fameuse causalité par la liberté ou la détermination de la volonté par la raison pure pratique : « Des principes pratiques sont des propositions renfermant une détermination générale de la volonté dont dépendent plusieurs règles pratiques. Ils sont subjectifs, c'est-à-dire des maximes lorsque la condition est considérée par le sujet comme valable pour sa volonté mais ils sont objectifs ou des lois pratiques quand cette condition est reconnue comme objective, c'est-à-dire valable pour la volonté de tout un chacun »[2].

Mon hypothèse concerne donc cette association entre raison pratique et justification dont les racines remontent à Kant, et qui comporte en germe les éléments du débat contemporain sur les valeurs, dont le thème de notre colloque « justice, droit, justification » présente une figure remarquable. Ce thème nous interpelle plus que jamais, et dans divers contextes culturels, car il présente un horizon considérable pour la pensée axiologique contemporaine qui doit impérativement défendre la rationalité des valeurs contre les tentatives réductionnistes.

Il s'agit d'abord de puiser dans cet héritage, dans ce parcours qui mène de Kant à la philosophie du droit contemporaine, pour trouver, si possible, les éléments d'une approche non stratégique, non instrumentale du droit et de la justification, car, vouloir distinguer entre Justification rationnellement acceptable ou « justesse normative » et « justification » violente, cynique, et stratégique, nécessite à mon sens une revalorisation de la justification dans son acception pratico-

1 D. Hume : *Traité de la nature humaine*, Livre 3, Section 1, trad. Leroy, Paris, Aubier 1946, p. 573

2 E. Kant : *Critique de la raison pratique*, trad. Gibelin, Paris, Vrin, 1965, p. 27.

rationnelle, (qui comporte l'élément argumentatif, l'élément critique et l'élément réflexif ou autoréflexif). En fait, la philosophie anglo-saxonne du droit a reposé la question de la nature du jugement éthique politique ou juridique, de leur promiscuité ou de leur divergence. La théorie de la « cohérence narrative de R. Dworkin essaie de répondre aux questions qui se posent sur le statut du droit, sur la fonction du juge et son interprétation des règles et des principes juridiques. La philosophie de Jürgen Habermas part de ce même impératif en reconnaissant l'apport de la théorie kantienne du jugement et ce dans le but de construire une théorie de la rationalité élargie aux actions régulées par des normes, aux actions expressives et aux actions évaluatives : « Je voudrais mentionner trois apports d'importance fondamentale : la reconstruction du concept aristotélicien de praxis pour la théorie politique, l'introduction d'un concept husserlien de monde-vécu dans la théorie sociale et la redécouverte de l'analyse kantienne de l'urteilkraft ou jugement pour une théorie de la rationalité »[3].

Je m'intéresserais donc en premier lieu à défaire ce nœud de l'instrumental et du communicationnel, du rationnel et du stratégique, afin de voir un peu plus clairement le paradoxe de la justification, de montrer ce qui distingue le justifiable et l'injustifiable, travail qui nécessiterait peut-être un retour à la question de la sophistique et de la dialectique (je laisse cet aspect aux spécialistes de la philosophie ancienne) pour m'atteler plutôt à la tâche du « dire-vrai » qui incombe au philosophe actuel et qui nécessite le partage tranchant entre justifiable et injustifiable. Aucune autre instance que la philosophie ne peut mener à bien cette tâche, car toute partie qui entre dans le cercle de justification par calcul, par intérêt, ne peut que brouiller les frontières entre le justifiable et l'injustifiable (dans la pratique politique) pour mieux assurer son pouvoir et garder l'injustifiable ou le légitimer. Ce brouillage des pistes cher aux politiciens, et dont les conséquences désastreuses ont été dénoncés par toutes les organisations (comme les multiples génocides dont le massacre de Gaza en janvier 2009 est le plus horrible, le plus injustifiable sur tous les plans et qui a suscité paradoxalement une guerre ou un conflit de justifications) est le défi majeur qu'une approche philosophique qui s'impose la tâche de réfléchir sur l'actualité et sur la situation normative de l'humanité aujourd'hui ne peut contourner. J'essayerai donc de développer dans un premier moment ce concept de justification, avec la complexité et les paradoxes qu'il contient, pour montrer ensuite le lien nécessaire entre justification et reconnaissance.

[3] J. Habermas : *Morale et communication : conscience morale et activité communicationnelle*, trad. Ch. Bouchindhomme, Paris, Cerf, 1986, p. 31.

3. Justification et argumentation

Il faut peut-être remonter à Kant pour dire encore une fois que la rationalité d'une loi pratique ne concerne plus un rapport de nécessité ou de vérité mais le fait qu'elle pose un principe objectif, valable pour la volonté de tout être raisonnable, ainsi, si la réduction du champ de la rationalité à l'évidence (au sens de vérité-connaissance) laisse tout le champ axiologique livré à la guerre des dieux, il serait nécessaire de défendre la justification rationnelle dans un cadre plus large, qui est le champ d'application de la rationalité pratico-morale : la rationalité ne se réduit pas à la faculté d'énoncer ou de reconnaitre des jugements nécessaires mais à énoncer aussi des jugements pratiques.

Une des formes de ce réductionnisme est la réduction de la justification à l'explication ; l'explication, même si elle est capable de dégager les « causes », est incapable de les justifier.Le fait de chercher les causes peut nous orienter vers un point de vue instrumental, mais ne peut nous fournir des « raisons ». C'est pour cela que l'association de la raison pratique à la justification sous différentes formes peut offrir une alternative à l'impasse axiologique jadis observée par les positivistes, les heideggeriens et autres, car la justification concerne les actions d'une part et les normes qui guident cette action de l'autre, ce que Habermas appelle les prétentions à la validité. Le rapport de justification ne concerne pas des propositions démontrables et justifiables (comme c'est le cas dans la science) mais les actes critiquables ou justifiables.

La justification est donc toujours liée à l'agir, et le raisonnement pratique impliqué dans l'acte de justification ne se limite pas à la distinction du vrai et du faux, mais à une sorte de délibération, de critique, de réfutation si nécessaire. De ce fait, justification rationnelle et argumentation rationnelle sont les faces d'une même médaille, celle de la rationalité pratique à l'œuvre. La justification est donc un concept qui appartient à la jurisprudence et à la morale ; le néo-kantisme a repris cette question.

Il semble que la tentative la plus élaborée pour penser la justification normative soit celle de Habermas dans « Vérité et justification », essentiellement dans la troisième partie intitulée « La vérité dans la discussion et dans le monde vécu ». Dans le chapitre six qui traite de « justesse ou vérité : le sens de la validité déontologique des jugements et des normes », il dit en ce sens : « l'objectivité de la connaissance ne se mesure plus à la certitude privée, mais à la pratique publique de justification ; la « vérité »se transforme en un concept de validité à trois termes. La validité des énoncés en principe faillibles se révèle être justifiée par rapport à un public. Or, comme dans le cadre du paradigme linguistique, nous n'accédons plus à la vérité qu'au titre de ce qui est rationnellement acceptable, la question se pose de savoir comment la vérité d'un énoncé peut encore s'isoler du contexte de sa justification ? »[4]

L'importance philosophique de la justification est beaucoup plus manifeste dans un champ ou les valeurs sont multiples et concurrentes, « cet intérêt se montre dialectique (au sens aristotélicien) comme capacité d'objecter, de critiquer ou de justifier, à l'intérieur d'un système ouvert ou d'une publicité généralisée »[5].

Habermas défend donc le lien interne entre justification et vérité, tout en montrant que les approches contextualistes tombent dans une « contradiction performative », le relativisme culturel n'exclut pas la possibilité de la justification rationnelle des normes car « bien que la vérité ne puisse pas être réduite à la cohérence ou à l'assertabilité justifiée, il doit bien exister un lien entre vérité et justification »[6].

En se basant sur le lien entre les énoncés et les règles sémantiques qui forment les conditions de la vérité, Habermas montre donc que la justification ne consiste pas à transcender la réalité dans une optique fondationnelle, car il est quasiment impossible de trouver un énoncé de base qui porte sa garantie en lui-même. La chaîne de justification n'est pas linéaire, elle est liée à la pratique du langage et de l'argumentation et nécessite trois conditions essentielles : l'inclusion universelle, la participation à égalité de droits, et l'absence de toute répression, autrement dit l'orientation vers l'entente.

Il s'agit donc de défendre ces présuppositions de l'argumentation quelles que soient les limitations ethniques, temporelles ou spatiales, au risque de voir la pratique se retourner en actes irrationnels ou être vassalisée par les pouvoirs extérieurs et donc instrumentalisée. Sur ce point il est essentiel de rappeler la distinction entre vérité et acceptabilité rationnelle, opérée par Habermas, qui a une portée universaliste considérable et une portée critique, car « une telle orientation a essentiellement un sens critique et consiste à nous rappeler la limitation ethnocentrique et le caractère faillible de l'accord chaque fois réalisé quelle que soit sa motivation rationnelle, autrement dit à nous exhorter à opérer un décentrement plus poussé par rapport à la communauté de justification qui est la nôtre »[7]. Certes, la limite ontologique du temps peut empêcher la vision correcte des choses et des évènements, l'urgence du moment présent peut masquer les situations futures et l'évolution des normes, mais cela ne réduit pas la valeur de la justification rationnelle, cela ne fait que relativiser ses prétentions. Ainsi, une pensée de l'agir, liée à l'action, ayant pour fin la coexistence et la reconnaissance

4 J. Habermas : *Vérité et justification*, trad. franç. R. Rochlitz, Pari, Gallimard 2001, p. 180.
5 *Ibid.*
6 *Ibid.*, p. 182.
7 *Ibid.*, p. 192.

d'êtres libres mais raisonnables, ne peut faire l'économie d'une analyse pertinente du type de raisonnement pratique.

Le raisonnement juridique est donc basé sur un système normatif, mais il recèle aussi un moment herméneutique incontournable, pour le dire en termes plus clairs, le jugement juridique ne peut être réduit à un jugement déterminant (d'où l'inadéquation du positivisme juridique quand il s'agit de rendre compte du jugement juridique.L'interprétation habermassienne me parait intéressante dans ce cadre parce qu'elle montre l'importance de la dimension éthique qui traverse la rationalité juridique, et critique l'analyse fonctionnaliste qui ne rend pas suffisamment compte de cette dimension morale, en d'autres termes : l'argumentation juridique engage nécessairement des évaluations éthiques).

Il ne s'agit pas par là de retourner à des valeurs fondées en raison, mais de rechercher, à travers une éthique et un paradigme procédural du droit, « un consensus rationnel sur le juste, un discours pratique visant à la justesse des normes »[8].

Dans ce cadre, la philosophie kantienne sert de point d'appui pour la critique du positivisme. L'époque contemporaine a redécouvert l'intérêt des écrits kantiens sur l'esthétique, la politique et l'histoire ; l'élément positif est la distinction entre jugement réfléchissant et jugement déterminant : « Le jugement en général est la faculté de penser le particulier comme compris sous l'universel, si l'universel, la règle, le principe, la loi est donné, le jugement qui subsume sous celui le particulier (…) est déterminant. Si le particulier seul est donné, et si le jugement doit lui trouver l'universel, il est seulement réfléchissant »[9].

Dans le premier cas l'universel est donné et on l'applique aux cas particuliers, alors que dans le deuxième, on ne possède pas apriori de loi universelle, mais seulement la diversité d'un donné et l'on cherche l'universel qui pourrait lui convenir. L'accord entre le particulier et l'universel est alors contingent, il correspond à une attente ou à une espérance. Ce jugement ne peut emprunter son principe à l'expérience, ni à rien d'extérieur, il « ne peut donc que se donner à soi même comme loi un tel principe transcendantal sans pouvoir le tirer d'ailleurs, car il serait alors déterminant »[10].

Ces considérations, lorsqu'elles sont « transposées » dans le cadre d'une pensée basée sur l'interpénétration du langage et de la réalité (et donc sur l'impossibilité d'échapper à l'emprise du langage), nous suggèrent, toujours selon Habermas « d'adopter un concept anti fondamentaliste de connaissance et un concept holiste de justification »[11].

8 J. Habermas : *Morale et communication*, p. 63.
9 E. Kant : *Critique de la faculté de juger*, trad. franç. collective, Paris, Gallimard, 1985, p. 37.
10 *Ibid.*
11 J. Habermas : *Vérité et justification*, p. 181.

En fait, il y a impossibilité d'un énoncé de base, donc impossibilité de fonder, et possibilité infinie de justifier. Les arguments majeurs en faveur de cette position peuvent se résumer comme suit : le premier est l'existence d'une vérité indépendante de nos croyances, concernant le monde objectif. Le second la justification consistant inévitablement à corroborer certaines croyances par d'autres croyances.C'est donc dans ce sens minimal, une affaire de cohérence, mais là encore « ce qui est en jeu, ce n'est pas la représentation correcte de la réalité, mais une pratique qui ne doit pas s'effondrer »[12].

On en arrive ainsi à l'importance de la distinction entre vérité et acceptabilité rationnelle : Si les conditions de l'argumentation (comme l'universalité, la participation à égalité de droits, l'absence de toute répression, et l'orientation vers l'entente) sont ainsi idéalisées, il faut mettre l'accent sur « la limitation ethnocentrique et le caractère faillible de l'accord chaque fois réalisé. Il nécessite aussi un « décentrement » par rapport à la communauté de justification à laquelle on appartient, transcender la limite de l'appartenance culturelle, transcender la limitation ontologique du temps (les discussions sont provinciales par rapport à l'avenir). Voilà les deux défis majeurs à toute pratique justificative rationnelle qui s'octroie pour tâche la recherche d'une certaine forme d'acceptabilité rationnelle des normes[13]. Là réside le lien entre justification et reconnaissance.

4. Justification et reconnaissance : l'exigence d'une complémentarité

Sans trop s'attarder sur la détermination de l'homme comme être politique et social, on peut dire que le concept de reconnaissance, depuis Hegel, a valeur de figure paradigmatique. Certes, on peut en trouver l'origine dans la pensée de Fichte, qui a montré que l'autodétermination d'un sujet repose sur des processus de reconnaissance réciproque (« Fondement du droit naturel, selon les principes de la doctrine de la science »). Selon Fichte, un individu singulier ne peut se comprendre comme déterminé par soi-même que s'il comprend d'autres individus comme déterminés par eux-mêmes d'une semblable manière[14]. L'autodétermination ne peut se réaliser que dans et par un processus de reconnaissance réciproque.

Hegel, dans la « Phénoménologie de l'esprit »[15] radicalise cette idée : il ne peut y avoir de conscience de soi que là ou existent comme tels des rapports intersubjectifs de reconnaissance authentique. La reconnaissance ne consiste pas

12 *Ibid.*

13 *Ibid.*, p. 192.

14 J.G. Fichte : *Fondement du droit naturel selon les principes de la Doctrine de la science* (1796-1797), Paris, PUF, 1984, pp. 33-70.

15 G.W.F. Hegel : *Phénoménologie de l'Esprit*, Paris, Aubier Montaigne, 1941, chap. 4 -A.

seulement dans le fait d'octroyer aux autres la capacité d'autodétermination, mais la construction de la conscience de soi présuppose elle-même les rapports intersubjectifs de reconnaissance authentique. La reconnaissance devient de ce fait, comme l'a montré Axel Honneth à partir des écrits de jeunesse de Hegel, le principe de constitution du social, que ce soit dans le domaine privé (l'amour), le droit (le respect), et la vie en commun (la solidarité)[16].

L'élément intéressant dans ce cheminement du concept de la reconnaissance, c'est qu'il aboutit, chez Honneth, à la reconnaissance comme concept critique : la reconnaissance non accordée peut-être comprise comme une forme de désintégration, d'exclusion, comme forme de privation. Certes, il y a cette ligne d'argumentation critique selon laquelle le refus de reconnaissance contredit la situation dans laquelle se trouvent des êtres intelligents et spirituels (l'appel de l'autre selon Levinas), mais cette potentialité montre que la reconnaissance est une norme disputée des relations sociales et à la fois un idéal régulateur de nos actions, un principe concret d'action. Prenons à titre d'exemple les situations coloniales et postcoloniales, les différentes formes de conflit, différentes sortes de lutte pour la reconnaissance. S'il est lié aux questions portant sur la justice, le concept de reconnaissance pourrait être compris comme concept normatif de base.

La conjoncture actuelle montre à mon sens l'acuité de ce combat pour la reconnaissance, qui ne doit pas être pris dans le sens réducteur d'un combat pour la participation, mais doit s'élargir vers un combat pour la juste répartition des biens.

En ce sens, mettre l'accent sur l'aspect conflictuel de la reconnaissance (comme le fait Honneth) nous parait plus adéquat, car l'autre aspect, l'aspect consensuel, pacificateur, idéalisé, peut masquer toutes les formes de violence et de non-reconnaissance. Jacques Rancière le souligne ainsi :

> Une pratique raisonnable de l'interlocution est une pratique qui prend en compte le paradoxe de la raison, ce paradoxe est simple : la raison est toujours déraisonnable au regard de l'ordre, qui, toujours avant elle, a assigné les êtres parlants à leur place. La simple conséquence de l'entente du langage commun à la communauté raisonnable est toujours seconde. Elle a toujours à être regagnée par l'ordre qui la contredit. Toute pensée de la communauté raisonnable et de la discussion démocratique doit intégrer ce paradoxe sous

[16] Depuis sa leçon inaugurale donnée à l'Otto Suhr Institut de l'Université libre de Berlin, en novembre 1993 intitulée « La dynamique sociale du mépris, d'où parle une théorie critique de la société ? », Honneth se propose de reconstruire le concept de reconnaissance dans son rapport avec la critique, (voir « Habermas, la raison, la critique », dir. Ch. Bouchindhomme et R. Rochlitz, Paris, Cerf, 1996).

peine de retomber dans la logique du consensus, celle de l'inclusion qui exclut [17].

En fait, Axel Honneth représente la tentative la mieux élaborée d'une théorie de la reconnaissance qui s'inscrit sans l'héritage de la « théorie critique » et qui remonte aux travaux de Horkheimer et d'Adorno, à leur critique de modernité technique comme à leur désillusion à l'égard de l'optimisme marxiste.

Honneth a opéré une tentative de reconstruction de la théorie de la justice à partir du concept de reconnaissance, cette reconstruction relève d'une insatisfaction par rapport au procéduralisme libéral qui subordonne le bien au juste. Ainsi, si le thème de la reconnaissance s'impose aujourd'hui, c'est qu'il y a de nouvelles exigences normatives auxquelles les approches respectives de John Rawls et de Jürgen Habermas, ne peuvent répondre d'une manière satisfaisante.

C'est précisément sur ce plan que je trouve la théorie de Honneth plus plausible, car elle répond à des attentes et des aspirations vitales pour le monde arabe. Elle peut nous fournir les éléments d'une théorie critique et d'un renouvellement de la pensée sur la modernité, la rationalité et la critique des formes de réification, et des processus aliénants dont souffre l'espace public dans nos contextes. Certes, l'apport de Habermas n'est pas moindre, et je tiens à dire personnellement que ce que fait Habermas en terre européenne doit se conjuguer avec les luttes pour la reconnaissance dans d'autres contrées, et sous d'autres cieux. L'espace public planétaire est encore à reconstruire et il nécessite de prime abord un vrai dialogue intellectuel nord-sud.

Habermas et Honneth ont contribué à la réélaboration de leurs modèles, dans le sens d'une prise en compte des conditions concrètes de l'action et de la redistribution des biens ; mais l'intérêt que porte Honneth à l'intolérable, au mépris, à l'humiliation, son insistance à partir du négatif, des injustices vécues par les individus comme une atteinte à leur identité, fait vibrer en notre fond la blessure de notre identité (il suffit d'évoquer les multiples formes de génocide en Irak et plus récemment à Gaza).

La force du concept de reconnaissance réside dans le fait de se rapporter aux trois formes de l'être-avec : les relations affectives, les rapports juridiques, les liens sociaux (en termes hégéliens, à la sphère personnelle de l'amour, à la sphère du droit et du respect et finalement à l'estime sociale).Cette force relève aussi chez Honneth d'une tentative de réinvestir des concepts classiques comme celui de « réification » pour montrer le lien entre les dénis de reconnaissance et l'injustice dans la distribution des richesses. La reconstruction d'un idéal de justice immanent aux conflits sociaux part donc de ces revendications qui s'expriment en négatif, du déni de reconnaissance, ce qui permet d'éviter l'écueil de l'abstraction qui mine l'idée des droits de l'homme.

[17] J. Rancière : *La mésentente, politique et philosophie*, Paris, Galilée, 1995, p. 45.

Ainsi l'idéal de reconnaissance prend en considération ce que Honneth appelle les « blessures morales », les formes de déni symboliques tout autant que de l'injustice. Le concept de reconnaissance nous exhorte donc à penser l'injustifiable, le non-dit des théories de la justice et les expériences exclues de la sphère politique : « Le respect de soi n'est pour ainsi dire perceptible que sous une forme négative, lorsque les sujets souffrent visiblement de son absence »[18].

De ce fait, le rôle de la théorie change, le philosophe ne cherche plus à édicter ses normes à la réalité il mais change de posture, il part du vécu pratique des gens pour prendre en charge théoriquement les indignations concrètes qui manifestent une « transcendance intramondaine, la présence du devoir-être dans l'être[19].

Honneth définit la reconnaissance comme suit : « Elle est la confirmation par autrui de l'idée qu'un individu se fait de sa propre valeur »[20]. Le fil conducteur qui relie l'approche de Honneth à celle de Hegel est donc l'irréductibilité des rapports humains à de simples rapports de force Le fait que les relations intersubjectives sont porteuses d'attentes normatives et traversées par ces discours de justification : « C'est seulement lorsque nous avons compris que l'amour, l'égalité juridique et le principe de performance constituent des principes normatifs, en considération desquels nous pouvons faire valoir dans chaque sphère différente des prétentions spécifiques à un traitement égal, que nous avons discerné les fondements de validité de nos sociétés. Et c'est également seulement ensuite que nous pouvons comprendre quelle incroyable dynamique morale ces sociétés possèdent parce qu'elles permettent de faire valoir des revendications susceptibles de justification en se référant à des aspects très différents du principe d'égalité »[21].

De cette manière, Honneth veut assumer le double héritage de la première théorie critique et de sa seconde version développée par Habermas. En fait, pour Habermas, le droit constitue le médium qui permet de lier la validité normative et la facticité sociale, tout en assumant leurs tensions ; car l'une des caractéristiques essentielles de la modernité est la positivité des lois : leur légitimation ne peut se baser que sur la liberté communicationnelle et ne peut fonctionner que selon la logique du discours. Cette forme de légitimation implique trois principes qui se conditionnent réciproquement : le premier est la reconnaissance des droits subjectifs fondamentaux (l'autonomie privée, les droits de l'homme), le second consiste dans les processus institutionnels concrets dans lesquels les individus

18 A. Honneth : *La lutte pour la reconnaissance*, Paris, Cerf, 2000, p. 146.

19 A. Honneth : *La société du mépris*, Paris, La découverte, 2006, p. 185.

20 A. Honneth : in *Dictionnaire d'éthique et de philosophie morale*, tome 2, Paris, PUF, 1996.

21 A. Honneth : Entretien avec Guillaume Leblanc, in *Esprit*, Juillet 2008.

font usage de leur autonomie (souveraineté populaire) et finalement les procédures démocratiques.

Ainsi, l'équilibre est garanti – même partiellement – par la complémentarité de ces trois principes : Le système normatif du droit moderne appelle un État qui est et doit être lui-même soumis aux principes normatifs et qui a le devoir de défendre la loi et les droits contre les infractions. C'est sur ce point que la théorie de Habermas converge avec celle de Honneth, ce dernier partage sa vision de la modernité comme post-tradition, caractérisée par le déclin des légitimations religieuses et métaphysiques ; la reconnaissance juridique de la liberté subjective et la reconnaissance du principe d'égalité politique vont ainsi de paire. Il me semble intéressant de puiser dans ces approches post métaphysiques pour reconstruire une pensée normative arabe capable d'assumer les leçons de l'histoire et de porter à sa juste valeur cet apport considérable de la modernité qui est la normativité du droit et sa positivité. L'enjeu d'une telle tentative critique et reconstructive est de taille, car il forme le garant essentiel de notre « intérêt à l'émancipation » toujours inhibé par des facteurs externes : les différents blocages d'ordres politique, social et religieux, tout comme les blocages inconscients dont souffre notre conscience arabe ankylosée par le poids de traditions, en partie hostiles à l'innovation, et à l'ouverture rationnelle par intérêt ou par conviction dogmatique.

Conclusion : nous voyons ainsi que pour le Nord, le regain d'actualité du concept de reconnaissance relève d'une déception à l'égard de l'optimisme libéral, tandis que, pour une pensée issue du Sud, le problème est beaucoup plus grave, car le « citoyen » issu de ces contrées ne souffre pas seulement d'injustices économiques et sociales, il est parfois dénié dans sa citoyenneté même. D'un coté, le libéralisme a échoué à concilier la liberté et la justice, de l'autre si le monde actuel traduit l'expression déjà ancienne de Kant « La violation du droit en un seul lieu de la terre est partout ressentie »[22], c'est qu'il y a un espoir d'universalité et de reconnaissance des droits inaliénables, que tout penseur contemporain est tenu de garder, au risque de sombrer dans le chaos. Si vivre veut dire, dans le sens authentique du terme, faire œuvre, ne pas se limiter à un statut figé, se reconnaitre les uns les autres serait aussi un acte créateur qui dynamise l'identité des sujets en inventant de nouvelles normes.

[22] E. Kant : *Projet de paix perpétuelle*, Paris, Hatier, 1988, p. 43 (AA VIII 360).

Raúl Fornet-Betancourt

Justice et reconnaissance de l'autre

1. Remarques préliminaires

La reconnaissance n'est pas seulement un processus théorique : elle est aussi, et peut-être surtout, un processus pratique et quotidien qui comprend de multiples dimensions, notamment d'ordre social, politique et interpersonnel. Entendue non seulement comme tâche cognitive ou comme théorisation, la reconnaissance est une disposition pratique qui peut se réaliser ou non dans la vie de tous les jours. Comprise dans cette perspective, la reconnaissance apparaît comme un processus théorico-pratique complexe, dont les conquêtes sont toujours ouvertes et fragiles: on ne peut jamais exclure d'avance que des contradictions entre la théorie et la pratique quotidienne de la reconnaissance se produisent, comme en témoignent par exemple les contradictions entre les déclarations de principes, politiques ou sociales, et la réalité des pratiques : on affirme que tel étranger est bien un être humain, mais on le rejette car il « sent mauvais ». C'est pourquoi nous préférons parler de *dialectique de la reconnaissance*, et non pas simplement de « reconnaissance ».

La dialectique de la reconnaissance se déploie dans un contexte de conflit et se produit, plus précisément, comme une dialectique des conflits, qui se rattachent aussi bien à l'histoire du problème de la reconnaissance qu'à un présent de lutte de certaines sociétés qui nous font voir que, hier comme aujourd'hui, l'idée de reconnaissance renvoie au scandale de la division sociale, politique, religieuse et même humaine qui rend inégaux ceux qui sont égaux, de telle manière que certains êtres humains comptent plus que d'autres.

Parler de reconnaissance, c'est se référer à un problème d'inégalité et parler d'inégalité, c'est se référer au conflit et à l'injustice : telle est l'histoire qui se prolonge jusqu'à nos jours en matière de reconnaissance. Or, il faut observer que si cette histoire conflictuelle, que Marx a très justement qualifiée de « préhistoire » de l'humanité, se prolonge jusqu'à nos jours, c'est précisément parce que la reconnaissance n'a pas suffit à corriger la pathologie de ceux qui se croient supérieurs et s'arrogent dès lors le droit de marchander la dignité humaine des autres. Ainsi, dans l'intention pédagogique-critique de réveiller les consciences citoyennes et de les soustraire aux effets soporifiques d'une idéologie dominante qui dissimule les asymétries de pouvoir et assimile le contrat à la reconnaissance, il conviendrait même de se demander si la reconnaissance, par l'histoire qu'elle transporte et par les présupposés anthropologiques qui constituent son point de départ, est de fait, plus qu'une réponse, bien mieux une partie du problème qui nous défie à travers la question qu'elle pose.

2. *Un peu d'histoire*

Comprise comme exigence éthico-anthropologique de reconnaître *l'autre* homme, la reconnaissance se présente de manière générale comme la réponse *humaine* à l'exigence fondamentale, chez tout être humain, d'être précisément reconnu dans son humanité. Dans ce sens, en tant que réponse humaine *due* à l'humanité de tout être humain, la reconnaissance n'a donc rien d'une découverte spectaculaire. Dès lors, pour quelle raison donc parlons nous si souvent de la reconnaissance comme d'une grande nouveauté, et des politiques de la reconnaissance comme d'un progrès substantiel dans le domaine du vivre ensemble au sein de nos sociétés ?

Notre hypothèse est simple : ce n'est pas la reconnaissance qui est spectaculaire, mais le problème auquel on entend répondre par la reconnaissance. L'objet de scandale, c'est d'une part la négation de l'humanité de l'autre et de ses droits corrélatifs, mais c'est surtout le fait que nous faisons partie d'une histoire (de l'inhumanité) dans laquelle ce scandale n'est pas raconté comme un épisode « accidentel », éphémère et « anormal », mais comme la référence obligatoire pour décider de la normalité et de la normativité de l'humain. À partir de ce présupposé, nous considérons les exigences de la reconnaissance comme une avancée spectaculaire. Ce qui est « spectaculaire » ou devrait l'être, c'est donc la pathologie d'une histoire culturelle et sociale qui a normalisé des théories et des pratiques de négation et d'oppression de l'autre. C'est à la lumière de cette histoire que l'on doit examiner la portée et les limites des théories et des politiques de la reconnaissance, en vue de poser, à partir de cette mise en contexte historique, la question dérangeante de savoir si la réponse en termes de reconnaissance continue de payer un tribut à cette histoire.

Notre propos n'est pas, dans ce cadre, de reconstituer cette histoire qui donne sens aux théories et aux pratiques de la reconnaissance, et qui fait que la reconnaissance n'est pas, somme toute, une banalité. Nous nous bornerons seulement à signaler de manière schématique quelques moments qui nous semblent particulièrement révélateurs de la logique de rétrécissement systématique de l'humain que cette histoire met en oeuvre, en prétendant réduire la dignité humaine à un privilège des élites. Voici ces moments :

La naissance et la diffusion d'une philosophie politique ratée, qui reproduit avec Aristote la division du genre humain en deux catégories d'êtres, libres et esclaves, c'est-à-dire des êtres capables de gouverner et de participer aux « affaires publiques » et des êtres qui doivent *naturellement* rester confinés dans la sphère du privé, assignés aux « tâches domestiques », ce qui veut dire exclus du domaine où les êtres humains peuvent se reconnaître en tant qu'égaux.

L'expansion au Moyen âge du modèle de chrétienté impériale qui, trahissant la catholicité oecuménique qui découle de sa propre conception de l'être humain comme *imago Dei*, réduit l'humanité à l'*ordo christianus*. En reproduisant la division antique entre les citoyens et les esclaves ou barbares, reconfigurée en termes de chrétiens et païens, ce modèle donne pour acquis que les païens ne peuvent pas être reconnus comme des êtres humains de plein droit.

L'émergence et la consolidation d'une modernité capitaliste transformera, au nom de l'argent et de la marchandise, les « rapports sociaux » en tombeau des rapports *humains*, et, par là même, en tombeau de la société en tant qu'espace d'humanisation croissante des êtres humains. Nous pensons en effet que Marx a vu juste lorsqu'il a constaté que dans cette modernité-là le centre n'est pas le sujet mais le marché :

> Les personnes n'existent les unes pour les autres qu'à titre de représentants de la marchandise qu'elles possèdent. Nous verrons d'ailleurs dans le cours du développement que les masques divers dont elles s'affublent suivant les circonstances ne sont que les personnifications des rapports économiques qu'elles maintiennent les unes vis-à-vis des autres .[1]

Et il faut retenir encore que ce processus devient possible dans la mesure où la modernité bourgeoise « dissous la dignité de la personne dans la valeur d'échange ».[2] Il s'ensuit, pour le thème qui nous occupe, qu'avec la consolidation de la société capitaliste sont radicalement transformées les conditions de subjectivation des êtres humains. Dans la mesure où il n'y a pas de communauté et où l'on rejette l'idée d'un bien commun (un bien commun n'est pas un bien), la possession égoïste de soi-même et l'appropriation privée des choses deviennent des références fondamentales pour se constituer comme sujet, c'est-à-dire comme un être capable de s'auto-déterminer et d'établir des contrats avec les autres. Il est certain que ce contexte d'histoire sociale constitue l'horizon réel à partir duquel nous pouvons lire toute la philosophie politique libérale de la modernité et, plus particulièrement, ses théories de la reconnaissance.

L'expansion impérialiste du colonialisme européen, qui, au nom de la nouvelle civilisation du progrès capitaliste, procède non seulement au pillage des richesses naturelles des autres peuples, mais aussi à la resignification de l'opposition civilisation/barbarie à partir du nouveau paradigme du « développement humain », en disqualifiant les cultures autres comme « sous-développées ».

L'explosion de la résistance politique et culturelle des peuples colonisés, donnant naissance à des mouvements de libération qui démasquent la fausseté d'un humanisme bourgeois dont le mode de vie consiste à appliquer « au genre hu-

1 K. Marx, *Le Capital*, Livre premier, tome 1, Paris, 1971, p. 95-96.

2 K. Marx et F. Engels, *Le Manifeste communiste*, dans : K. Marx, Philosophie, Paris, 1982, p. 401.

main le *numerus clausus* ».[3] Faisant surgir de nouvelles conditions historiques et théoriques pour la coexistence humaine, ces mouvements font état d'une attente de « reconnaissance » en un sens nouveau : reconnaître, c'est réparer et faire justice. À partir de ce sens nouveau, la reconnaissance implique le dépassement de l'horizon politique de l'intégration à la « communauté internationale » actuelle. Dès lors, ces luttes de libération ainsi que les projets de réorganisation de la coopération entre les peuples (à l'instar de l'*Alternativa Bolivariana para América Latina y El Caribe*, ALBA) indiquent les limites des théories libérales de la reconnaissance, dans la mesure où il s'agit de refonder la relation avec l'autre, tant au niveau personnel que collectif.

3. La dialectique de la reconnaissance : une possibilité de dépasser l'horizon libéral dans la reconnaissance de l'autre

À la lumière des repères historiques indiqués plus haut, la reconnaissance de l'autre apparaît – dans la diversité de ses modalités et de leurs limites – comme la réponse par laquelle on entend résoudre le problème chronique d'une histoire d'inhumanité qui menace aujourd'hui d'accroître ses mécanismes de « sacrifices humains ».[4] Il s'agit d'une réponse *humaine* à un problème qui est le résultat d'une histoire de racisme, de colonialisme et d'impérialisme, dans laquelle s'inscrit également l'histoire idéologique que des philosophes, des théologiens et d'autres « penseurs » ont écrite en développant des théories destinées à justifier le maintien du *numerus clausus* imposé à l'humanité. Destinées aussi, par là même, à sanctionner les pratiques inhumaines qui devenaient « nécessaires » à l'expansion de la domination de l'autre dans son propre territoire.

Dans ce contexte, il nous semble que les théories de la reconnaissance, ainsi que les politiques qui en découlent (nous pensons ici notamment aux modèles proposés par des auteurs comme Jürgen Habermas, Will Kymlicka, Paul Ricœur ou Charles Taylor), sont porteuses d'un message d'alerte adressé à la conscience critique de l'humanité afin qu'elle puisse retrouver et activer sa « mémoire de l'humanité », en supprimant le *numerus clausus* qu'on a imposé au genre humain à travers une histoire de négation de l'autre – sous les figures du barbare, du païen, du sauvage, du sous-développé ou du migrant pauvre. Elles représentent donc un apport non négligeable qui met en relief les limitations juridiques et politiques des sociétés occidentales, tout en ouvrant des perspectives en vue d'une amélioration des conditions de la coexistence humaine dans le monde d'aujourd'hui.

3 J.-P. Sartre, *Situations, V*, Paris, 1964, p. 175.

4 Cf. F.J. Hinkelammert, *Sacrificios humanos y sociedad occidental*, San José, 1991, ainsi que son dernier ouvrage *El sujeto y la ley*, Caracas, 2006.

Or, d'un autre côté, c'est cette même histoire d'inhumanité, c'est-à-dire l'histoire des torts anthropologiques, politiques, économiques et culturels infligés à l'autre, qui nous permet aussi de voir que les conceptions occidentales de la reconnaissance sont insuffisantes pour garantir la réparation historique qui est due à l'autre méconnu et humilié. Elles sont également insuffisantes pour comprendre que l'autre a moins besoin d'« avocats » qui parlent à sa place que d'un changement au niveau des « juges » et/ou des règles du jeu – comme le suggère déjà le moment historique de l'irruption du protagonisme des « non-reconnus » dans l'histoire contemporaine.

Parmi les éléments qui peuvent exprimer plus clairement ces insuffisances, et qui peuvent dès lors contribuer à une critique des conceptions occidentales de la reconnaissance, nous pouvons mentionner, brièvement, les suivants :

- Au niveau anthropologique : l'universalisation abusive d'une anthropologie (ou de théories de la subjectivité humaine) élaborée à partir du présupposé de l'expansion capitaliste et donc de la mise en avant du « type humain bourgeois » comme prototype absolu de l'humanité. La construction de l'individu possessif et de la citoyenneté contractuelle deviennent ainsi des références paradigmatiques pour mesurer le « progrès » en humanité des êtres humains. Dans ce contexte, la la reconnaissance de l'autre prend dès lors essentiellement la forme de la reconnaissance entre des individus et des citoyens.
- Au niveau social, et en lien avec la réduction anthropologique mentionnée ci-dessus : la substitution de l'être humain concret par un concept juridique (« citoyen », « propriétaire », « sujet de droits formels »). Tout en rendant les êtres humains « représentables » dans ce qu'ils ont de non-représentable (leur corporéité besogneuse et vivante), ce concept dissout la socialité conflictuelle réelle dans une structure discursive juridique relative aux droits et aux devoirs de personnes prétendument égales. Cette substitution de l'être vivant par le sujet de droit entraîne au moins deux conséquences importantes qui rendent patente la dissolution de la société dans le discours : la première est la tendance à dissimuler ou à ne pas accorder l'importance due aux rapports asymétriques de pouvoir économique, politique et militaire, dans le cadre desquels on parle de la reconnaissance de l'autre ; la deuxième s'exprime dans le fait que la question « matérielle » relative à la prise en charge des conditions de la vie réelle de l'être vivant (avec tout ce qu'elle implique dans ses multiples dimensions) passe à un second plan.
- Au niveau politique : le caractère absolu de l'affirmation qui présente la société des discours et des contrats, avec ses instances reconnues de « négociation », comme *la* forme politique *moderne* par laquelle on doit résoudre aujourd'hui le problème de la reconnaissance de l'autre.

- Au niveau économique : le peu de disponibilité pour traduire concrètement l'exigence de reconnaissance de l'autre en une critique de la glolisation néo-libérale, qui porte atteinte aux conditions concrètes de reproduction et de maintien de la vie humaine.
- Au niveau culturel, et en lien avec ce qui précède : le peu de cohérence dans l'articulation des luttes pour la reconnaissance des identités avec les luttes pour la justice sociale, politique et économique. Pour se réaliser comme un lieu vivant de l'identité d'êtres vivants, la culture de l'autre a besoin de *devenir monde* et d'*être monde*. Nous voulons dire par là que la reconnaissance de l'identité (culturelle) de l'autre ne peut pas se réduire à un acte d'acceptation cognitive d'une différence plus ou moins abstraite qui ne « perturbe » pas l'ordre réellement établi. Si l'être humain est un être-en-situation, comme l'a montré Sartre, la reconnaissance effective de cet être impliquera la reconnaissance de ses situations et, par là même, de ses manières d'être au monde. L'identité (culturelle) ne doit être confinée ni à la sphère privée ni à la sphère de l'intime. Il faut la comprendre également comme le processus d'un être-en-situation (culturelle, politique, etc.), et c'est pourquoi la reconnaissance de l'identité doit impliquer la lutte pour le monde qu'elle requiert afin de pouvoir s'épanouir comme telle.

Ces cinq niveaux, que nous signalons à titre de moments exemplaires, indiquent que, dans l'exigence éthique de reconnaissance de l'autre, est latente une dialectique dont les bases renvoient à un donné de l'histoire d'inhumanité écrite jusqu'à nos jours : le fait que la négation de l'autre a pu fonctionner comme un « prétexte » pour occuper le monde de l'autre, pour envahir son espace et son temps, pour déclarer enfin « désertes » son âme et ses mondes de vie, de manière à pouvoir les remplir des « produits » de la civilisation dominante. Il s'ensuit que la reconnaissance, dans sa dimension dialectique, est avant tout une lutte pour la libération de la diversité occupée, c'est-à-dire une lutte très concrète entre des sujets (peuples ou individus) pour le droit effectif à disposer d'un monde propre. Pour le droit à être différents non seulement au niveau « folklorique » mais aussi, et surtout, aux niveaux les plus décisifs : dans la manière de se gouverner, de produire et partager, d'éduquer, de communiquer ou de se défendre.

La dialectique de la reconnaissance, entendue comme lutte pour la libération de la pluralité, nous met aux prises avec un ensemble de revendications anthropologiques, politiques, culturelles, économiques, sociales et religieuses, dont la réalisation exige le dépassement de l'horizon théorico-pratique de la modernité libérale occidentale et de son idéal de « sociétés tolérantes ». En effet, la libération de la pluralité suppose une volonté de partager le monde et l'humanité, susceptible d'engendrer des mondes libérés dans la réciprocité, c'est-à-dire des mondes réels propres qui se « reconnaissent » comme co-fondateurs de la réalité humaine. Reconnaître l'autre et son monde signifie donc, dans la perspective de la dialectique de la libération de la pluralité, prendre conscience du fait que dans la reconnaissance se produit une co-(n)naissance à l'humanité et au monde. Et, quel que soit son monde, l'être humain qui agit en accord avec cette conscience transforme l'idée de la tolérance : alors que dans l'horizon de la pensée libérale la tolérance se tient dans la frontière entre ce que l'on (la culture dominante) considère comme socialement établi et ce qui se profile comme non acceptable, dans la perspective interculturelle qui radicalise la reconnaissance dans le sens d'une disposition à la *re-naissance* au monde et à l'humanité avec l'autre, la tolérance se resignifie comme un processus d'acceptation réciproque, d'interaction et de participation réelle aux « affaires de l'autre », qui deviennent justement des « affaires communes et partagées ».[5] De cette manière s'ouvre un horizon utopique renouvelé, que le libéralisme ne peut « tolérer » : l'horizon d'une humanité qui dépasse le «minimum» de la coexistence plus ou moins pacifique des sociétés *multiculturelles* tolérantes afin d'œuvrer pour le « maximum » d'une humanité réconciliée dans le vivre ensemble *interculturel*.

4. Remarque finale

Nous voudrions risquer une idée qui, vue à partir de la configuration aujourd'hui dominante de la philosophie – tout au moins celle qui occupe l'espace des média et des grandes maisons d'édition – pourrait passer pour une ressource « pré-moderne » : l'idée qu'il est nécessaire de récupérer et de resignifier la catégorie de *dignité humaine* en vue de rendre possible la critique interculturelle des conceptions européennes libérales de la reconnaissance ainsi que la radicalisation de l'idée même de la reconnaissance. Cette catégorie condense le *bien commun* (et public) le plus fondamental que nous partageons en tant qu'êtres humains, et à partir duquel nous tirons l' « évidence » qu'avant tout contrat, chaque être humain a des droits *humains*. Ce ne sont pas les « papiers » qui rendent quelqu'un digne de reconnaissance, mais précisément cette dignité à propos de laquelle Kant – entrevoyant la logique marchande qui s'imposait partout avec le capitalisme – a dit qu'elle n'avait ni ne pouvait avoir de *prix* et que, par là même, elle n'était pas non plus susceptible d'être remplacée par une autre chose, c'est-à-dire qu'il n'y a pas d'*équivalent* pour la dignité.[6]

Auprès d'une certaine opinion contemporaine, il se peut que la catégorie de dignité puisse paraître « pré-moderne » et porteuse de résidus métaphysiques « pré-politiques ». Or, l'histoire réelle des peuples parle clairement : le sentiment

[5] Cf. H. Reza Yousefi/ K. Fischer/ I. Braun Ina (dirs.), *Wege zur Kommunikation. Theorie und Praxis interkultureller Toleranz*, Nordhausen, 2006.

[6] Cf. I. Kant, *Grundlegung zur Metaphysik der Sitten*, Hamburg, 1965, p. 58 et sq.

de la dignité est susceptible d'universalité, et la source constante de l'*indignation* à l'égard de l'injustice. Dans ce sens, et dans le contexte du dialogue interculturel, nous pensons que la catégorie de dignité humaine peut nous permettre de mieux prendre en charge la perspective de la reconnaissance, d'une manière plus radicale et conséquente – par exemple, à travers la tâche consistant à créer les conditions d'une *dignification universelle* de l'être humain.[7]

[7] On peut trouver un exemple de l'actualité de cette pensée, dans la tradition philosophique latino-américaine, dans l'actuel développement d'un humanisme de la dignité humaine. Voir, parmi d'autres auteurs : A.A. Roig, La 'dignidad humana' y la 'moral de la emergencia' en América Latina, dans son livre : *Ética del poder y moralidad de la protesta*, Mendoza, 2002, p. 107-207; A. Arpini (dir.), *Razón práctica y discurso social latinoamericano. El 'pensamiento fuerte' de Alberdi, Betances, Hostos, Martí y Ugarte*, Buenos Aires, 2000; et L. Giorgis, *José Martí. El humanismo como filosofía de la dignidad*, Mendoza, 2006.

Mohamed Ali Halouani

Paradoxe et justice.
Approche épistémologique des procédures de la justification

Il ne fait pas de doute que les relations qu'entretiennent entre elles justice et injustice nous étonneront toujours par les aspects paradoxaux qui les caractérisent. Alors qu'en effet l'injustice semble n'être pour nous que l'envers sombre et tragique de la justice, il nous faut reconnaître cependant qu'elle avait eu, durant toute l'Antiquité, une telle emprise sur les sociétés humaines que la pensée moderne, saturée par les traditions philosophiques et religieuses rationalistes, et en fin de compte égalitaristes, a du mal à lui reconnaître aujourd'hui, une grandeur tout à fait étrange et insoupçonnée. Et en effet, ainsi que nous le suggère Platon à travers sa critique de l'héritage théogonique et cosmogonique grec, la justice, dans son acception classique aussi bien que moderne, avait rarement eu dans l'Antiquité, la dignité qu'on lui reconnaît aujourd'hui. N'avait-elle pas toujours été considérée comme un échafaudage fragile et éphémère dans le règne étendu et triomphant de l'injustice ?[1]

C'est, par exemple, la position défendue fermement par Thrasymaque dans *La République* de Platon, quoique tenue pour scandaleuse par maints commentateurs. Le juste y est paradoxalement défini comme l'avantage obtenu par le monopole de la force, c'est-à-dire en substance, comme le fruit d'une injustice, puisqu'il s'agit d'un avantage que procure l'usage de la force, lequel ne doit rien

1 Témoignant de l'aspect, artificiel et conventionnel de la justice, et par là même de sa fragilité, Platon fait dire à Glaucon dans *La République*: « Alors écoute ce dont j'ai annoncé que je parlerais en premier, à savoir ce qu'est la justice, et d'où elle vient. Eh bien les gens affirment que commettre des injustices est par nature un bien, et que les subir est un mal; mais que subir l'injustice comporte un excédent de mal sur le bien qu'il y a à la commettre. En conséquence une fois qu'ils se sont infligé mutuellement des injustices, et en ont subi les uns des autres, et qu'ils ont ainsi goûté à l'un et à l'autre, il paraît profitable à ceux qui ne sont capables ni d'éviter (de les subir) ni de prendre le parti (de les commettre), de convenir entre eux de ne pas commettre d'injustices, de façon à ne pas en subir. Et on dit que c'est à partir de ce moment qu'ils ont commencé à instituer leurs propres lois et conventions, et à nommer ce qui est prescrit par la loi à la fois « légal » et « juste ». Telle serait tout à la fois la genèse et l'essence de la justice, qui est à mi-chemin entre ce qui est le mieux – commettre l'injustice sans en être châtié – et le pire – subir l'injustice sans être capable de s'en venger », *Ibid.*, livre II/359a-360b.

par sa nature au principe d'égalité. Nous croyons en effet entendre encore Thrasymaque déclamer tout haut sa célèbre définition du juste: « J'affirme que le juste n'est autre chose que l'avantageux au plus fort »[2], ravalant, par voie de conséquence, la justice au statut étrange d'un armistice conclu sur le front incertain de la guerre sociale de tous contre tous.[3]

Il est certes très intéressant, à l'exemple de Platon, d'examiner d'un point de vue critique les soubassements historiques et culturels des théogonies de la mythologie hellène qui placent l'injustice au fondement du comportement humain.[4] Mais malgré cela, nous pensons devoir choisir de ne pas abonder dans le sens d'une telle recherche. Nous sommes en effet, beaucoup plus tentés de privilégier dans ce travail l'étude du rapport de dépendance intime qu'entretiendra désormais l'injustice avec la justice, grâce justement à la conversion mentale qu'avait proposé le renversement métaphysique platonicien, notamment, après que les premières théogonies monothéistes, alliées à l'avènement de la philosophie grecque, eurent déjà popularisé l'idée que l'injustice n'était au fond ni une sorte d'altérité absolue rapportée du dehors par un principe antithétique, comme il en est dans le manichéisme[5] ou le zoroastrisme, ni *à fortiori* le fruit d'un hasard divin, comme il en est parfois dans la légende homérique. Il eût fallu attendre effectivement le platonisme et ses multiples avatars historiques, pour que l'injustice pût être regardée paradoxalement comme une notion qui trouve dans la justice même son fondement et sa terre d'élection

La conception platonicienne de la justice peut d'ailleurs nous aider à nous faire une idée de ce paradoxe.

Nous savons par exemple que la philosophie platonicienne considère la justice comme l'expression de l'ordre naturel lui-même, et par là même de l'harmonie qui règne de toute éternité entre les parties de l'univers. La *juste* répartition des éléments dans le monde sera d'ailleurs d'autant plus visible qu'il s'agit d'ensembles complexes, à l'instar des êtres vivants, dont les organes représentent les éléments constitutifs d'un système téléologique parfait, ou presque. C'est sans doute la raison pour laquelle le vivant fournira à la philosophie antique son modèle *cosmobiologique*,[6] bien représentatif comme on le sait, du point de vue finaliste et holiste[7].

2 Platon, *La république,* I, 338c-339b, G. Flammarion, Paris, 1966, p. 87.

3 Mais c'est là l'objet de tout le Dialogue.

4 Théogonies et mythologies colportées par Homère et Hésiode.

5 Dans la mesure où les philosophies développées par le manichéisme ou le zoroastrisme se fondaient sur un dualisme radical de principes cosmogoniques contraires.

6 Selon cette thèse, l'Univers en tant que « tout » est un être vivant à part entière, sinon, l'être vivant par excellence. J. Moreau, qui use souvent du vocable de *cosmobiologie,* écrit à ce propos dans son livre : *Plotin ou la gloire de la philosophie*

Ainsi, les sociétés humaines ont-elles pu être considérées, elles aussi, comme des corps organisés à haute valeur intégrative et susceptibles de ce fait d'être interprétés en fonction du modélisme biologique, puisqu'il s'agit justement d'une représentation qui permet d'en faire ressortir l'aspect harmonique, ou si l'on veut, la « justesse » des proportions qui auraient été aux fondements de l'existence même de ces sociétés. C'est d'ailleurs pour cette raison que Platon, dans la République, avait exhorté ses interlocuteurs à examiner en priorité la nature du corps social en soi, ou si l'on veut, la substance de la cité[8] comme préalable[9] à l'étude de la justice éternelle.

antique, (p. 22, Paris, Vrin, 1970), « Ainsi, au regard de la réflexion platonicienne, l'idée cosmobiologique répond à une exigence ontologique. Si l'univers n'était un tout organisé, un organisme vivant, doué d'âme et d'intelligence, il ne répondrait pas à sa notion, qui est celle d'un tout achevé ».

7 Plusieurs auteurs, dont J. Moreau, développent d'ailleurs cette idée qu'ils considèrent comme fondamentale pour toute la pensée philosophique de l'Antiquité J. Moreau, pour le citer encore une fois, auteur écrit par exemple dans son livre, *Aristote et son Ecole* : « Cette vision finaliste du monde avait été exposée par Platon dans le *Timée*, dont la thèse fondamentale est qu'il y a un univers, que la diversité des choses se ramène à l'unité, qu'elle n'est pas seulement une totalité (τά παητα) mais un tout unique (τό όλοη), (en relation avec la doctrine du Philèbe, 204a-205a), une organisation universelle dans laquelle tous les êtres particuliers sont non seulement contenus, mais compris, définis par leurs raisons. L'idée d'Univers a une signification téléologique; et les conceptions mécanistes se caractérisent précisément parce qu'elles excluent l'idée d'Univers, celle d'un monde unique; elles admettent une pluralité infinie de mondes ». P.U.F., Paris, 1967, p. 122.
Quant à la tendance *holiste* qui prédominait dans la philosophie antique, on pourrait la caractériser comme un courant de pensée fortement opposé aux tendances *mécanicistes* dans leur globalité, ainsi qu'il en est par exemple aujourd'hui, entre le *réductionnisme* et *l'émergentisme.*

8 La cité définie dans la *République* est en effet une cité « idéale », mais non pas, selon nous, dans le sens d'une cité *utopique* qu'on lui donne parfois. Il s'agit plus exactement d'une définition qui porte sur l'essence de toute cité possible. J.-F. Pradeau, dans son livre, *Platon et la cité,* insiste justement sur cet aspect. On y lit : « Il n'existe ainsi, à strictement parler, qu'une seule cité pour l'auteur de la *République*, celle dont son ouvrage décrit la constitution. Toutes les cités passées, existantes, proches ou lointaines, sont des cités corrompues, déséquilibrées ou factieuses. Par définition, il n'y a qu'une cité susceptible d'instituer le rassemblement ordonné des fonctions; de même que la fonction est vertueuse lorsqu'elle excelle (lorsqu'elle est accomplie le mieux possible), de même la cité est vertueuse lorsque l'ensemble des fonctions excellentes sont associées dans une communauté autarcique. », PUF, paris, 1997, pp. 44-45.

9 Cf. le passage fort connu de *La République,* (II-368b, 369b), où Platon écrit : « Je vais te le dire, répondis-je. La justice, affirmons-nous, est un attribut de l'individu, mais aussi de la cité entière ?/ Or, la cité est plus grande que l'individu ?/ Elle est

C'est d'ailleurs en ce sens que le platonisme nous donne à voir non seulement l'idée du principe d'agencement de la cité en soi, et donc celle de la structure exemplaire et paradigmatique qui sera l'attribut nécessaire de toute justice sociale appelée à exister dans la réalité sensible, mais nous montre aussi la marque infaillible et indélébile de l'injustice, conçue dorénavant comme l'indicateur ou le révélateur du processus corruptif qui s'empare des sociétés, exactement comme la maladie s'empare des corps vivants[10].

En effet, au regard de cette nouvelle grille de lecture, l'injustice n'est plus considérée comme altérité absolue ou accidentelle par rapport à la justice, à l'instar de ce que laissaient entendre certaines croyances ou d'anciennes coutumes. Elle est devenue par l'entremise de la transmutation philosophique idéaliste la matrice des formes corruptives inscrites en creux dans la substance même de la justice. Et c'est donc dans cette perspective-là que l'injuste n'est plus cet insaisissable qui se diversifie à l'infini, ou bien ce qui, par accident, s'oppose à ce qui est juste. Dorénavant, l'injustice sera partie prenante de la justice. Ne lui est-elle pas devenue consubstantielle ?

D'ailleurs, cette forme inaugurale du rationalisme qui débuta avec la philosophie platonicienne avait de toute évidence fortement déteint sur l'ensemble des théories politiques de l'Antiquité et du Moyen Âge. Nous en avons pour preuve le sort qui fut réservé par la philosophie aristotélicienne à l'antériorité ontologique des formes substantielles par rapport aux autres genres de l'Être, préservant par voie de conséquence, l'emprise du modélisme biologique en philosophie politique. Car la cité se prêtant bien à l'usage du modèle biologique, la justice fut, aussi bien dans l'aristotélisme que dans le platonisme, la matrice des formes corruptives naturelles de toutes les formes de l'injustice.

plus grande. / Peut-être donc, dans un cadre plus grand, la justice sera-t-elle plus grande et plus facile à étudier. Par conséquent, si vous le voulez, *nous chercherons d'abord la nature de la justice dans les cités; ensuite nous l'examinerons dans l'individu,* de manière à apercevoir la ressemblance de la grande dans la forme de la petite ». (Trad. R. Baccou, Garnier/Flammarion, Paris, 1966,). C'est nous qui soulignons.

10 Platon reprend la métaphore biologique. Il écrit au Livre IV de *La République*, *Ibid.* 443d-444d : « Mais, poursuivis-je, puisque nous connaissons la nature de l'injustice et de la justice, nous voyons déjà clairement en quoi consiste l'action injuste et l'action juste. / Comment donc ?/ Elles ne diffèrent point, répondis-je, des choses saines et des choses malsaines; ce que ces dernières sont pour le corps, elles le sont pour l'âme./De quelle façon ?/ Les choses saines engendrent la santé, et les malsaines la maladie. / Oui. / De même les actions injustes n'engendrent-elles pas la justice, et les injustes l'injustice ? / Si, nécessairement. / Or, engendrer la santé c'est établir selon la nature les rapports de domination et de sujétion entre les différents éléments du corps; engendrer la maladie c'est leur permettre de gouverner ou d'être gouvernés l'un par l'autre contre nature. / C'est cela ».

Aussi, sommes-nous amenés à poser la question du fondement de cette relation anomique entre justice et injustice, relation où l'opposé est paradoxalement sous la dépendance de l'opposé dont il est le corrélatif!

Certes, plusieurs approches interprétatives peuvent être mises à contribution, pour ne pas dire en concurrence, afin d'émettre un avis autorisé sur la question. Mais alors que ceux dont l'orientation métaphysique l'emporte sur toute procédure analytique peuvent être tentés d'imputer cette conception du tandem justice-injustice à un *apriori* philosophique principiel, et donc à un choix doctrinal apparenté à une sorte d'évidence première du système, nous voyons quant à nous qu'une approche épistémologique est plus à même de faire ressortir les raisons de cette énigmatique corrélation.

Nous aurons ainsi à insister sur l'adoption d'une démarche analytique qui nous permettra dès l'abord d'examiner la notion de justice, non pas comme un terme premier et par conséquent inanalysable à l'intérieur d'un système théorique cohérent, mais plutôt comme notion susceptible de faire l'objet d'une élucidation scientifique et historico-critique, sur laquelle pourront nous étayer par la suite, des considérations d'ordre épistémologique.

Mais quelle qu'ait pu être la puissance de conviction que pouvait procurer, au sein d'une société de type conflictuel, l'idéologie de la force élevée paradoxalement au rang de justice, cela n'a jamais abouti en réalité à mettre totalement la justice sous la coupe de la force, et donc sous le joug de l'injustice, puisque la pensée théologique et philosophique naissante a toujours su inspirer une autre conception de la « valeur justice », en la faisant étroitement dépendre dorénavant de l'idée transcendante de l'égalité mathématique. Et comme de surcroît, l'égalité avait été elle-même ramenée depuis des temps immémoriaux à la notion d'équilibre, il faudra en conséquence mettre en débat, là aussi, le problème des contraintes épistémiques qui ont dû conduire à la réduction de la notion de justice à celle d'équilibre.[11]

Et effectivement, en faisant le choix décisif de rapporter depuis la plus haute antiquité la notion de justice à la notion mathématique d'égalité, la gente cultivée et savante de l'humanité s'est vue en quelque sorte obligée de s'exercer au redéploiement de la notion abstraite de l'égalité mathématique dans les champs spécifiques de la physique, réputés plus proches de la réalité sensible, à savoir le champ de la Mécanique, mais aussi de la « biologie »; champs où se déploie justement, la notion d'équilibre, même si par ailleurs, la Mécanique n'établira que tardivement quelques caractéristiques assez rudimentaires des lois de l'équilibre, comme en témoigne, par exemple, le traité pseudo-aristotélicien des

11 Il est vrai que cette tournure particulière de l'esprit a certainement des raisons qui la fondent, mais nous aurons plus avant, l'occasion d'examiner ce problème en profondeur.

« Questions mécaniques »,[12] l'un des premiers textes qui nous soient parvenus sur le problème de l'équilibre des forces, et aussi certains textes sibyllins du Corpus hippocratique sur la santé en tant qu'équilibre entre les humeurs. Aussi, n'y a-t-il rien d'étonnant à ce que la balance fût mise à contribution dans l'élaboration de la notion de justice, dès qu'elle fut conçue comme un équilibre.[13]

Mais pour aller de l'avant dans notre investigation, faisons aussi le choix de ne pas nous attarder outre mesure sur ces conceptions philosophiques ou théologiques qui firent la part belle à cette nouvelle alliance entre égalité et justice, hormis, peut-être, quelques indications succinctes sur les vues pythagoriciennes et platoniciennes qui y sont impliquées. Nous mentionnerons, par exemple, que si l'équivalence posée par la métaphysique pythagoricienne entre le bien, le vrai, le beau et le juste avait bien suscité des commentaires philosophiques, cela ne fut pas toujours dans le but d'en expliciter les fondements. Pour Aristote, ce fut en tous cas l'occasion d'engager une critique des principes du mathématisme chez Platon. Ne s'est-il pas employé dans sa *Métaphysique* à détruire par le moyen de l'argumentation scientifique dont il disposait le bienfondé supposé de la Théorie des Idées ?

De plus, nous devrions dans la foulée mettre volontairement de côté l'épineux problème que pose la recevabilité doxographique des livres A9, M et N de la *Métaphysique* d'Aristote quant à la présomption d'ésotérisme qui plane au dessus de ces textes philosophiques fondamentaux[14]. Mais ce faisant, il nous faudra reconnaître néanmoins, ainsi que le relève justement Aristote, que c'est autour des considérations de la métamathématique pythagoricienne relativement à la nature de la série des nombres naturels, et donc autour de la valeur organique et organisationnelle de l'Un, que se joue dans le platonisme, l'authentique action ontologique et cosmologique des « Idées–Nombres » sur la réalité ultime de tous les Êtres.

Aussi, et pour rester dans le cadre de ces préambules, nous devrions, là aussi, nous contenter d'évoquer par petites touches, la refondation épistémologique décisive de la métathéorie mathématique dont Aristote était en même temps con-

12 Aristote (pseudo Aristote), (*Mechanica*), (*Questions Mécaniques)*, *Mechanical Problems*, (en Anglais), Aristotle, minor works, Harvard University Press, Massachusetts, & William Heinemann LTD, MCMLXXX, pp. 329-411, 1936/1980.

13 À vrai dire, nous nous inspirons dans ce travail, des analyses de G.G. Granger autour de ce qu'il appelle *le spectre épistémologique* de la notion d'équilibre dans son livre *Méthodologie économique*, PUF, Paris, 1995, chap. premier qui s'intitule : *Spectre épistémologique du concept d'équilibre,* pp. 23-87. Peut-être y trouverons-nous des indications intéressantes sur les procédures effectives de la conceptualisation scientifique qui ont accompagné la naissance de cette notion.

14 Il s'agirait, en effet, de textes acroamatiques, c'est-à-dire des éléments de cours considérés en général comme ésotériques, et qui ne sont donc pas réservés au grand public, de sorte que le texte aristotélique en est probablement l'unique témoin, ou presque.

temporain et acteur, refondation qui avait justement inauguré une conception nouvelle de la théorie mathématique, susceptible de la faire sortir du ghetto métaphysique dans lequel elle avait été jusque-là confinée, afin de l'intégrer définitivement dans la sphère de la noétique humaine.

Autant dire que pour Aristote la conception platonicienne des mathématiques était déjà obsolète, ce qui justifiait pleinement à ses yeux une remise en cause draconienne du fond métaphysique sur lequel reposait toute l'arithmétique et par là même toute la philosophie platonicienne. En vérité, cela revient à octroyer aux mathématiques un statut épistémologique nouveau, et donc à leur donner une place à part entière à l'intérieur des sciences théorétiques, sans qu'il n'y ait malgré cela une quelconque collusion métaphysique qui pût avoir la prétention de l'instituer comme mystique impliquée ontologiquement. C'est là, d'ailleurs, le sens profond de la critique aristotélicienne de la théorie des Idées en général, et des Nombres Idéaux en particulier, surtout au niveau des Livres A, M et N de *La Métaphysique*, ainsi que cela a été observé plus haut.

Aristote écrit justement à ce propos :

> Mais l'Un ne signifie, de toute évidence, qu'unité de mesure. Pour toute chose mesurée, en effet, il existe une chose différente en chaque genre et qui est sujet (...) ce qui implique que l'Un n'est pas une réalité et une substance par soi. Et cela est rationnel, car l'Un n'a d'autre caractère que d'être mesure de quelque multiplicité de mesures, (car) (...) la mesure doit toujours être un attribut commun à toutes les choses à mesurer [15].

Plus loin, à la fin de son texte, il reconnaîtra par exemple le caractère illusoire de vouloir considérer l'Un comme l'origine du Bien. Il dira en effet :

> Par conséquent, dire que le principe est le Souverain Bien, c'est parler selon la vérité et la raison. Mais prétendre qu'un tel principe soit l'Un, ou, s'il n'est pas l'Un, qu'il soit au moins un élément, et un élément des nombres, c'est ce qui est impossible. Il en découle en effet, de graves difficultés, et c'est pour y échapper que certains philosophes ont rejeté cette doctrine : Tout en reconnaissant que l'Un est bien un principe primitif et un élément, ils l'ont traité uniquement comme un principe du nombre mathématique [16].

Disons tout simplement qu'au terme de ce survol rapide, Aristote avait pu à travers un renouvellement original de la critique des fondements des mathématique donner le coup de grâce à la thèse qui considérait l'Un comme l'origine et le principe de la perfection, de l'ordre, de l'harmonie et donc de l'égalité, avec pour corolaire la légitimation ontologique du juste, du beau et du bien. Mais en plus de cela, ainsi que nous l'avons suggéré plus haut, tout cela mit aussi un

[15] Aristote, Métaphysique, N, 1, 1087b, 30-35 (T. II), Vrin, Paris, 1981.
[16] *Ibid.*, N, 4, 1091b, 15-25 (T. II).

terme à la conception des opposés impliqués par ces notions, à l'instar du multiple, de l'indéfini de la Dyade du Grand et du Petit et de l'inégal, qui étaient considérés comme la source ontologique de l'injustice, de la démesure, et donc du mal.

J.-T. Desanti dira à ce propos qu'« en prenant la mesure du degré d'autonomie des champs opératoires, Aristote a atteint le maximum d'intelligibilité compatible avec l'état et les besoins de la mathématique de son temps »[17]. Desanti interprète effectivement cette position comme l'une des solutions les plus hardies qu'ait pu trouver le génie grec au problème causé par la découverte des nombres irrationnels. D'après lui, en effet, le Stagirite fut le premier à mettre en œuvre l'exigence d'autonomie des champs opératoires en mathématique.[18] Entre les deux pôles qui tiraillaient le concept de nombre dans l'Antiquité grecque, le pôle ontologique et le pôle opératoire, Aristote devait en quelque sorte trancher en faveur du pôle opératoire, mais il a dû, pour cela, se fonder sur les leçons à tirer du scandale des irrationnelles.

Autrement dit, si le nombre, dans sa nouvelle mouture, avait perdu beaucoup de son aura mystique et métaphysique, il s'en est tout de même bien sorti de la confrontation qui l'avait opposé à la postérité du pythagorisme. Les mathématiciens furent même fort affairés à devoir déblayer le champ ouvert de la mathématique naissante, celle qui deviendra par la suite, euclidienne. Ils durent en effet, explorer d'une façon audacieuse et inédite, la possibilité d'une « mathématicité » qui prend le risque d'expérimenter la rigueur de la rationalité mathématique grecque en dehors de ses contraintes métathéoriques habituelles.

Forts des avancées métathéoriques aristotéliques, les Eléments d'Euclide nous rapportent, par exemple, la façon dont a été résolu le problème de la proportion-

17 Article paru dans l'œuvre collective parue sous la direction de J. Piaget, *Logique et connaissance scientifique*, La pléiade, Paris, 1976, p. 450.

18 Il faut dire que c'est surtout grâce à la psychologie génétique que nous sommes, aujourd'hui, en mesure de donner à cette notion « d'activité du sujet » tout son sens; plus peut-être qu'on avait cru lui prêter avec le criticisme kantien. J. Piaget, en a d'ailleurs, dans plusieurs de ses livres, montré le bien-fondé. Résumant à l'extrême sa pensée, il dira par exemple, dans *Psychologie et épistémologie* (Denoël, Paris, 1970, pp. 84-85) : « Partant de telles prémisses nous défendons les hypothèses suivantes. Nos connaissances ne proviennent ni de la sensation ni de la perception seules, mais de l'action entière dont la perception ne constitue que la fonction de signalisation. Le propre de l'intelligence n'est pas, en effet, de contempler mais de « transformer », et son mécanisme est essentiellement opératoire. Or les opérations consistent en actions intériorisées et coordonnées en structures d'ensemble (réversibles, etc.) et si l'on veut rendre compte de cet aspect opératoire de l'intelligence humaine, c'est donc de l'action même et non de la perception seule qu'il convient de partir ». (Cf. *Ibid.*, *Biologie et connaissance*, Gallimard, Paris, 1967, VI, 21, pp. 461-468.

nalité entre deux rapports de grandeurs mesurables, mais où deux mesures sont de nature différente, appartenant donc à des essences considérées alors comme mathématiquement non composables entre elles, à l'instar de « l'aire d'une surface bornée par une ligne courbe d'une part, et l'aire d'un carré de l'autre »[19]. La solution proposée pour la démonstration de la vérité de cette égalité proportionnelle présumée (entre : $\frac{c}{c'}<\frac{d^2}{d'^2}$ et $\frac{c}{c'}>\frac{d^2}{d'^2}$)[20] et qui inclut, comme on le sait, le nombre fatal π, (comme rapport de la mesure d'une circonférence et du diamètre qui la sous-tend), fait appel en effet, à la méthodologie heuristique du tiers exclu[21] qui remonte probablement à Eudoxe. En fait il s'agit d'une démonstration très spéciale dans le champ de la mathématicité grecque. Seulement, c'est au prix d'une telle ingéniosité théorique que cette mathématicité nouvelle osera exercer son droit à opérer les extensions théoriques qu'elle avait jugées nécessaires, afin d'imposer une rationalité mathématique originale, même si de telles extensions avaient comme toujours suscité l'appréhension de certains mathématiciens orthodoxes.

A vrai dire, cet air de méfiance avait surgi à l'occasion de la découverte de l'irrationalité de la diagonale par rapport au côté du carré pris pour unité. Mais, là aussi, il revient à Euclide, d'avoir su nous conserver les fils ténus de la démonstration qui devait légitimer mathématiquement les nombres irrationnels; certes, grâce à la sagacité de ses savants devanciers qui avaient déblayé le terrain, mais surtout grâce au travail de décapage philosophique initié par la tradition aristo-

19 J.-T. Desanti, La philosophie silencieuse, ou critique des philosophies de la science, Éditions du Seuil, Paris, 1975, p. 199.

20 Rappelons que le théorème 2 du livre XII énonce que : « Le rapport des aires de deux cercles est égal au rapport des carrés de leurs diamètres respectifs. » Autrement dit, il faut braver l'interdiction dogmatique et écrire malgré tout – en langage moderne – $\frac{c}{c'}=\frac{d^2}{d'^2}$. Desanti commente la possibilité de cette procédure en ajoutant que pour avoir le droit d'écrire cette formule, il faut en effet affirmer (selon Euclide, Eléments V, définition 5), que : « si l'on se donne deux entiers différents de zéro *m* et *p,* 1°$mC=md^2$ entraînera $pC'= pd'^2$; 2° mC < md^2 entraînera $pC'<pd'^2$; 3° m $C > pC' > pd'^2$. Composés avec des entiers, les êtres d'espèce C se trouvent ainsi appartenir à un domaine dans lequel une relation d'ordre strict permet de les comparer aux êtres « usuels » d'espèce d^2, à condition, bien entendu, que l'on soit en mesure de démontrer l'égalité $\frac{c}{c'}=\frac{d^2}{d'^2}$ ». Desanti, *Ibid.*, « Réflexions sur le concept de « *mathesis* » », pp. 199-200.

21 Ainsi que le rappelle Desanti (*Ibid.*, 202) : « Étant données deux grandeurs, A et B, trois cas exclusifs l'un de l'autre sont possibles : ou bien A=B; ou bien A<B; ou bien A>B. Dès lors, pour démontrer A=B, il suffira de démontrer la fausseté de A>B et celle de A<B ».

télicienne sur les notions d'infini actuel, d'infini potentiel et de continu – mathématique ou physique.[22]

Mais revenons au problème lui-même, c'est-à-dire, à celui de la capacité des mathématiques de l'époque à opérer efficacement sur des entités qui s'appliquent aux sciences dites « pratiques » ou aux sciences humaines, comme on dirait aujourd'hui, sans tomber pour autant dans le travers des élucubrations du mathématisme débridé issu du pythagorisme. Or, le problème qui s'était posé avec insistance pour les Anciens était de savoir si leurs techniques calculatoires étaient bien adaptées aux objets qu'elles étaient sensées manipuler. Nous savons, par exemple, que de fortes suspicions avaient plané sur la prétention des mathématiques pythagoriciennes à une utilisation scientifique universelle[23]. Et il n'y a pas de doute que l'inadéquation présumée de l'arithmétique et de la géométrie aux *qualia* ait été l'une des raisons principales invoquées par la physique aristotélicienne, lorsqu'elle dut faire le choix épistémologique d'une physique qualitativiste.[24]

22 De toute évidence, la conception d'Aristote porte, pour ainsi dire, les marques de son époque. Georg Kreisel remarque à ce propos, dans son article « La logique et le langage » : « L'idée d'Aristote sur l'infini, comme lui-même l'a souligné en des termes quelque peu ambigus à mes yeux, n'est adaptée qu'aux mathématiques de son temps (cf. Physique, III, 7, 207 b 29-30) : « Les mathématiciens n'ont pas besoin de l'infini et ne l'utilisent pas; en réalité, ils ont seulement besoin que le (fragment) fini soit aussi grand que l'on voudra ».
Cf. aussi, par exemple, M. Caveing, « Quelques remarques sur le traitement du continu dans les Eléments d'Euclide et la Physique d'Aristote », *Penser les Mathématiques*, Paris, Seuil-Points, 1982, pp. 145-166, où l'auteur montre que l'élaboration du concept de continuité par Aristote (surtout dans *Physique* III), est fortement imbriquée aux études mathématiques de l'époque sur le même sujet. Mais aussitôt, il ajoutera : « Dans le cas particulier de la ligne droite, les géomètres n'ont besoin que de segments finis arbitrairement grands. L'idée d'Aristote citée ci-dessus – sur l'infini dit potentiel par opposition à l'actuel – ne s'applique pas aux cent dernières années, et encore moins aux intentions qui y ont présidé, même s'il est possible d'en reformuler les résultats en termes d'infini potentiel. L'usage de l'infini actuel est, par exemple, éliminé des parties des mathématiques pour lesquelles le programme de Hilbert a été réalisé. » *Aristote aujourd'hui*, sous la direction de M.-A. Sinaceur, ERES, UNESCO-Paris, 1988, p. 251.

23 Nous nous rappelons certainement de la réflexion d'Aristote – pour autant que le texte en référence soit considéré comme authentique – à la fin de α, 3, 995a-15/20 où il dit : « On ne doit pas notamment exiger en tout la rigueur mathématique, mais seulement quand il s'agit d'êtres immatériels. Aussi la méthode mathématique estelle inapplicable à la physique, car toute la nature contient vraisemblablement de la matière… ».

24 P. Duhem écrit à ce propos, dans son livre *La théorie physique – son objet, sa structure* : « Ainsi, dans la catégorie de la qualité, on ne rencontre rien qui ressemble

Nous mesurons bien sûr la gravité de ce choix, dans la mesure où il avait pu donner une légitimité épistémologique à l'application de certaines opérations mathématiques aux données qualitatives, ainsi qu'il en est par exemple dans les problèmes de partage, dès qu'il ne s'agit plus de données quantitatives, comme dans la justice dite distributive.

Pour qu'un partage fût juste, nous savons que deux façons étaient alors reconnues, du moins chez ceux qui prônaient le recours à la notion d'égalité comme étalon : S'astreindre à une répartition arithmétique égale de ce qui est partageable, ou bien en assurer la rétribution équitable, c'est-à-dire selon des règles de partages qui légitiment néanmoins l'égalisation, si l'on ose dire, de certaines formes d'inégalités. Et pour s'acquitter de cette tâche, les premiers théoriciens pouvaient utiliser au gré de leurs besoins divers procédés de calculs qui vont de la simple division arithmétique jusqu'à l'usage des *analogies,* qu'ils appelaient aussi des *médiétés,*[25] pour des valeurs proportionnelles plus subtiles.[26]

Cela veut dire, plus exactement, que si les transactions commerciales sont possibles comme le montre Aristote dans *L'Ethique à Nicomaque,* c'est en raison

à la formation d'une grande quantité au moyen de petites quantités qui en soient les parties; on ne trouve aucune opération, à la fois commutative et associative, qui puisse mériter le nom d'addition et être représentée par le signe +; sur la qualité, donc, la mesure, issue de la notion d'addition ne saurait avoir prise ». Vrin, Paris, 1981, (deuxième édition revue et augmentée), p. 166.

25 Les Pythagoriciens connaissaient selon G. Milhaud au moins trois médiétés caractéristiques qui étaient en fait des analogies ou proportionnalités. Il s'agit des médiétés arithmétiques, géométriques et harmoniques que l'on peut écrire aujourd'hui sous la forme $\frac{a-m}{m-b}=\frac{a}{a}$ $\frac{a-m}{m-b}=\frac{a}{m}$ $\frac{a-m}{m-b}=\frac{a}{b}$.
Cf. G. Milhaud, *Les philosophes géomètres de la Grèce, Platon et ses prédécesseurs,* p. 92 et suiv., F. Alcan, Paris, 1900. Il ajoute, par exemple pour expliquer ces proportions que : « La première donne *2m=a+b*; m est moyenne arithmétique entre *a* et *b;* la deuxième peut encore se définir : $\frac{a}{m}=\frac{m}{b}$: *m* est moyen géométrique; la troisième donne *:* – $\frac{2}{m}=\frac{1}{a}+\frac{1}{b}$ *:m* est moyen harmonique », p. 93.

26 Cf. aussi Al-Marzūkī, dans sa thèse sur les mathématiques chez Aristote, où il écrit surtout p. 152 : « Il y a donc chez Aristote deux niveaux de mathématisation : celui réduit et simple de l'expression quantitative de certains phénomènes, domaine dans lequel Aristote semble, malgré les apparences, le précurseur -même négativement- de la physique moderne; puis un deuxième niveau plus important, concerne l'organisation formelle comme étape dans l'axiomatisation d'une catégorie déterminée de données abstraites sur un sujet défini, comme c'est le cas pour certains phénomènes humains (les vertus et la logique des normes dans l'éthique) ou discursifs (comme la logique et la dialectique, voire la rhétorique et la poétique) ».

de l'égalité – arithmétique[27] – entre le vendeur et l'acheteur d'une part, et d'autre part, entre l'objet de la transaction et sa valeur monétaire.[28] Là, ainsi qu'on peut le penser, les règles de l'arithmétique peuvent s'appliquer sans difficulté particulière, c'est-à-dire selon les modalités offertes par les mathématiques de l'époque. Il est question dans ce cas de justice dite commutative. Mais s'il s'agit par contre d'un partage selon la justice dite distributive, où l'octroi des parts se fait eu égard à des considérations qualitatives, comme l'honneur ou le courage, alors la partition ne pourra se faire qu'en fonction des valeurs intensives du plus ou du moins, à l'exclusion de toute autre forme de procédure calculatoire et donc en toute rigueur, en dehors de toute application quantitative.[29]

Cette distinction profonde, selon l'expression même de Duhem, entre qualité et quantité s'explique d'après lui par le fait que pour les Anciens une qualité constitue « en quelque sorte, une espèce à part ».[30] Et puisque chaque espèce étant par définition irréductible à l'autre, les degrés de chaleur, par exemple, ne peuvent de ce fait, être réductibles entre eux. Ils ressortissent, en effet, de la catégorie de la qualité, de sorte que l'un ne peut être considéré comme une unité relativement à l'autre. Cela revient à dire, en fait, que deux intensités qualitatives différentes ne peuvent être, en aucune façon, envisagées sous le rapport de la quantité. Car, c'est sous le rapport de la quantité seule que la mesure pouvait être envisagée.[31]

27 Aristote écrit dans *L'éthique à Nicomaque*, V/VI, « Mais il ne faut pas perdre de vue que ce que nous cherchons à distinguer, c'est le juste en soi et le juste dans la société ? Or, celui-ci existe entre gens qui vivent ensemble, afin de vivre leur indépendance, je veux dire des hommes libres et égaux, soit proportionnellement, soit arithmétiquement ». Garnier, Flammarion, Paris, 1965, p. p. 136-137.

28 Cf., Aristote, ibid, V/V, où il écrit: « Aussi faut-il que toutes choses soient en quelques façons comparables, quand on veut les échanger. C'est pourquoi on a recours à la monnaie, qui est, pour ainsi dire, un intermédiaire ». Elle mesure tout, la valeur supérieure d'un objet et la valeur inférieure d'un autre, par exemple, combien il faut de chaussures pour équivaloir à une maison ou à l'alimentation d'une personne ».

29 Cf. Aristote, *Ibid.*, V, II, III, IV.

30 P. Duhem, *L'Évolution de la Mécanique*, Hermann, Paris, 1905, p. 8

31 Plus exactement, P. Duhem écrit dans son livre *La Théorie physique – son objet, sa structure* : « Ce que nous pouvons dire des longueurs, nous le pourrions répéter touchant les surfaces, les volumes, les angles, le temps; tous les attributs physiques qui sont des grandeurs présenteraient des caractères analogues. Toujours nous verrions les divers états d'une grandeur présenter des relations d'égalité ou d'inégalité susceptibles d'être figurées par les signes =, > , < , toujours nous pourrions soumettre, cette grandeur à une opération possédant la double propriété *commutative* et *associative* (l'auteur souligne), et, par conséquent, susceptible d'être représentée par le symbole arithmétique de l'addition, par le signe + ». Vrin, Paris, 1981, pp. 162-164.

Aussi est-ce en considération de cette distinction capitale, mais aussi en raison des acquis de la mathématicité nouvelle qu'un « calcul » des valeurs morales ou politiques avait été rendu possible, bien qu'il ne soit pas question pour autant d'un calcul arithmétique au sens strict du terme. Car il s'agit là d'un rapport qui unit deux à deux les termes de plusieurs couples, comme par exemple : $\frac{A}{B}=\frac{C}{D}$ mais où le formalisme, par delà l'usage arithmétique dans la recherche de la quatrième proportionnelle par exemple, est un formalisme qui peut renvoyer à des valeurs qualitatives et, par voie de conséquence, à des grandeurs non mesurables. Aristote définit effectivement l'analogie en général comme le rapport où le second terme est au premier, comme le quatrième au troisième, mais sans préjuger toutefois, de la nature des termes.

Mais remarquons, en passant, que le rapport d'analogie, en dehors de son acception arithmétique, a été souvent l'objet de critique quant à sa rigueur scientifique, à l'exemple de celle développée par A. Lalande, dans *Le vocabulaire technique et critique de la philosophie*, où l'ensemble des sens du terme en question sont considérés comme impropres à une utilisation scientifique.[32]

Or, il faut savoir que la grande majorité de ces critiques sont restés, selon nous, en deçà non seulement du sens profond de la pensée aristotélique en ces questions, mais surtout assez insensibles aux mutations profondes de l'esprit scientifique, et finalement donc assez éloignés de la tourne moderne prise par les sciences, ainsi que des acquis de la méthodologie « récurrencielle » du nouvel esprit scientifique en épistémologie et en histoire des sciences; tous impliqués, comme on le sait, dans le processus de complexification de la notion de mathématicité, depuis Platon et Aristote, jusqu'à nos jours.

Mais comme nous savons que dans les limites étroites de cette contribution, il est tout à fait impossible d'exposer d'une façon approfondie, un argumentaire plaidant en faveur des transformations théoriques et métathéoriques dont la pensée mathématique a été l'enjeu au cours des siècles, nous opterons, malgré nous, d'aller vers l'essentiel en donnant un aperçu succin des fondements sur lesquels nous appuyons notre argumentation.

Nous nous inspirons, effectivement, des thèses développées par J.-L. Destouches et T.S. Kuhn et par bien d'autres, à vrai dire, dont les travaux ont bien mis en relief que la formalisation mathématique, dans son sens traditionnel, n'est somme toute qu'une forme particulière parmi beaucoup d'autres, par laquelle l'axiomatisation d'un domaine peut s'exprimer, et que, par conséquent, lorsque l'axiomatisation d'un domaine du savoir est réalisée, il ne s'ensuit pas,

32 Dans sa partie critique, *Le vocabulaire* énonce dans sa critique au « raisonnement par analogie » que : « Cette expression, en dehors du sens A, dont le type est le calcul de la quatrième proportionnelle, représente une idée très vague, et qu'on a encore rendue plus confuse en essayant de la préciser en divers sens ».

pour qu'une telle axiomatisation puisse être considérée comme scientifique, qu'elle dusse nécessairement prendre la forme arithmétique ou géométrique; puisque la scientificité, comme on vient de le suggérer, n'a pas que cette forme unique d'expression pour marquer de son sceau le savoir qui prétend au statut de science[33].

Pour plus de précision, disons que ce sont les développements modernes des mathématiques elles mêmes qui nous enjoignent, paradoxalement, à aborder le problème qui nous occupe, celui du statut épistémologique des sciences de l'Antiquité, par exemple, sous un jour nouveau et original; autrement dit, selon un point de vue qui, sans rien attenter à la valeur, ni aussi au rôle fondamental en sciences des formalismes mathématiques-arithmétiques et géométriques, ne considère pas moins, cependant, que d'autres types de formalismes peuvent en tenir lieu, rendant ainsi la science possible, même en l'absence manifeste de ces formalismes mathématiques traditionnels.

W.-W. Sawyer écrit justement à ce propos que « L'objet des mathématiques, consiste (donc) à raisonner sur des choses et des idées clairement définies. Il n'y a aucune raison, ajoute-il, pour que les symboles mathématiques s'appliquent seulement aux nombres (comme en arithmétique, en algèbre et en géométrie) ou aux points (comme en géométrie). Ils peuvent s'appliquer à tout. Quelle que soit la chose à laquelle on les applique, on peut toujours les développer, finit-il par dire, en accord avec les propriétés de cette chose »[34].

Nous rapportons cette définition des mathématiques parce qu'elle est pour nous d'un grand intérêt. Elle réunit en peu de mots, en effet, la position que nous nous proposons d'expliciter. Nous en tirons, par exemple, que raisonner mathématiquement n'est rien d'autre que raisonner logiquement « sur des choses et des idées clairement définies »[35], ce qui veut dire que toute opération déductive bien menée, et opérant sur des objets ou des idées bien définis, pourra être appelée mathématique, quel que soit, par ailleurs, cet objet. Ce que vise bien sûr l'auteur, c'est d'attirer l'attention du lecteur sur une confusion-identification trop souvent faite entre mathématisation d'une part et géométrisation et arithmétisation d'autre part. Et c'est, évidemment, la distinction entre les deux qui nous importe le plus.

33 Cf. en particulier les analyses de l'école *idonéiste*, avec pour chef de file Ferdinand Gonseth, qui créa en 1947, (avec Gaston Bachelard et Paul Bernays), une revue internationale de philosophie de la connaissance (*Dialectica)*.

34 W.-W. Sawyer, *Introduction aux Mathématiques*, Paris, Payot, 1966, pp. 112-113.

35 *Ibid.*, où l'auteur écrit notamment: « En mathématiques on vise à traiter tous les sujets par des méthodes entièrement déductives. Les idées sont supposées définies avec une telle clarté qu'on puisse les développer par un raisonnement purement logique ».

Ainsi, ni le nombre, ni la figure, n'auraient le privilège du traitement mathématique, parce qu'il n'y a rien, théoriquement, qui justifie en quoi que soit, *l'impérialisme* de l'arithmétique et de la géométrie en mathématique, si ce n'est quelques contingences historiques ;[36] de sorte *qu'a priori*, il peut y avoir, au fond, plusieurs sortes « d'algèbres » possibles dont les règles et les théorèmes sont en accord avec les « choses » qu'elles manipulent. Ainsi, nombre d'auteurs n'ont pas hésité à développer des algèbres de la logique, des algèbres des classes, ou bien des algèbres propres aux mouvements, celles qu'on appelle « groupes des mouvements ».

Aussi, avec une telle conception, sommes-nous à même d'envisager une réponse à notre problème, celui de voir si l'élaboration d'un savoir en tant que science reste possible, sans que celui-ci doive cependant satisfaire à l'exigence de mathématicité entendue, bien sûr, seulement comme arithmétisation ou géométrisation.

Mais maintenant, après avoir essayé de mettre en évidence les conditions épistémiques de la mathématisation du temps d'Aristote, venons-en à la question qui nous préoccupe, à savoir celle de la relation bien établie entre la notion de justice et celle *d'équilibre* en Mécanique ancienne.

La notion d'équilibre est certainement comme l'affirme le physicien Ernst Mach, une notion très intuitive à telle enseigne qu'elle a pu être considérée sans difficulté comme faisant partie de l'expérience innée de l'humanité. En réalité, il a bien fallu donner, depuis la haute Antiquité égyptienne, et à travers la balance, une expression instrumentale de cette qualité.[37]

Nous savons par exemple que le problème de l'équilibre avait suscité l'intérêt des mécaniciens de l'Antiquité et nous possédons un traité pseudo-aristotélicien, *Les questions mécaniques*, qui traite du levier droit en ramenant justement le problème de la balance (à bras égaux ou inégaux) au problème du levier droit, opération qui peut être considérée par un regard moderne comme une façon voilée de la généralisation du problème. Or cette manière de faire, que nous n'allons ni juger ni commenter, nous offre ni plus ni moins l'une des premières tentatives hardies de quantification du phénomène de l'équilibre que procure la balance à bras égaux, ou inégaux quand il s'agit de la balance dite romaine[38].

36 W.-W. Sawyer ajoute, par exemple, *Ibid.*, p. 111 : « Il me semble que l'arithmétique et la géométrie, par quelque hasard historique, ont été les premiers sujets d'études auxquels on ait appliqué une forme logique. Depuis lors, bien d'autres sujets d'études ont été traités mathématiquement ».

37 Cf. le papyrus célèbre d'Hounefer montrant la scène de la pesée du cœur dans la mythologie de l'ancienne Égypte.

38 Cette question a été relayée au Moyen Âge, autant arabe que latin, par l'étude despropriétés de la balance dite romaine (*qarastun* en arabe), ramenées au principe mécanique du levier droit, en continuité avec la tradition pseudo-aristotélicienne en la

Cependant, et par delà les problèmes interprétatifs que suppose le traitement de l'équilibre statique par le biais de l'amalgame des notions de « dynamique » et de « statique », comme il en est chez le pseudo-Aristote,[39] nous devons remarquer à la suite de G.G. Granger, ainsi que nous l'avions annoncé au tout début de notre propos, que cette mathématisation de l'équilibre n'a pas toujours fait l'unanimité parmi les savants de l'époque, parce que beaucoup d'entre eux, et surtout les médecins de la période hippocratique, récusèrent fortement la valeur scientifique d'une telle mathématisation. D'après eux en effet l'équilibre qui s'applique aux êtres vivants ne saurait subir un traitement quantitatif puisque qu'il s'agit en l'état, de substances matérielles qui ressortissent de l'ordre du qualitatif.

Mais si cet équilibre formel dit d'opposition est rejeté, deux autres types d'équilibre sont par contre acceptés. Il s'agit selon les termes de Granger de l'équilibre dit de *fusion* et aussi l'équilibre dit *d'accumulation* pour la raison justement qu'ils ont la possibilité de traduire, dans les termes de la physique aristotélicienne proprement dite, la nature particulière de l'être vivant. Et il faut dire que c'est aussi par ce biais que l'on comprend la raison pour laquelle il a fallu remanier quelque peu le modèle biologique ancien de façon à ce qu'il reste fonctionnel dans l'aristotélisme : il permettra justement de traduire d'une manière réactualisée le point de vue holiste, sans pour autant tomber dans les travers du platonisme.

Eu égard à cet horizon épistémologique, G. G. Granger aura, effectivement, le souci dans son livre *Méthodologie économique* d'analyser le devenir de la notion d'équilibre au fil des transmutations notionnelles qu'elle a dû subir au regard de ses multiples usages[40]. Aussi écrira-t-il à ce propos après avoir rappelé la simili-

matière. *Le livre du qarastun de Thabit ibn Qurra,* éd. par Khalil Jaouiche (Leiden, E. J. Brill, 1976), en est l'exemple type.

39 Cf. la littérature historique et critique profuse dont a fait l'objet la notion d'équilibre pendant l'Antiquité et le Moyen Âge, al Khazini, Pierre Duhem, E. Mach, R Dugas, Kh. Jaouiche, M. Clavelin, Moody et Clagett, Mazahéri, pour ne citer que les plus connus.

40 En résumé, la notion d'équilibre qui se constitue dans l'école hippocratique, et telle qu'elle servira longtemps de base à la biologie médicale, peut être caractérisée par les traits suivants :
1°C'est un équilibre phénoménal et concret, à l'encontre de l'équilibre abstrait des éléments. Il s'agit donc d'un état de fait, observable sous forme de cas particuliers, bien plutôt qu'un principe régulateur servant à la détermination théorique des formes de l'expérience. Nous avons vu, toutefois, qu'Hippocrate introduit, au moins dans un texte, une conception différente de l'équilibre.
2°Il est conçu comme *composition qualitative*, en quoi il se distingue du schéma mécanique du levier ou de la balance. Il porte, en effet, sur des objets multiples, dont les rapports ne sont nullement déterminés de façon univoque, et ne sont point nécessairement pensés comme des rapports de forces.

tude pour la physiologie et la médecine anciennes entre les notions d'équilibre et de santé :

> (Mais) les grands classiques médicaux de la Grèce, tout en recueillant manifestement l'héritage d'Empédocle, refusent de se placer sur le terrain abstrait des éléments. Hippocrate, dans son *Traité de l'ancienne médecine*, reproche à Empédocle sa théorie des quatre éléments. L'équilibre, sans doute, sera le concept dominateur, de sa propre doctrine; mais non point un équilibre établi à partie de ces principes imaginaires que le médecin ne peut jamais rencontrer dans la nature. (...) Hippocrate, donc, et ceux de son École, cherchent la raison de la santé non plus dans un équilibre abstrait des éléments, mais dans l'équilibre concret des *humeurs*, « réalités expérimentales, comme le souligne Abel Rey, observables au premier chef », (*L'apogée de la science technique grecque, La science de la nature et de l'homme*, p. 138) [41].

C'est ainsi, semble-t-il, que fut élaboré un concept nouveau de l'équilibre qui ne ressortit ni de la physique d'inspiration pythagoricienne, ni de la théorie déjà formalisée, sous la houlette de ce que Granger avait appelé « équilibre d'opposition », de la statique, mais à une espèce de proto-dynamique des fluides qualitative, assez fruste il est vrai, mais qui est plus à même de rendre compte des équilibres de flux, ainsi que cela en est le cas dans les équilibres vitaux que la pratique empirique peut corroborer, comme le soutient avec force la physiologie qualitative aristotélicienne, ainsi que la médecine qui lui est attenante.

Et comme, bien entendu, le remaniement notionnel que nous avons évoqué avait nécessité considérer les espèces vivantes comme des entités ayant chacune sa perfection naturelle, il a fallu aussi considérer, lorsque le modèle était appliqué à la société, que chaque régime politique jouissant, lui aussi, d'une certaine perfection, l'essentiel devait être, non pas une hiérarchisation substantifiée des régimes politiques, mais plutôt leur aptitude relative à garantir le bien commun pour une société donnée, en jouant sur les possibilités offertes par la combinaison harmonique des éléments qui entrent, justement, dans la constitution du *bien commun.*

3°Plutôt qu'un état stable, qu'un repos, il signifie un régime de fonctionnement, et les proportions des éléments sur lesquels il porte ne sont que les indices *du bilan régulier d'un processus d'échange...* ». On lit, en effet, de nombreux textes en ce sens dans la Collection hippocratique. « Trop peu de mouvement, beaucoup de nourriture », tel est, selon le Traité cnidien *Du régime,* (cité par A. Rey, *L'apogée de la science technique grecque, les sciences de la nature et de l'homme,* p. 138), l'origine de la maladie. Et le texte précédemment commenté des *Aphorismes* montre bien que cette idée d'un cycle d'échanges est sous-jacente à la notion hippocratique d'équilibre, qui est équilibre de flux plutôt qu'équilibre d'état ». (G.G. Granger, *Méthodologie économique*, P.U.F., Paris, 1955, p. 27).

41 *Ibid.*, p. 26.

De cette façon peut-être, arriverons-nous avec Aristote à l'achèvement du processus de relativisation de la notion de justice, et par là même à sa désacralisation, puis qu'elle est devenue partie intégrante d'une science qualitative afférente à la sagesse pratique, et aussi, par voie de conséquence, à la dédramatisation de l'injustice; car même si l'injustice était restée suspendue à la justice comme son corrélatif négatif, elle était devenue, cependant, une injustice de ce monde, pouvant désormais revêtir dans des systèmes (politiques) différents, des formes différentes, sans qu'il n'y ait, en cela, contradiction dans les termes, puisque la justice et l'injustice ne sont plus désormais que les éléments relatifs d'un rapport proportionnel relevant des sciences pratiques, et non plus des sciences théoriques.

Mehrez Hamdi

Injustice à l'égard d'autrui, injustice à l'égard de soi-même, dans le texte coranique

Le problème de la justice et de l'injustice ne peut être traité que dans le cadre des rapports fort complexes qui relient le naturel au social, voire même, la nature à la culture. Le cas de la philosophie de D. Hume l'illustre assez bien, puisque celui-ci, tout en considérant la justice comme dérivant de conventions humaines – donc sociales et culturelles – la rattache tout de même à l'égoïsme et à la générosité limitée de l'homme : « C'est uniquement de l'égoïsme de l'homme et de sa générosité limitée, en liaison avec la parcimonie avec laquelle la nature a pourvu à la satisfaction de ses besoins, que la justice tire son origine. » écrit-il dans le livre III du *Traité de la Nature Humaine.*[1]

En outre, le célèbre débat entre Calliclès et Socrate dans le *Gorgias* : « Est-il préférable de subir l'injustice ou de la commettre? » montre assez clairement que la réponse à cette question varie selon que l'on se place du côté de la nature ou de celui de la loi. De ce fait il ressort des textes platoniciens que la position de l'homme vis-à-vis de la justice est assez ambiguë et qu'il n'y aurait aucune différence entre l'homme de bien et le méchant. Et tel l'anneau de Gygès, les situations dans lesquelles nous met la vie et les forces dont nous disposons nous font tourner tantôt d'un côté et tantôt de l'autre : « On n'est pas juste par choix écrit Platon , mais par contrainte, vu qu'on ne regarde pas la justice comme un bien individuel, puisque partout où l'on croit pouvoir être injuste on ne s'en fait pas faute. » ou encore : « On ne pratique la justice que malgré soi et par impuissance de commettre l'injustice ».[2]

Enfin, ceux qui ont été formés dans la culture arabo-musulmane ont tous en mémoire les célèbres vers tant clamés par les admirateurs de belles lettres et qui présentent cette particularité d'exprimer, eux-aussi, cette attitude complexe et ambiguë de l'homme arabe à l'égard de l'injustice. Ainsi Zouhair Ibn Abi Sulma proclame-t-il que « Celui qui ne commet pas d'injustice à l'égard d'autrui sera contraint de subir celle des autres », « ومن لا يظلم الناس يظلم » ou aussi ce beau vers de Antara Ibn Chadded se plaignant des siens et de leur injustice à son

[1] D. Hume, *Traité de la Nature Humaine*, livre III, trad. par A. Leroy, Paris, Aubier, 1946, pp. 612-613.

[2] Platon, *Oeuvres complètes*. Tome VI: *La république*: livre I-III. Texte établi et trad. par E. Chambry, avec intr. d'A. Dies. Paris, Les Belles Lettres, 1947, II, pp. 52-53.

égard, injustice qu'il trouve « plus douloureuse » et « plus blessante » qu' « un sabre »,

وظلم ذوي القربى أشد مضاضة على المرء من وقع الحسام المهنّد

puis que c'est « l'injustice des proches ».

Et jusque dans la poésie lyrique, amoureuse on trouve une trace de cette « admiration » mais « pleine d'appréhensions », à l'égard de l'injustice, puis que le poète Oumar Ibn Abi Rabiaâ, implorant sa bien aimée Hind, exprime son souhait de ne la voir « rien qu'une fois » se conduire en « dictateur » ou en « tyran », car selon lui « seuls les incapables n'usent pas de dictature et n'imposent pas leur loi. »

ليت هندًا أنجزتنا ما تعد وشفت أنفسنا مما تجد

واستبدت مرة واحدة إنما العاجز من لا يستبد

Mais si le problème de la justice et de l'injustice parait quelque peu épineux, cela ne tient pas seulement à l'ambivalence des valeurs qui les accompagnent. Il découle effectivement de l'enchevêtrement des différents champs qui les englobent et auxquels ils s'appliquent et qui sont à la fois la théologie, l'éthique et la politique. C'est sur ce point que sera particulièrement axée notre recherche et cela dans le cadre des textes coraniques essentiellement.

La langue arabe, pour exprimer l'injustice, en tant qu'elle est l'opposée de la Justice *'Adl*, ne s'est pas contentée d'ajouter un préfixe privatif à *'Adl* tel que *Allà Adl* pour dire injustice, bien que ce barbarisme existe chez certains penseurs soucieux de copier à la lettre la pensée occidentale. Elle a plutôt consacré un autre vocable qui est celui de *dhûlm* en en faisant un des concepts les plus importants de la civilisation arabo-islamique.

Cette importance vient à notre avis de la fréquence de son apparition, sous toutes les formes dérivées, dans le texte coranique. Le substantif *dhûlm* devenu nom commun, dérive de la racine (المادّة) dha, ظ lam, ل Mim, مde laquelle dérive aussi le verbe « dhalama » que nous rencontrons conjugué au passé, au présent et à toutes les personnes du singulier et du pluriel. À cela il faut ajouter les dérivations exceptionnelles du comparatif et du superlatif : ظلاّم - ظلّوم – أظلم etc.

Sous toutes ses formes, ce concept apparaît plus de trois cents fois, (318) dans un texte qui comprend 114 sourates, c'est-à-dire, en moyenne, trois fois dans la même sourate. C'est dire la position centrale qu'occupe le problème de l'injustice dans la religion islamique et les fondements mêmes de la société arabo-islamique.

Outre cela, le verbe « dhalama », conjugué ou substantivé nous apparaît tantôt sous la forme transitive, suivi d'un complément d'objet direct ou indirect (لم تَظْلِمْ مِنْهُ... – يظلمون النّاس), tantôt sous la forme intransitive, n'engageant dans son action aucun complément d'objet (أمّا من ظلم. الذين ظلموا – القوم الظالمون).

Il serait à signaler que :

(i) c'est la forme intransitive qui domine et l'emporte dans la plupart des versets. Rares sont donc les versets où l'action d'injustice est suivie de complément d'objet. Ainsi dans la sourate Achchourà (la délibération) (يظلمون النّاس), le dhalim est celui qui en général est coupable d'injustice, quelle que soit la nature de cette injustice. Mais il serait possible d'établir une hiérarchie entre les injustices. Les plus graves sont les impiétés à l'égard de Dieu, l'idolâtrie, l'infidélité et le non respect du message divin. C'est donc la pureté de la foi et le fait de ne pas associer à Dieu d'autres divinités et la fidélité aux commandements de Dieu et à sa loi qui nous protègent de l'injustice.

Il y a donc une injustice théologique originelle de laquelle découleront toutes les autres formes d'injustice : celle qui se retourne contre la personne injuste elle-même et qui est essentiellement d'ordre éthique et celle qui portera nuisance à autrui et qui est d'ordre socio-politique. Et le degré de gravité de cette dernière se mesurera en fonction du degré de précarité et de faiblesse des personnes auxquelles elle portera atteinte : ainsi abuser de la fortune des orphelins est-il dit dans la sourate 4 (Femmes, verset 10-11) : « ceux qui dévorent iniquement l'héritage des orphelins se nourrissent d'un feu qui consumera leurs entrailles. »

Il en est aussi des femmes répudiées, des pauvres, des mendiants et de toute catégorie de personnes n'ayant pas la possibilité de se défendre. Toute injustice commise à leur égard est assimilée à un blasphème, un parjure, ou plus exactement à une injustice à l'égard de Dieu.

(ii) Dans les cas d'apparition dans le texte coranique du concept de dholm sous la forme transitive, c'est toujours à la forme pronominale que cela est rapporté. L'homme impie se fait tort à lui-même, il *se* fait injustice. Les injustes commettent l'injustice contre eux-mêmes. Il y a en plus deux idées à relever à propos de cette forme pronominale et à l'abondance de son apparition. Que l'homme ne vienne pas rejeter la faute de son errance et de sa damnation sur Dieu. Dieu est juste [les Mutazilites, faut-il le rappeler, ont fait de la justice l'un des attributs essentiels de Dieu et l'un des cinq fondements de leur doctrine] et ne peut être responsable de l'injustice de ses créatures. C'est donc à lui-même que l'homme s'en prendra pour répondre de son injustice. Ensuite, que l'homme ne s'imagine pas que toutes les exactions commises par lui, à l'égard d'autrui, des choses ou même de l'humanité en lui sont de nature à perturber l'ordre des choses et du monde voulu par Dieu, car le plus lésé par les injustices commises par les hommes, ce sont les hommes eux-mêmes.

III آل عمران 117 « وما ظلمهم الله ولكن أنفسهم يظلمون »

II البقرة 57« و ما ظلمونا ولكن كانوا أنفسهم يظلمون »

Ainsi l'homme est-il constamment renvoyé à la responsabilité totale de ses actions, fussent-elles, ou plutôt surtout quand elles sont injustes. Et plutôt que de porter atteinte à autrui par les injustices, c'est à lui-même que l'homme porte atteinte.

Tantôt transitive, tantôt intransitive, tantôt s'appropriant furtivement un objet extérieur et tantôt se retournant contre le sujet lui-même, l'injustice apparaît un mirage d'action ou une action mirage dont la conséquence pourrait-être cependant lourde de conséquences non seulement pour l'homme qui la commet mais, et surtout, pour l'humanité. La « matière lexicologique » dont est composé le concept de *dhûlm* n'est-elle pas la même que celle dont est composé le « dhalam » l'obscurité, le noir, et au sens figuré l'obscurantisme [Aufklärung], et tous les déchaînements et les déraisons possibles et imaginables. Ne parle-t-on pas de « dhouloumat al bar (sur terre) wal bahr (sur mer) ? » et de la nuit et du jour ?

À chaque fois donc que l'âme humaine est atteinte de cécité, de déchaînement et de démesure, il est possible de parler d'injustice, de *dhûlm*. Qu'importe l'objet sur lequel elle s'exerce, puisque c'est toujours contre l'agent lui-même que cela se retourne, puis que c'est toujours l'harmonie de la relation qui unit l'humain au divin qui s'en trouve perturbée.

La langue arabe offre au moins deux synonymes du concept de « dholm » D'abord le concept de « Jaour » (جَوْرٌ) qui veut dire agression, dépossession d'autrui de leurs droits et de leurs biens. « Sans raison valable » «بغير حقّ» comme dit le coran – d'une manière illégitime, non prévue par la Loi. Il y a toujours un abus de pouvoir dans le « Jaour », qui s'exercerait du plus fort vers le plus faible, et il aurait tendance à exprimer l'injustice politique et sociale. Alors que le deuxième synonyme *baghï* (بَغْي) tend plutôt à exprimer un sens plus général. Il est à la fois l'abus de pouvoir, la dictature mais aussi la corruption, la luxure, la fornication et même la prostitution. Il y aurait dans le *baghï* un dérèglement général des sens et des valeurs associé à une déficience de la faculté de percevoir et de juger et ayant pour résultat une destruction de l'harmonie unissant l'homme à son milieu naturel et social. Le *baghï* est généralement dit « sur terre » (بغيا في الأرض) ou « entre les hommes » (بغيًا بينهم). Ainsi les guerres, où les hommes s'entretuent continuellement, la pollution et l'épuisement du milieu naturel peuvent-ils être considérés de nos jours comme une forme de *baghï*.

C'est, à notre avis, la richesse de ce concept de *dhûlm* et l'étendue de son champ compréhensif de connotations, allant de la théologie à la politique et en passant par l'éthique, qui fait qu'il est quasiment intraduisible, du moins d'une manière univoque. Ce qui fait que aucune citation coranique, hors du texte arabe original, ne peut être valable, car la traduction du concept de *dhûlm* quelle que soit la forme qui lui est donnée, varie toujours et constamment selon le contexte. Les versets coraniques comprenant à l'origine le même mot *dhûlm* paraissent disparates et comme n'ayant aucun lien entre eux une fois traduits. Car le même mot est à chaque fois interprété et explicité en fonction de ce qui est autorisé par le texte. A titre d'exemple je prendrai le verset 33, dans la traduction de Kasimirski[3] de la Sourate de la vache II, où il est dit « Nous dîmes à Adam : habite le jardin avec ton épouse ; nourrissez-vous abondamment de ses fruits, de quelque côté du jardin qu'ils se trouvent ; seulement n'approchez pas de l'arbre que voici, de peur que vous ne deveniez coupables ».

Or le texte arabe dit :

الآية 35 سورة البقرة II « ولا تقربا هذه الشجرة فتكونا من الظالمين»

Si on compare cette traduction à celle d'un autre verset, chez le même traducteur, ou comprendra mieux cela. Dans le verset 47 de la Sourate V La table servie (Al-Máedah), on lit ceci : « Ceux qui ne jugeront pas conformément à la vérité que Dieu a fait descendre d'en haut sont infidèles ». Or dans le texte arabe ou lit ceci :

« من لم يحكم بما أنزل الله فأولئك هم الظالمون » الآية 47 المائدة .V.

Ainsi le texte coranique nous révèle-t-il l'infinie étendue du concept de *dhûlm* en l'affranchissant des limites du Fikh, des *monamalat* (transactions) et du *Hokm* (c'est-à-dire du pouvoir politique) pour en dessiner les contours éthiques et théologiques et en rappelant la richesse et la complexité des rapports qui unissent ces différents champs entre eux.

Littéralement, nous apprend le dictionnaire de la langue arabe d'Ibn Mandhour « Lissen al Arab », le mot *dhûlm* signifie, et ce d'une manière générale, « mettre les choses à la place qui n'est pas la leur» (وضع الشيء في غير موضعه). Il y a donc derrière ce concept, l'idée *d'ordre.* Dans ce cas le véritable synonyme de *dhûlm* c'est le *désordre* quel qu'il soit : adorer d'autres idoles que Dieu ; aller contre le cours de la nature ; ne pas remettre la dette au créancier ; priver le travailleur du fruit de son travail ; priver un homme de ses droits et de ses biens ; ne pas laisser la raison exercer son commandement sur les instincts etc.

Ici me vient à l'idée le souvenir d'une pancarte suspendue au mur d'un atelier de mécanique générale, du temps où les réformateurs de l'enseignement espéraient encore tirer quelque chose des élèves irréversiblement conquis par les études littéraires que nous étions. Sur cette pancarte on pouvait lire : « chaque chose à sa place et chaque place a sa chose ». N'ayant rien retenu de l'initiation à la mécanique générale que j'avais subie, je pouvais en revanche me targuer d'avoir compris que toute la mécanique, aussi bien celle d'un moteur que celle qui régit l'ordre du monde et le fonctionnement des rapports humains, reposait sur une idée pourtant simple et qui est l'idée d'ordre : que chaque chose aille à sa place, selon le déroulement prévu par la nature ou par les hommes. L'injustice n'est rien que la tentative de vouloir méconnaître cet ordre et de le dépasser. Même la nature ne doit pas chercher à se faire injustice, à transgresser l'ordre qui

3 *Le Coran*, trad. par Kasimirski, GF-Flammarion, Paris, 1970.

la régit : « Propose-leur la parabole des deux hommes : à l'un d'eux nous donnâmes deux jardins plantés de vignes ; nous entourâmes ces jardins de palmiers, et entre les deux nous plaçâmes des champs ensemencés. Les deux jardins portèrent des fruits et ne furent point stériles ». La Caverne XVIII, 32.

Mais en arabe on peut lire :

XVIII .33 «وكلتا الجنّتين آتت أكلها ولم تَظْلَمْ منه شيئا »الكهف

Chaque jardin donna des fruits, comme il était prévu dans l'ordre des choses de la nature et n'y retrancha ou réprima rien.

Mais en ce faisant le texte coranique contribue aussi à nous affranchir d'une habitude mentale à laquelle nous cédons facilement aujourd'hui, un peu par attachement à la tradition philosophique héritée de l'antiquité et un peu par réaction aux sollicitations pressantes de la modernité et qui consiste à ne voir que la dimension socio-juridique et politique du *dhûlm*, de l'injustice.

En vérité, le message philosophique reçu de la tradition grecque et arabo-musulmane nous enseigne aussi l'unité profonde qu'il y a entre l'ordre cosmique, l'ordre moral et l'ordre politique. Nous apprenons en effet dans la République de Platon que « la société est l'image des individus qui la composent ». (IV, 435 sq)

Et Léon Robin écrit[4] : « Le mal de l'âme, ce sera donc que chaque fonction ne soit plus appropriée à son objet, que celle qui doit obéir commande, ou inversement, et que la fonction souveraine soit trahie par son auxiliaire naturel : ce sera ou l'intempérance qui trouble l'harmonie hiérarchisée des fonctions, ou l'injustice qui en bouleverse le rapport, de toute façon le principe de la pire infortune ».

Par ailleurs, il nous semble que c'est dans le livre II de *La république*, 369b-376c que nous trouvons certaines idées qui serviront plus tard de fondement à la pensée de l'historien et sociologue arabe du XIVème siècle Ibn Khaldûn. L'idée maîtresse est que la corruption et l'injustice sont un aboutissement nécessaire et quasi inévitable du développement des sociétés humaines sous un certain aspect et partant de certaines conditions. Léon Robin écrit : « La société est un fait naturel, car elle se fonde sur le besoin, qui appelle la coopération et l'échange des services […] Aussi longtemps que la communauté est réduite aux besoins élémentaires, la division du travail qui s'y établit est un bien pour tout le monde. Mais, à mesure que se développent les relations nécessaires du groupe avec d'autres groupes, on se met à produire au-delà des besoins et pour exporter. Une inflammation morbide et générale fait bourgeonner sur le tronc social primitif une foule de besoins de luxe et, pour les satisfaire, autant de gens inutiles, parasites inévitables d'un organisme malade […] Or, tandis que la division du travail

4 L. Robin, *La pensée grecque et les origines de la pensée scientifique,* Albin Michel, Paris, 1963, p 327.

se multipliait au point de devenir un fléau, on négligeait de spécialiser la fonction guerrière ».[5]

Il y a dans ce commentaire de la philosophie de Platon mené par Léon Robin au moins deux idées qui seront chères à Ibn Khaldoun : (i) que le mal qui rongera toute civilisation, tout Imran, c'est le *luxe* [et la luxure qui en découle], développement apparemment nécessaire de son processus et conséquence inévitable de la division du travail dans les agglomérations (Imraniques). (ii) que ce raffinement conduit en définitive à la démolition de la nature humaine elle-même, ou de l'humanité en l'homme et à la perte des traits spécifiques de sa nature dont la capacité de se défendre.

Pour Ibn Khaldoun, historien et sociologue, qui a fait du travail le principe générateur de la civilisation [Omrane] et aussi de l'humanité de l'homme, il n'y a rien de plus injuste que l'agression des hommes en usurpant leur fortune et leurs biens les privant ainsi du fruit de leur travail. Ôter aux hommes l'argent gagné par leur travail (trop d'impôts par ex., ou simplement la main mise et l'hypothèque par force) finit par les détourner du travail et du gain et leur faire perdre tout espoir. Ainsi se trouvera rompue la relation qui unit l'homme à la nature et qui fonde la culture et la civilisation : produire de la valeur en transformant la nature. Ainsi la société se disloque-t-elle, et les villes se vident-elles et les états se trouvent-ils privés de leur source de financement et condamnés à disparaître. La nature finit ainsi par reprendre ses droits sur la culture et la barbarie sur l'humanité. Les hommes retourneront à leur primitivité et leur isolement égoïste et sauvage et la nature à sa désertification. Le terme employé par Ibn Khaldoun est *Al Kharab*, comme on parlerait d'une ville après un bombardement ou un tremblement de terre… Mais *Al Kharab* ne signifie pas seulement la détérioration des lieux, mais surtout l'absence de l'homme dans un milieu devenu inhumain. Les hommes fuient les cités injustes où leur fortune est usurpée et préfèrent la solitude et l'isolement. Et quand les cités se vident, les états se trouvent sapés à la racine. Or seule la justice du Prince peut garantir la pérennité de la civilisation, s'il se fonde sur les enseignements de Dieu et qu'il gouverne par l'application des Ses lois. Le Prince a besoin visiblement de deux sortes d'appui : l'appui de lois justes (divines en l'occurrence) et l'appui des hommes qui le soutiennent. Mais encore faut-il qu'un capital s'accumule entre leurs mains pour qu'ils soient suffisamment entreprenants et travailleurs, car de leur travail sera issue la civilisation. Or c'est la justice qui est le garant de la pérennité de la civilisation, comme nous l'avions dit plus haut.

Il y a donc pour Ibn Khaldoun une première figure du *dhûlm* qui fait de lui l'élément corrupteur des sociétés et des états. Mais il ne s'y tient pas, car il tend à généraliser le concept pour lui donner toute son envergure : il est dans toute

[5] Ibid., p. 240.

action illégitime et tout comportement à l'égard d'autrui qui sortirait du cadre de la loi, qu'elle soit morale, divine ou positive.

D'où l'affirmation que le *dhûlm* a été prescrit par Dieu, et que derrière cette prescription il y a toute une « philosophie » (si j'ose dire) qui peut être ramenée 1) à l'évanouissement de la civilisation ou 2) l'extinction du genre humain.

L'injustice préfigure donc l'extinction du genre humain suite à la destruction de la culture.

Ainsi voyons-nous comment Ibn Khaldûn, déjà depuis le XIVème siècle, par la profondeur de son esprit, a réussi à formuler une théorie du *dhûlm* et sa relation avec la civilisation qui soit synthétique et qui, tout en privilégiant apparemment la dimension politique, ne manque pas d'englober ingénieusement les dimensions religieuse et anthropologique.

Abou Yaareb Marzouki

Conflit des justifications de la loi en Islam

1. Introduction

Abstraction faite du problème épistémologique de la justification en tant que fondation épistémique ou en le supposant résolu (ce qui est loin d'être le cas, les solutions n'ayant jusqu'ici jamais réussi à dépasser sa formulation dans les seconds analytiques et le trilemme de Münchhausen)[1], je vais proposer quelques idées relatives au problème du conflit des justifications dans les réalité et pensée islamiques à un double niveau:

a celui de la justification de la loi fondamentale, c'est-à-dire le problème de la nature du pouvoir politique et de la législation.

b celui de la justification de la loi ordinaire, c'est-à-dire le problème de la nature des droits et devoirs de l'homme.

Mon approche sera à la fois historique (histoire des faits politiques et des théories théologiques) et exégétique (des textes coraniques): *elle va de la fondation et justification de l'action à celles des lois et valeurs qui déterminent les critères de son évaluation.*

Nous allons essayer de répondre à une question double:

D'abord pourquoi la question de la nature du fondement de la loi, qu'elle soit fondamentale (*nature du pouvoir politique et droit publique*) ou ordinaire (*nature de la loi en général et du doit*), reste-t-elle non résolue voire indécidable chez les musulmans, alors que la première nommée est le pivot de la vie politique des musulmans, au point d'être la source de la guerre civile entre sunnites et schi'ites et à l'intérieur même de chacune de ces sectes, et que la seconde représente la plus grande part de la pensée religieuse des musulmans?

Ensuite pourquoi cette question est-elle devenue une question de politique internationale, voire l'objet primordial de la stratégie mondiale de l'Occident? Formulée en fonction de cet enjeu notre question peut s'énoncer ainsi: Comment l'occident est-il passé d'une vision luthérienne qui trouve l'Islam par trop rationnel[2] à une vision papale qui le trouve par trop irrationnel, comme il se dégage de la fameuse conférence sur foi et raison[3]?

1 Cf. Edmund Apsalons, *Das Problem der Letztbegründung und die Rationalität der Philosophie*, Milde Druck Bremen 1995, pp.82-95.

2 Islam = réduit à sa version Mu'tazilite.

3 Islam = réduit à version Dhahirite d'Ibn Hazm.

En effet, voici ce que Luther et Benedict XVI ont dit:

> Denn schon Luther erkennt im Koran ein Buch der Vernunft, was in ihm freilich den Abscheu nur noch vergrößert, ist doch der Koran damit nichts als ein Dokument schändlicher Selbstmächtigkeit des Menschen, verdammungswürdiger « Werkgerechtigkeit ». Der Koran ist – so Luther wörtlich – „eitel menschliche vernunft von Gottes wort und geist. Denn sein gesetz leret nichts anders, denn was menschliche witz und vernunft wol leiden kann [4].
>
> Khoury zitiert dazu eine Arbeit des bekannten französischen Islamologen R. Arnaldez, der darauf hinweist, daß Ibn Hazm so weit gehe zu erklären, daß Gott auch nicht durch sein eigenes Wort gehalten sei und daß nichts ihn dazu verpflichte, uns die Wahrheit zu offenbaren. Wenn er es wollte, müsse der Mensch auch Götzendienst treiben. An dieser Stelle tut sich ein Scheideweg im Verständnis Gottes und so in der konkreten Verwirklichung von Religion auf, der uns heute ganz unmittelbar herausfordert. [5]

Deux niveaux d'analyse s'imposent:

Le premier niveau est celui du conflit des justifications de la loi qu'elle soit fondamentale (*la nature de l'État*) ou ordinaire (*le droit en général*): la source de la loi est-elle divine ou humaine?

Le deuxième niveau est celui des raisons pour lesquelles ces conflits sont devenus des questions de politique et de droit internationaux. S'agit-il d'une propriété intrinsèque à la question en Islam ou tout simplement d'une des conséquences de la mondialisation?

Nous devons donc commencer par présenter la scène politico-légale objet du débat qui nous intéresse dans la question de la justification de la loi, selon les moments suivants:

D'abord:

La formulation théorique du problème de la justification en Islam s'est historiquement manifestée dans deux domaines bien définis:

I Le premier est celui des principes de l'interprétation du rapport religion-politique. Il s'agit de la justification de la légalité en tant que telle avec sa double dimension constitutionnelle et législative. Quelle est la nature de la légitimité politique: est-elle théocratique ou « anthropocratique »,

4 M. Luther: Ein Heerpredigt wider den Türken, in: WA Bd.30 II Weimar 1910 ff., S. 168, texte cité par Karl-Josef Kuschel: *Vom Streit zum Wettstreit der Religionen. Lessing und die Herausforderung des Islam,* Düsseldorf 1998, S.. 68-69.

5 *Ansprache von Benedikt XVI: Glaube, Vernunft und Universität. Erinnerungen und Reflexionen.* Aula Magna der Universität Regensburg, Dienstag, 12. September 2006.

c'est-à-dire relève-t-elle d'un droit divin ou simplement d'un choix purement humain?

II Le second est celui des principes de la formation des écoles de jurisprudence et de philosophie du droit islamique. Il s'agit de la justification de la légalité d'un acte déterminé avec sa double dimension morale et juridique. Quelle est la nature du fondement juridique: est-il un principe objectif (textuel ou rationnel objectif) ou simplement l'opinion du juge?

Le problème dans tous ces cas est celui de la fondation objective et universelle de la loi: c'est le débat entre l'école Mu'tazilite dont les adeptes croient que le juste et l'injuste, le bien et le mal sont déterminables par une raison universelle[6] et l'Ecole Asch'arite dont les adeptes croient que, faute de détermination par la religion, le juste et l'injuste, le bien et le mal ne peuvent être que le produit d'intérêts et d'opinions purement subjectifs dont la généralité est de nature culturelle et par conséquent non universelle[7].

Ensuite:

L'interrogation sur cet état des choses va nous conduire aux constatations suivantes:

1 la solution de la question du droit fondamental relève du débat qui a institué la formation des écoles théologiques dont certaines ont fondé des États ou sont adoptées par des États comme source de fondation idéologique.

2 la solution de la question du droit ordinaire relève du débat qui a institué la formation des écoles de jurisprudence et de philosophie du droit.

Enfin:

Notre objectif est de partir de ces deux débats dans leur état présent pour le revoir au cours l'histoire de la justification de la loi islamique en comparant deux expressions: celle des écoles de jurisprudence et celle des textes coraniques[8]. Il s'agira de rendre compte de deux phénomènes:

a *endogène*: pourquoi ce débat a-t-il eu la configuration d'une guerre civile larvée?

b *exogène*: pourquoi ce débat intéresse-t-il la politique voire la stratégie mondiale et a-t-il donné naissance à une guerre mondiale larvée?

6 Le terme arabe utilisé est *tahsin wa taqbih,* c'est-à-dire détermination par la raison universelle du beau et du laid en un sens à la fois moral et esthétique.

7 Cf. Al Gazali, al Mustasfa fi 'Ilm al-Usul, Dar al-Fikr Beirut 2000, pp.45 sq.

8 Cf. notre débat quasi épistolaire avec le Cheikh Al Bouti in Collection Hiwarat liquarnin jadid (Dialogues pour un nouveau siècle) intitulé La problématique de la rénovation des principes du droit islamiques, Dar al Fikr al Mu 'asir Beirut 2006.

Une analyse terminologique brève s'impose

* le verset 48 de la cinquième sourate du Coran (el-Maida) utilise deux termes dérivés, « shir'atan » et « minhajan », pour signifier les lois religieuses spécifiques et la continuation de leur application par les croyants et dont la multiplicité et les différences assurent les conditions de l'émulation et de la concurrence entre les croyants dans la réalisation du bien. Il y a donc deux termes coraniques pour définir la loi religieuse: Shir'a شرعة et Minhaj منهاج
* shara'a شَرَعَ signifie littéralement commencer une action quelconque. Techniquement ce terme signifie, en droit religieux, la fondation initiale d'une pratique légale religieuse. D'où « shari'a » شريعة qui signifie la loi religieuse. Mais shar'i شرْعي a deux sens: le sens général légitime et le sens spécifique à la religion, celui qui relève de la loi religieuse. La combinaison des deux sens implique que la loi religieuse est ce dont la légitimité est évidente en soi et relève donc de la « *fitra* » ou la nature que Dieu a donné à l'homme.
* nahaja نَهَجَ signifie littéralement tracer une voie et techniquement, en droit religieux, le terme insiste plutôt sur la continuation ou la persévérance dans l'application de la schari'a. Minhaj منهاج signifie la manière de parcourir une route ou de pratiquer une conduite.

a Rechtfertigung = emprunt conceptuel du latin *Iustificatio* et du grec *Dikaiosis*.

b Dans les deux cas, chrétien et musulman, la question est essentiellement théologique et concerne le rapport soit à la grâce divine (pour les chrétiens) ou à la rétribution de l'action humaine par un Dieu juste qui ne n'accorde pas sa grâce arbitrairement. C'est ce concept que Luther refuse en accusant l'Islam d'être par ce principe même une production de la raison humaine et non une révélation: il utilise le concept de « Werkgerechtigkeit ».

2. *Description de la situation politico-religieuse et son impact sur le problème de la justification du droit islamique*

Deux obstacles doubles cachent le sens et la portée de la justification du droit dans la société et la pensée musulmanes. Ces obstacles résultent d'une réduction de la Shari'a, de la loi séculière et de leur application à l'image qu'en donnent des illustrations rétrogrades responsables des deux guerres larvées que nous venons de mentionner.

a La première double illustration relève de la tradition autochtone et est représentée par deux régimes et deux mouvements, tous d'obédience religieuse:

Deux États prétendent avoir le Coran pour constitution. Deux mouvements politico-religieux correspondants prétendent militer pour imposer cette vision au reste du monde musulman.

Ces illustrations donnent naissance, par opposition à l'ère des droits de l'homme et de la démocratie, à l'image d'un simple retour au moyen âge sur le plan du droit public (pouvoir clérical ou droit divin) et sur celui du droit privé (châtiments physiques).

b La deuxième double illustration relève de l'adoption des modèles fascisants dans la tradition occidentale moderne. Ces illustrations sont héritées de la période de la guerre froide.

En effet, deux types d'État pseudo-modernes prétendent avoir le droit naturel pour constitution, à savoir les régimes protégés par les États-Unis et les reliquats des régimes qui étaient protégés par l'Union soviétique. Deux mouvements politico-séculiers de même nature que ces États prétendent militer pour imposer cette vision au reste du monde musulman.

Ainsi donc aux deux premières illustrations d'obédience religieuse s'opposent deux autres illustrations qui pervertissent les valeurs de la loi laïque. Il en résulta un enchevêtrement d'oppositions relatives à la nature de la justification du droit. Mathématiquement parlant et sans compter le dédoublement des régimes et des mouvements, il y a 15 contradictions relatives à la fondation du droit, soit deux à la puissance quatre (moins une)[9]. Ces contradictions génèrent la guerre civile dans chaque pays musulman. Nous en retenons les contradictions les plus pertinentes:

a Contradiction entre régimes religieux et régimes séculiers
b Contradiction entre mouvements religieux et mouvements séculiers
c Contradiction entre régimes religieux et mouvements religieux
d Contraction entre régimes séculiers et mouvements séculiers
e Contradiction entre régimes religieux et mouvements séculiers
f Contradiction entre régimes séculiers et mouvements religieux.

9 Si l'on ne tient pas compte du dédoublement, ce devrait être 16 contradictions moins une, la classe vide n'ayant pas ici de sens, la soustraction d'une contradiction vient du non sens du cas vide. Mais si l'on tient compte du dédoublement le nombre montera à 256 moins une.

3. Genèse de cette situation

A Pour les États: deux genèses combinées endogène et exogène

a Genèse endogène classique

Quatre cas significatifs: la première division a commencé avec le schisme relatif à la forme de l'État entre la solution théocratique proposée par la vision schi'ite et la solution démocratique proposée par la vision sunnite. Mais chacune de ces visions s'est dédoublée:

1 Le schi'isme a généré, en son sein, une opposition kharigite[10] qui veut un pouvoir de droit divin fondé sur l'appartenance religieuse et donc non réduit à la famille du prophète. Il s'agirait donc d'un droit divin qui inclut tous les croyants instituant ainsi une théocratie universelle.

2 Le sunnisme a de même généré une opposition mu'tazilite[11] qui veut un pouvoir de droit humain fondé sur la caractéristique rationnelle du croyant et donc non réduit à la seule croyance. Il s'agirait d'une aristocratie rationnelle.

En effet ces oppositions ont, petit à petit, conduit à la formation de quatre despotismes de fait, c'est-à-dire celui des États sunnites et schi'ites et celui des révoltes, dont l'une de coloration kahrigite est essentiellement populaire au niveau de l'action politique et civile (accusé de kharigisme) et l'autre, de coloration mu'tazilite, est essentiellement élitiste au niveau intellectuel et culturel (accusé de mu'tazilisme). La mystique, quant à elle, a joué le rôle d'un lubrifiant qui a permis la coexistence des quatre solutions de fait en neutralisant les oppositions et en fortifiant les régimes en place (le rôle d'intermédiaire entre les peuples et les despotes via un imaginaire qui incruste une mentalité de soumission et de fatalisme): un retour à la forme pharaonique de l'État est devenu possible, État gouverné par une Armée-Gente militaire et politique et une Église-Gente administrative et spirituelle.

b Genèse exogène moderne: les régimes hérités de la période coloniale et les révolutions à coloration socialiste.

[10] D'où la naissance d'une secte formée de ceux qui se sont révolté pendant une guerre civile et ont déserté les rangs de l'armée du Khalifa Ali. Ils sont unanimement considérés comme mutins.

[11] D'où la naissance d'une secte formée de ceux qui se sont révolté pendant un débat théorique et ont déserté un cercle théologique islamique orthodoxe. Les sunnites les considèrent comme transfuges de l'orthodoxie (Mu'tazil= littéralement, quelqu'un qui a quitté les rangs ou qui s'est séparé de la communauté).

B *Pour les mouvements d'opposition, double origine aussi:*

a l'Islam politique sunnite et schi'ite: les exemples les plus instructifs sont al-Qa'ida et Hizbu Allah.

b les reliquats de la guerre froide: libéraux et socialistes-arabes.

Remarque:

a La formation d'un État par Khomeini explique l'accord entre les deux despotismes de l'État et du mouvement et rendent compte de la guerre extravertie et du prosélytisme continu.

b L'absence d'un pendant sunnite à l'État de Khomeini explique l'absence de l'accord entre les deux despotismes et rendent compte de la guerre introvertie des sunnites.

Bien que notre interrogation entende se limiter à la loi islamique ou Sahri'a, la justification du droit en terre d'Islam en général et dans le monde Arabe en particulier ne peut faire abstraction de la loi séculière et du caractère dialectique de la justification combinée des deux sources antithétiques: car chacune des justifications se définit par la négation de l'autre.

Ces illustrations se sont définies en fonction des deux doubles polarisations suivantes:

Pour les États: États Religieux (Sunnite-Shi'ite) – Séculier (Libéralisant-Socialisant)

a L'opposition entre États à obédience religieuse: la première illustration – sunnite et schi'ite typiquement incarnée par l'Arabie Séoudite et l'Iran – représente une lecture pervertie de la réforme islamique politico-légale du Coran. Cette lecture persiste depuis le premier schisme islamique entre Sunnisme et Schi'isme.

b L'opposition entre États à obédience séculière: nous avons hérités du despotisme à coloration libéralisante et socialisante où le législateur séculier n'est pas le peuple via ses représentants légitimes mais la dictature d'un parti ou d'une armée dits populaires: les modèles sont légions et on pourrait citer la Tunisie de Bourguiba et l'Algérie de Boumedien pour nous limiter à ceux dont l'ère est close.

Pour les Mouvements: Mouvements religieux (Traditionnaliste-Moderniste) – Mouvements séculiers (Libéralisant- Modernisant).

a L'opposition entre mouvements d'obédience religieuse: la seconde illustration – sunnite et schi'ite typiquement représentée par les mouvements d'el Qa'ida et de Hizbu Allah, considérés par l'opinion arabo-islamique comme mouvements de libération essentiellement orientés vers l'agression extérieure.

b L'opposition entre mouvements d'obédience séculière: les nationalistes–socialistes arabes les libéraux et néolibéraux arabes s'intéressent essentiellement à l'opposition interne et au changement du modèle socio-culturel. Les néolibéraux arabes sont généralement des communistes repentis.

On peut dire, pour conclure, que la situation politico-légale représente une combinaison de justifications en fonction de ces deux confrontations:

1 Confrontation entre régimes et mouvements d'obédience religieuse et régimes et mouvements d'obédience séculière: cette confrontation correspond à celle de la justification religieuse et de la justification séculière de la loi. Mais toutes deux sont en réalité de nature despotique.

2 Confrontation entre deux tendances de modernisation: souveraine ou soumise aux forces coloniales. Mais le caractère commun à ces mouvements ne diffère en rien de celui des régimes: c'est le despotisme.

Cette situation a produit les images-obstacles dont nous avons parlé au début. De cet imbroglio résulte l'internationalisation des questions de la justification de loi en terre d'Islam actuel, questions qui normalement devraient relever de la souveraineté des peuples islamiques:

A *Les images qui représentent la tradition pervertie:*

1 Les images qui résultent de l'action des mouvements islamiques d'opposition et qui prétendent parler au nom de la loi divine et militent pour l'application de la Shari'a ou des lois islamiques réduites à l'application des mesures répressives.

2 Les images qui résultent de l'action des États qui prétendent gouverner par les lois islamiques.

B *Les images qui représentent la modernisation pervertie:*

1 Les images qui résultent de l'action des mouvements d'opposition modernistes qui prétendent parler au nom de la loi humaine et qui militent pour l'application des droits de l'homme tels que définis par le droit positif occidental, mais par la violence de l'État voire par l'intervention étrangère (Etats-Unis en Irak, par ex.).

2 Les images résultant de l'action des États qui prétendent gouverner par les lois séculières positives, mais sans légitimité populaire.

C *L'internationalisation des questions politiques et légales:*

Ces images font que la justification de la loi et du droit dans les pays islamiques n'est plus une question de politique nationale et intérieure mais plutôt une question de politique internationale et extérieure: elles vont servir d'alibi pour justifier l'intervention des puissances hégémoniques et pour imposer un passage forcé à une modernité inauthentique.

En effet, le problème analysé en fonction de ces images n'est plus celui qui permet de traiter les questions fondamentales d'une justification émanant de la souveraineté des peuples musulmans, que ceux-ci optent pour la loi divine ou humaine.

3. Les solutions théoriques proposées par la pensée islamique

La solution théorique dominante que la pensée islamique a proposée semble ne tenir compte que du cadre de la communauté islamique. Mais le problème de l'universalité des lois s'est posé en termes philosophiques et religieux bien que cette vision universelle se soit réduite à des spéculations sans effets pratiques.

a Solutions théologico-politiques: rapport politique et religion tel que défini par les textes de Ghazali[12] et Ibn Khaldun[13].

12 Al Ghazali, *Fadha'ih al Batiniyyah* Ad-Dar al Quawmiyyah, Editions Le Caire 1964 pp.175-177. (Dialogue fictif entre un Shi'ite et un Sunnite autour de la nature du régime politique: Est-il théocratique comme le pense le Shi'isme ou « Anthropocratique » comme le pense Gazali qui représente la vision sunnite). Voici la traduction française du texte que je propose (La traduction allemande que je n'ai malheureusement pas retrouvée est de M. Goldzieher):
« Si on nous objectait: que pouvez-vous reprocher à celui qui affirme que la désignation d'un gouvernant ne peut se faire que par l'autorité du texte religieux ou par le choix du peuple ? Et si on démontrait que la solution du choix du peuple n'est pas possible, alors on aura prouvé la validité de la désignation autoritaire.
« Nous répondons: oui, il n'y a que ces deux méthodes de la désignation du l'autorité gouvernante. Mais nous affirmons que si l'on démontrait que la désignation autoritaire par un texte religieux est fausse, on aura alors démontré la validité du choix par les hommes.
« Quant à leur objection (celle des shi'ites) que le choix par les hommes est impossible, car le choix ne peut être que celui de tous ou d'un seul ou d'un nombre arbitraire entre ces deux limites, elle signifie qu'ils ignorent la vision que nous défendons.
« Pour nous, un seul peut suffire si son choix assure la majorité: il suffit que cet homme soit obéi par la majorité, car ceux dont le désaccord ne change pas le cours des choses ne comptent pas dans le jeu politique. Et si le choix de cet homme n'assure pas la majorité, il faut recourir à plus d'un homme pour assurer cette majorité, car ce qui importe ce n'est pas le caractère déterminé de ceux qui ont fait le choix mais la réalisation de la condition de la majorité (...).
« En effet deux conditions sont nécessaires pour assurer la majorité:
1 qu'il y ait une majorité patente au point d'éviter la division qui rend caduque la désignation du chef politique et
2 que cette majorité soit détentrice de la puissance lui permettant d'imposer la loi par la force si besoin est (...).

b Solutions relatives à la théorie du droit: raison et loi ou valeurs at-tahsseen wa at-taqbeeh al 'aqliyein (fonction axiologique de la raison).

Remarque: Mais ces solutions n'ont pas dépassé la situation historique contextualisée. Elles n'ont pas dépassé les deux niveaux suivants, faisant abstraction de la dimension universelle de la solution coranique:

I. Justification des formes de droit public et de la nature du pouvoir politique en fonction de son rapport avec le pouvoir de droit divin. Il va sans dire que mon propos se limitera au droit islamique sunnite, n'ayant pas suffisamment étudié le droit islamique schi'ite.

II. Justification intra-religieuse textuelle indirecte et contextuelle ou la justification des lois in concreto:

Adoption de deux sources normatives considérées comme anhistoriques: le Coran et la sunnah

* l'emploi de techniques linguistiques pour interpréter ces textes et faits.
* l'emploi de techniques logiques pour en construire un système quasi déductif et fonder des théories de droits (les quatre fameuses écoles du Fiqh).

Mais ces techniques exégétiques se sont doublées de techniques contextualisantes voire historisantes de la loi de divine:

Adoption de deux sources normatives historiques: l'usage ou le consensus spontané et le consensus institutionnalisé.

Le texte fondateur de ces deux doubles sources de la loi islamique communément admis est la Rissala de Shafi'i. Les moments d'évolution de la formulation de ces solutions techniques applicables dans les deux domaines du droit publique

« Car la finalité de la désignation d'un gouvernant est d'unifier les opinions multiples et diverses liées à des désirs opposés. Or les volontés opposées et les désirs différents et divergents ne peuvent suivre une seule vision que si celui qui la représente a démontré sa force et sa détention des moyens lui permettant d'imposer cette vision à un niveau tel que la crainte et le respect soient incrustés dans les âmes des sujets. Mais le principe de ces conditions n'est rien d'autre que la force qui ne peut exister que si la majorité est assurée. »

13 Ibn Khaldun, The *Muqaddimah*, An Introduction to History translated from Arabic by Franz Rosenthal, Routledge & Kegan Paul London, III, p.50 « He (al Ash'ari) added a discussion of the Imamate because the Imamyah (Shi'ah) at that time suggested the novel idea that the Imamate was one the articles of the faith and that it was the duty of the Prophet as well as the Muslim nation to fix (the succession to) the (Imamate) and free the person who would become the Imam from any responsibility in this respect. (However, in fact,) the Imamate is at best a matter of public interest and social organization. It is not an article of faith, but, because of the Shi'ah attitude, the question of the Imamate) was added to the problems of this discipline. »

(الأحكام السلطانية) et du droit privé (أحكام الفقه الخاص) peuvent être formulés d'une façon systématique comme suit:

Le moment central de la *Rissala* de Shafi'i;
Les deux moments qui l'ont précédé;
Les deux moments qui lui ont succédé.

Le moment central de la *Rissala* de Shafi'i représente le fruit des deux premiers et la source des deux derniers, selon la logique suivante:

1 Le premier moment est spontané et non systémique: il s'étend de la période prophétique jusqu'à l'établissement des quasi systèmes de Malik et de Abou Hanifah.

2 le second moment est celui où ces deux systèmes semblent se fonder sur deux principes antithétiques, mais sans justification théorique explicite: la tradition et la raison,

3 le moment central de la *Rissala* de Shafi'i va faire la synthèse avec une fondation théorique explicite: la *Rissala* propose une fondation théorique explicite qui harmonise les deux solutions de Malik et d'Abou Hanifah: en effet, Shafi'i a proposé dans sa Rissala une méthode herméneutique liant le principe du Ra'ay (opinion de faqih) et celui de l'autorité des Textes.

4 le quatrième moment semble initier la réflexion méta-théorique et est double:

a Réflexion sur la fondation de l'objectivité textuelle et réelle. Ahmed Ibn Hanbal en est le symbole. Il développa la dimension textuelle et réelle de la loi.

b Réflexion sur la fondation théorique de l'objectivité rationnelle et idéale. Farabi en est le symbole. Il développa la dimension logique et idéale de la loi.

5 Cette double réflexion méta-théorique qui combine tradition et raison ou la voie de la théologie historique et la voie de la théologie rationnelle va rendre possible la synthèse dont le champion est al-Ghazali. Son *Mustaspha fi Usul al Fiqh = la quintessence des principes du droit* représente le Canon pour tous les traités de philosophie du droit islamique, qu'ils soient écrits par des philosophes (Ibn Rushd) ou par les théologiens musulmans (Ar-Razi). Mais ce Canon n'a atteint son achèvement réel que dans la théorie des finalités du droit religieux ou la théorie des Maqassid de Shatibi. Ainsi la *Rissala* de Shafi'i n'a atteint son plein développement que dans les *Muwafaqat* de Shatibi[14]. La solu-

14 Abou Ish'ak al-Shatibi, *al-Muwafaqat fi Usul al Shari'ah,* Dar al Kutub al 'Ilmiyah Beirut 2002, Éd. 3, pp.7-11.

tion théorique suprême: la finalité quintuple de toute loi qu'elle soit humaine ou divine: les devoirs à l'égard de Dieu = Les droits de l'homme[15].

* techniques pratico-historiques
* techniques logico-herméneutiques.

Conclusion

Le résultat est la détermination des principes qui différencient les écoles de droits islamique:

a en fonction des sectes et donc des interprétations théologiques des dogmes de la foi.

b en fonction des techniques d'interprétation et de génération des lois.

En résumé voici quelles sont les dimensions de la justification traitées:

1 La dimension de la législation après l'arrêt de la révélation et donc les techniques qui permettent aux Fuqaha' d'usurper la fonction législative:

a la polémique du Quyas ou la limite de la généralité

b du particulier vers le général: théorie des finalités légales classique (Schatibi) *et moderne* (Ibn 'Aschour)

2 La dimension de son application: la fonction juridique des fuqaha'

a du général vers le particulier: qualifier les faits et appliquer les lois.

b la limite de la particularité et donc le caractère toujours limité de l'application concrète du droit: le réel échappe toujours aux textes.

Ainsi la nature du problème à résoudre: le problème réel a été camouflé: l'esprit des lois en Islam défini par le verset 48 de surate al Ma'ida a été perverti:

1 la loi doit être quelque chose de méta-schari'a puisqu'elle doit permettre l'emploi de plusieurs shara'i à la fois: exemple ayant les deux caractères multiplicité intra et extra religieuse: l'opposition entre sunnisme et chi'isme relève à la fois de la première et de la deuxième multiplicité: deux grandes interprétations de l'Islam: la multiplicité extra et intra religieuse: fondation.

2 une fois la révélation achevée, la loi ne peut venir que de la volonté populaire pour deux raisons: la responsabilité est personnelle et la participation au pouvoir législatif est un devoir universel, car seul le con-

15 Abou Yaareb Marzouki et Sheikh al-Bouti, *La Problématique de la Rénovation des Principes du Fiqh* (= droit islamique), Dar al-Fikr al Mu'assir Beirut et Damas 2004.

sensus de la communauté est exempt d'erreur dans l'établissement des valeurs.

4. Les textes coraniques[16] *essentiels pour les solutions possibles*

Reprenons ce problème que les théoriciens du droit islamique ont négligé dans leur fondation des écoles théologiques et de jurisprudence et de la théorie du droit. En effet, la Justification formelle religieuse de la légalité morale a perdu de vue la dimension universelle:

a Cela est évident pour la justification à caractère scripturaire et donc linguistique et herméneutique de la légalité en tant que telle: solution sunnite.

1 l'exploitation du texte fondateur: philologie.

2 la casuistique: l'application herméneutique.

b Mais aussi pour la justification à caractère rationnel fondée sur l'interprétation libérale des textes par la secte mu'tazilite.

Que l'interprétation des textes soit orthodoxe ou libérale, la justification reste intra-religieuse et se caractérise comme musulmane et non comme loi tout court:

1 Le Coran

2 La tradition du prophète

Or la solution coranique ne se limite pas à ce qui est intra-religieux ou même inter-religieux mais va jusqu'à une limite méta-religieuse. Non seulement le Coran parle du cas de la multiplicité des lois, mais il en fait la condition de la réalisation du bien: la loi ne doit pas être réduite à celle d'une communauté unique pour deux raisons:

a l'affirmation du caractère universel de deux principes fondamentaux de toute religion: la foi en Dieu et les bonnes œuvres sanctionnées par le jugement dernier.

b l'affirmation que l'État musulman doit reconnaitre la multiplicité de fait des religions et veiller à ce que chaque communauté applique sa propre loi.

Le sens de la justification des lois en Islam: La communauté est l'unique autorité législatrice soit par l'adoption d'une loi qu'elle considère comme d'origine divine, soit qu'elle légifère elle-même ayant cette autorité d'une délégation qu'elle croit divine (الأمة هي المشرعة سواء بتبني التشريع الإلهي أو بتأويله أو باستكماله). La législation n'est rien d'autre que le principe coranique du bien que tout musulman doit pratiquer et encourager, et du mal qu'il doit éviter et auquel il doit s'opposer (التشريع هو الأمر بالمعروف والنهي عن المنكر الذي هو فرض عين).

[16] Textes coraniques qui fondent cette interprétation en annexe.

Justification substantielle méta-religieuse de la légalité morale universelle par la finitude de la connaissance humaine et nécessité d'attendre le jugement dernier. Il s'agit de ce qui transcende l'opposition loi naturelle et loi religieuse: *le fondement de la légalité en général.*

1 entre foi et loi: première spécification de la multiplicité: le principe est moral au sens religieux (unité universelle de la foi en Dieu et la morale mais multiplicité des lois).[17]

2 fondement métaphysique et conséquence politique: par delà toute religion, c'est-à-dire ce qui fonde le religieux lui-même: entre religions révélées et religions naturelles: le principe commun est moral au sens absolu, c'est-à-dire qu'il faut faire le bien (indépendamment de la croyance religieuse): cf. les versets coraniques in annexes al Hajj XXII.18 الحج al-Baqrah II.63 البقرةet al Maidah V.70 المائدة

En conclusion on peut dire que la justification substantielle et formelle peut se rapporter soit à l'unité et universalité de la légalité soit à ses diversités et particularité:

Exemple: Justification coranique trans-religieuse de la multiplicité des lois particulières:

1 entre religions révélées: fondation de la multiplicité des lois: légitimation par la concurrence des systèmes légaux pour le bien.

2 entre les écoles juridiques: légitimation de la multiplicité des interprétations selon le contexte géo-historique essentiellement.

5. *Prospectives*

De même que la crise doit sa source aux évènements fondateurs de l'État et du droit, ses solutions doivent normalement découler d'une analyse intrinsèque et autochtone, si l'on veut que le monde musulman sorte de son désordre spirituel et moral avec le minimum de pertes possible.

La pensée arabo-islamique moderne me semble incapable de saisir les points nodaux de la crise et partant d'entrevoir les solutions efficaces, si elle ne regarde de près ses origines et si elle ne se libère pas de la querelle sur le modèle à imiter au lieu de chercher à inventer sa propre voie pour s'adapter à sa situation hic et nunc.

On pourrait peut-être ainsi sortir du piétinement qui dure depuis deux siècles. Je propose donc de partir d'un diagnostic autochtone de ce désordre spirituel et moral et de l'enrichir par les données que la situation actuelle nous offre. Ce

17 Karl-Josef Kuschel: *Vom Streit zum Wettstreit der Religionen. Lessing und die Herausforderung des Islam,* Patmos Verlag, Düsseldorf 1998, p. 319.

mode de traitement de la question n'est pas nouveau: les deux derniers grands penseurs de cette crise l'ont déjà proposé. De plus ils ont l'avantage d'avoir analysé les racines mêmes de la crise:

Ibn Taymiyyah: justification de la loi et réforme theologico-philosophique et

Ibn Khaldun: jusfication de la loi et réforme politico-philosophique.

Deux diagnostics donc:

Le premier conclut à la nécessité d'une réforme religieuse et morale qui libère les musulmans de l'usurpation des pouvoirs ou *intermédiaires spirituels*: Ibn Taymiyyah propose une réforme de la pensée religieuse islamique contre le fatalisme et la superstition en théologie, mystique, politique et philosophie comme source de justification ou plutôt de légitimation des injustices (c'est-à-dire de la non-conformité à l'esprit de la loi coranique).

a pour mettre fin à la superstition, au fatalisme et à l'autorité des clercs et des saints et se limiter à un rapport personnel au livre et à la sunnah

b pour mettre fin à la pseudo-science de la métaphysique, de la théologie rationnelle et au panthéisme mystique. La religion deviendra ainsi un support de l'ordre civil et de la connaissance fondée sur l'observation et l'expérience du monde visible.

Le second conclut à la nécessité d'une réforme politique et pédagogique qui libère les musulmans des usurpateurs des pouvoirs ou intermédiaires temporels: Ibn Khaldun propose une réforme de la pensée politique et pédagogique contre fatalisme et despotisme en théologie, mystique, politique et philosophie, pour les mêmes raisons que Ibn Taymiyyah.

a pour mettre fin au révolutionnisme populiste des religieux (كل الحركات الدينية الثورية)et à l'utopisme élitiste des séculiers comme Farabi, tous les Falasifah et Ikhwan as –Safa (الفارابي والفلاسفة عامة وإخوان الصفا). Il leur substitue ce qu'il appelle un contrat triple : le gouvernant, les gouvernés et un fondement mixte de la législation à la fois rationnelle (pour tenir compte des intérêts de l'ici-bas) et religieuse (pour tenir compte des intérêts de l'au-delà) et partant propose un régime idéal à émuler.

b pour mettre fin à l'éducation autoritaire et lui substituer une éducation libérale et libérée de l'hégémonie de l'une des cultures à l'exclusion de l'autre (philosophique et religieuse): philosophie et science de la nature d'une part et religion et sciences de l'esprit de l'autre.

Mais ce traitement doit tenir compte de la situation mondiale qui exacerbe cette crise interne par un contexte de crise universelle dont les caractéristiques essentielles sont:

a crise universelle des droits sociaux en rapport avec la renaissance des cultures de l'extrême orient qui mettent en danger les droits sociaux et le respect de la dignité humaine: l'autodestruction du capitalisme.

b crise universelle de l'écologie et partant la nécessité d'un développement durable en fonction du respect des conditions de vie et de la nature: l'humanité semble s'autodétruire.

6. Conclusion

Peut-on voir dans l'internationalisation des questions de justification du droit islamique une concrétisation possible de la prétention à l'universalité que le verset 48 de al-Maida propose pour fonder la multiplicité et la tolérance universelle entre religions et cultures?

1 Religion à la fois universelle et particulière:

a unité et universalité comme idéal normatif pour tous les hommes;

b multiplicité et particularité comme formes concrètes de cet idéal ou voies visant à le réaliser.

2 Loi à la fois universelle et particulière:

a conditions légales rendant 1-a possible

b conditions légales rendant 1-2 possible.

Concrètement parlant, les droits universels sont l'ensemble des conditions de la coexistence des droits particuliers et les droits particuliers sont les conditions ou plutôt les moments de la réalisation de l'universel. Il en est de cette relation comme de celle de la relation de la faculté humaine de parler universelle aux langues qui ne peuvent être que particulières. Cette relation est attestée par la possibilité de la traduction.

Annexes

Premier texte coranique النص الأول

"إِنَّ الَّذِينَ آمَنُواْ وَالَّذِينَ هَادُواْ وَالنَّصَارَى وَالصَّابِئِينَ مَنْ آمَنَ بِاللَّهِ وَالْيَوْمِ الآخِرِ وَعَمِلَ صَالِحاً فَلَهُمْ أَجْرُهُمْ عِندَ رَبِّهِمْ وَلاَ خَوْفٌ عَلَيْهِمْ وَلاَ هُمْ يَحْزَنُونَ" البقرة62

Traduction française

II.62 البقرة

Certes, ceux qui ont cru, ceux qui se sont judaïsés, les Nazaréens, et les Sabéens, quiconque d'entre eux a cru en Allah, au Jour dernier et accompli de bonnes oeuvres, sera récompensé par son Seigneur; il n'éprouvera aucune crainte et il ne sera jamais affligé

Deuxième texte coranique النص الثاني

"إِنَّ الَّذِينَ آمَنُواْ وَالَّذِينَ هَادُواْ وَالصَّابِؤُونَ وَالنَّصَارَى مَنْ آمَنَ بِاللَّهِ وَالْيَوْمِ الآخِرِ وعَمِلَ صَالِحاً فَلاَ خَوْفٌ عَلَيْهِمْ وَلاَ هُمْ يَحْزَنُونَ" المائدة69

Traduction française

V.69 المائدة

Ceux qui ont cru, ceux qui se sont judaïsés, les Sabéens, et les Chrétiens, ceux parmi eux qui croient en Allah, au Jour dernier et qui accomplissent les bonnes oeuvres, pas de crainte sur eux, et ils ne seront point affligés.

Troisième texte coranique النص الثالث

"إِنَّ الَّذِينَ آمَنُوا وَالَّذِينَ هَادُوا وَالصَّابِئِينَ وَالنَّصَارَى وَالْمَجُوسَ وَالَّذِينَ أَشْرَكُوا إِنَّ اللَّهَ يَفْصِلُ بَيْنَهُمْ يَوْمَ الْقِيَامَةِ إِنَّ اللَّهَ عَلَى كُلِّ شَيْءٍ شَهِيدٌ " الحج17

Traduction française

XXII.17 الحج

Certes, ceux qui ont cru, les Juifs, les Sabéens [ils adorateurs des étoiles], les Nazaréens, les Mages et ceux qui donnent à Allah des associés, Allah tranchera entre eux le jour de Jugement, car Allah est certes témoin de toute chose.

Quatrième texte coranique النص الرابع

"وَأَنزَلْنَا إِلَيْكَ الْكِتَابَ بِالْحَقِّ مُصَدِّقاً لِّمَا بَيْنَ يَدَيْهِ مِنَ الْكِتَابِ وَمُهَيْمِناً عَلَيْهِ. فَاحْكُم بَيْنَهُم بِمَا أَنزَلَ اللّهُ وَلاَ تَتَّبِعْ أَهْوَاءهُمْ عَمَّا جَاءكَ مِنَ الْحَقِّ. لِكُلٍّ جَعَلْنَا مِنكُمْ شِرْعَةً وَمِنْهَاجاً. وَلَوْ شَاء اللّهُ لَجَعَلَكُمْ أُمَّةً وَاحِدَةً وَلَـكِن لِّيَبْلُوَكُمْ فِي مَا آتَاكُم. فَاسْتَبِقُوا الْخَيْرَاتِ. إِلَى الله مَرْجِعُكُمْ جَمِيعاً فَيُنَبِّئُكُم بِمَا كُنتُمْ فِيهِ تَخْتَلِفُونَ " المائدة48

Traduction française

V.48 المائدة

Et sur toi (Muhammad) Nous avons fait descendre le Livre avec la vérité, pour confirmer le Livre qui était là avant lui et pour prévaloir sur lui. Juge donc parmi eux d'après ce qu'Allah a fait descendre. Ne suis pas leurs passions, loin de la vérité qui t'est venue. A chacun de vous Nous avons assigné une législation et un plan à suivre. Si Allah avait voulu, certes Il aurait fait de vous tous une seule communauté. Mais Il veut vous éprouver en ce qu'Il vous donne. Concurrencez donc dans les bonnes oeuvres. C'est vers Allah qu'est votre retour à tous; alors Il vous informera de ce en quoi vous divergiez.

Fethi Meskini

Excuses, pardons et justifications

ou

Politiques monothéistes

> Il semble que la philosophie ne voyage point: aussi celle de chaque peuple est-elle peu propre pour un autre
>
> J.-J. Rousseau[1]

> Si Dieu voulait devenir un objet de l'amour, il aurait dû d'abord se départir du rôle de juge et de la justice [...] Eh quoi? Un dieu qui n'aime les hommes qu'*à condition* qu'ils croient en lui [...] ! Un amour contractuel [...]! Un amour qui n'a même pas su triompher du sentiment de l'honneur ni de l'irascible esprit de vengeance? Que tout ceci est oriental! « Si je t'aime, est-ce que cela te regarde ?»[...]
>
> F. Nietzsche[2]

1. Introduction: Penser avec, visiter, reconnaître

A la différence des corpus grec, romain ou judéo-chrétien, l'islam est, peut-être, le site de pensées, le monument de valeurs le moins *visité*. Or, sans une véritable *volonté de visite*, hélas, toute intention de « dialogue »[3] (ou de trilogue!) resterait plus proche de la *vapeur* de l'Être de Nietzsche que de la bonne *volonté* de Kant. En effet, *le penser* est désormais et définitivement un *penser avec* – conséquence de sa prise en charge en tant qu'*être avec,* de « *l'avec* » *en général*

1 *De l'inégalité parmi les hommes*, Paris: Editions sociales, 1971, p. 171.

2 *Le gai savoir*, §§ 140-141.

3 Il faut souligner le retard relatif de l'entrée de la notion de « dialogue » dans l'idiome dur des philosophes. C'est seulement depuis *Vérité et méthode* (1960) que cette notion s'est arraché un rôle constitutif dans la position et surtout la construction conceptuelle des problèmes de la pensée. Cf. H.-G. Gadamer, *Hermeneutik I. Wahrheit und Methode. Grundzüge einer philosophischen Hermeneutik*, Tübingen: J.C.B. Mohr, 1960/1990, p. 189, 192, 383, 500.

qui va de l'hospitalité du vieux Kant[4] à la sollicitude du dernier Ricœur[5], en passant par le *Mitsein* et surtout le *Mitdasein* de Heidegger[6] – parce qu'il puise ses racines et ses possibilités inouïes dans un « *visiter avec* » *fondamental*, de la mémoire profonde de l'humanité actuelle, quoi que sans aucune manie de fondation, sans aucune tutelle métaphysique, mais avec une grande *promesse d'amitié*. *Autrement*, c'est-à-dire en matière d'orgueil, d'exclusion ou de transcendance – fonder revient finalement à tracer des plans de transcendance et les imposer à d'autres formes de raison – toutes les cultures se valent.

Penser avec ou ensemble a, dés lors, tendance à ressembler à une façon particulière, légère et subtile, de visiter les sites les plus mémorables de la raison, largement teintée par les couleurs enfouies des deux grands regards perçants de l'humanité actuelle, à savoir monothéismes désenchantés et Occidents sécularisés. *Visiter*, et non plus guider[7], fonder, critiquer ou s'approprier les domaines de l'étant. Voir venir, et non pas détruire ou déconstruire les statures de l'Autre. Loin d'instituer une ou plusieurs « pensée(s) faible(s) », *visiter sans arrière-pensée* semble promettre de nouveaux possibles d'*être avec*, dont la consistance inédite est de pouvoir s'édifier sans aucun contenu normatif *exclusif*. Il est par nature un acte d'hospitalité. Le dit « penseur » figurerait désormais parmi « nous » comme un *hôte actif*. Mais visiter les contrées spirituelles des « autres » expériences (par définition singulières) de l'animal *homme* que nous sommes sous des formes de vies variées et par des appellations multiples (*zoon, adam, subjectum, Übermensch, Dasein, Autre, …*) , exige au préalable que nous réussissions à organiser des oublis actifs[8], des mémoires heureuses et finalement (pourquoi pas?) des pardons qui toucheraient à l'impardonnable, selon le rêve paradoxal de Derrida[9].

4 Cf. I. Kant, *Zum ewigen Frieden. Ein philosophischer Entwurf*, Stuttgart: Philipp Reclam, 1984, p. 21.

5 Cf. P. Ricœur, *Soi-même comme un autre*, Paris: Seuil, 1990, pp. 254 sq.

6 Cf. M. Heidegger, *Sein und Zeit*, Tügingen: Max Niemeyer Verlag, 1993, § 26, pp. 117-125.

7 Faire *le guide de l'humanité* semble être une maladie morale impériale des grandes civilisations. Cf. Ibn Khaldûn, *Al-Muqaddima. Prolégomènes (*1378*)*, Livre III, chap. 33. ; Condorcet, *Esquisse d'un tableau des progrès de l'esprit humain (*1794*)*. Ce sont là deux bilans des acquis historiques de la conscience de soi d'une culture (musulmane ou occidentale), sous l'égide de la projection monothéiste d'une « mission » religieuse ou morale. Mais le « futur n'est plus ce qu'il était ». « Notre » modernité, nous la vivons dans une sorte de « futur passé » (*vergangene Zukunft*) selon l'heureuse expression de R. Koselleck. Cf. P. Ricœur, *La mémoire, l'histoire, l'oubli*, Paris: Seuil, 2000, pp. 400-413.

8 F. Nietzsche, *Généalogie de la morale*, Seconde Dissertation, § 1.

9 J. Derrida, Le siècle et le pardon, in: *Le Monde des Débats*, Décembre 1999.

La *philosophie de la visite* reste encore, néanmoins, pauvre en expériences, limitée en ressources morales et timides en termes de concepts. Pourtant un seul mot d'ordre semble suffir: *visitez* ! *Allez voir (visitare* est fréquentatif de *visere*), et ce, par *charité* ou pour *exploration*; on a – toutes les cultures et les époques confondues – largement pratiqué, à l'égard de l'autre, la perquisition, la fouille et l'arraisonnement, mais jamais ou rarement l'entrevue, la proximité ou le partage. L'Être a toujours été pour « nous » une localité (grécité, latinité, germanité, *arabité*[10]...), et c'est sur le tard qu'on a commencé depuis peu à parler de globalité ou plus lucidement de « glo-calité »!

Le principe de *charité*, expression heureuse des logiciens anglo-saxons, nous offrirait peut-être – comme dans un retour au lieu du crime – un profil de ce que nous attendons moralement (religieusement?) d'une *pensée avec*, qui pourrait un jour se transformer en une sorte de *visitation* païenne ou laïque. Dès qu'on vient à la rencontre de l'autre, – fait normatif qui n'a plus besoin de déduction transcendantale – il devient à notre portée. Portée de sens, de promesse, de raison, d'égard et de considération. L'autre n'est jamais trop *autre*, c'est-à-dire trop fou ou déraisonnable, pour mériter notre enfer. L'autre est désormais la *limite* de notre enfer, la nouvelle *terra ethica* des postmodernes. La question est: comment faire, cette fois-ci, de l'amour du prochain une *charité de sens*, un partage de rationalité, un commun d'immunité morale, bref une conduite de reconnaissance?

Penser avec se présente pour l'humanité actuelle – pour autant qu'elle *se parle* derrière la voix d'un « *nous* » *quelconque*, l'Occident, l'islam, les peuples asiatiques, ou les populations post-identitaires à venir –, comme une invitation à visiter la limite, la frontière morale, la « visagéité » irréductible d'un « autre » parmi d'autres. Un seul critère confirme ou infirme notre volonté de visite à un autre *quelconque,* précisément celui d'être toujours foncièrement prêt à l'*excuser*, c'est-à-dire à l'accepter, à le laisser être, devenir ce qu'il est, tel qu'il est. L'excuse est, semble-t-il, une nouvelle matière éthique à creuser. Jusqu'à maintenant, cependant, seules les grandes religions (le monothéisme n'en est *pour nous* que la figure *exemplaire*) semblent nous fournir les moyens les plus sûrs de prendre l'autre en charge, de le *décharger* de toute sorte de peine, quelque soit sa gravité, bref de *l'aimer*, voire de lui *pardonner*. Le pardon demeure encore le seul fruit civil des régimes de transcendance.

Toutefois, dès qu'un pardon prend l'allure d'un acte religieux, il perd toute consistance éthique. Car pardonner n'est pas excuser: *ex-cusare*, mettre hors de cause, appartient, en effet, à une autre sphère d'expérience. En un mot: l'excuse est « mondaine », libre et immanente; quant au pardon, il n'arrive jamais à se

[10] Sur « l'arabité » comme une localité de l'Être, voir: F. Meskini, « Arabité et philosophie », in: *Revue Rue Descartes. Collège International de Philosophie.* N° 61, 2008, pp. 116-122.

passer des relations verticales: il prend même parfois le visage d'une vertu arrogante, eschatologique et transcendante, une sorte d'amour exclusif. Mais l'amour, même religieux ou gracieux, est-il une véritable excuse?[11]

Excuser[12] ne se fait point, en effet, sans fond commun, disponibilité ou amitié. Si, avec des excuses, un *être-en-faute* ne rend justice à personne, l'excuse l'emporte sur toutes les formes de *justification. L'excuse faite*, et non pas demandée. Une justification reste, pour les autres cultures, une mauvaise façon de répondre de sa faute. Elle se base nécessairement sur des arguments internes et locaux. En matière d'intimité, c'est-à-dire à l'intérieur de cette sphère où se logeaient les sacralités d'un peuple ou les sources de soi d'une communauté, toute sorte de justification porterait immanquablement les traits pénibles et malvenus d'une politique d'altérité. La justification semble s'emparer de la place désormais (?) vacante du pardon religieux. Au lieu d'une eschatologie de la justice, *l'homme de la vie ordinaire*, – l'individu *moderne* réduit à la valeur éthique de son travail, sa famille et son moi ponctuel[13] –, a inventé les procédures *justificatives* (voire moralisatrices) du droit.

Mais, la culture de soi qui a réussi à transformer la *justice* en une *pure procédure*, qui fonctionnerait éventuellement comme une machine de *droit*, n'est pas encore un acquis planétaire. Son objectivité ou universalité normative ne lui garantit pas encore sa valeur cosmopolite. Le passage vers une situation herméneutique partagée entre des interlocuteurs égaux, solidaires et intéressants exige de nous une *nouvelle* éthique de la discussion. Habermas, n'en déplaise aux adeptes de la communication, parle encore le patois de son village métaphysique, la contrée de « l'Occident »[14]. Les « sociétés mal ordonnées », pour gloser une expression de Rawls[15] en l'inversant, restent encore en dehors de ses tables de catégories.

11 F. Nietzsche, *Le Gai savoir*, § 141.

12 Sur la signification logique des excuses comme actes performatifs qui ne manquent pas de poser un problème de « justification ». Cf. J. Austin, *Ecrits philosophiques, plaidoyer pour les excuses*, Paris: Seuil, 1994.

13 Cf. Charles Taylor, *Les sources du moi: la formation de l'identité moderne*, Montréal : Boréal,1998), pp. 271-386.

14 Cf. J. Derrida, J. Habermas, *Le concept du 11 septembre*, Paris: Galilée, 2004.Voilà le remède que propose Habermas à l'évènement post-historique du 11 septembre: « Si l'Occident entreprenait de réviser l'image qu'il a de lui-même, il pourrait, par exemple, apprendre ce qu'il faut modifier dans sa politique pour qu'elle puisse être perçue comme un pouvoir capable de donner forme à une démarche *civilisatrice.* » (p. 69) Hélas! Il est manifestement encore sous le charme du jargon monothéiste de la « mission » d'édification.

15 Cf. Sur la notion de « société bien ordonnée », voir: J. Rawls, *Théorie de la justice*, Paris: Seuil, 1987, § 68, pp. 495-503. A nous donc de poser la question juridique inverse: Qu'est-ce que faire ce qui est de droit *dans une « société mal ordonnée »*?

Une véritable discussion est, en effet, celle qui pourrait s'établir entre des *étrangers « fondamentaux »*[16] qui, bien qu'ils parlent des langues différentes et habitent des lieux d'être fort lointains l'un de l'autre et des autres, sont et seront définitivement prêts à engager des *exercices de reconnaissance post-subjective*[17]. Une telle attitude pousserait la promesse d'une guérison méthodique de l'ethnocentrisme jusqu'aux confins de *l'égalité de visagéité* entre les *derniers* héritiers de l'humain. Car les inégalités techniques n'arriveraient jamais par elles-mêmes à faire échouer un échange normatif équitable.

Si la *justification* est procédurale[18], et donc locale parce que située à l'intérieur d'un cadre situé de la raison, d'une raison toujours située, *l'excuse* va, au contraire, le plus loin possible dans le possible de l'humain, et ouvre par-là à l'animal-homme les chemins éthiques les plus étonnants. L'excuse est, semble-t-il, la forme ultime de la *reconnaissance* parmi les hommes. Car, nul n'est *innocent*, c'est-à-dire *excusable*, sans être reconnu comme tel. Autrement, la justice ne saurait se distinguer d'un acte de *vengeance*[19]. Tant qu'on jugeait *l'autre* selon *nos* critères, on trouverait beaucoup de difficultés à le convaincre de *l'équitabilité* de *notre* justice. Valeurs communautaires et normes juridiques risquent

16 Cf. F. Nietzsche, *Le gai savoir*, § 279: « Nous étions des amis et nous sommes devenus étrangers l'un à l'autre. Mais il est bon qu'il en soit ainsi, et nous ne chercherons pas à nous le dissimuler ni à l'obscurcir comme si nous devions en avoir honte. [..] Que nous dussions devenir étrangers l'un à l'autre, tel le voulait la loi *au-dessus* de nous: c'est par là même que nous devons devenir l'un pour l'autre plus respectables ! ». Cf. J. Derrida, *Politiques d'amitié*, Paris: Galilée, 1994, pp. 301 sq. – Contrairement à Habermas, qui prend le nouveau fait *d'étrangeté* entre « les nations, les formes de vie et les civilisations » comme étant un obstacle à la *communication*, on peut dire que c'en est au contraire la condition post-culturelle. Cf. J. Derrida, J. Habermas, *Le concept du 11 septembre*, op. cit. p. 68.

17 Les islams identitaires et communautaires ne sont pas concernés par la ou les mort(s) du « sujet », de « l'homme », de « Dieu » etc. S'en libérer demanderait alors d'autres remèdes que le nihilisme actif. Il faudrait penser à quelques formes de « devenirs » post-subjectifs comme, entre autres, le « rhizome » de Deleuze – Guattari: une « anti-généalogie », «une mémoire courte, une antimémoire », processus de subjectivation post-subjectif, sans Sujet, « sans Général ». Cf. Gilles Deleuze, Félix Guattari, *Capitalisme et schizophrénie 2. Mille Plateaux*, Paris: Minuit, 1980, p. 31 sq.

18 C'est là, sans conteste, un effet structural majeur du tournant linguistique sur la sphère du droit, de la politique et de la morale: tous les problèmes pratiques se trouvent tout d'un coup formulables en tant que problèmes de langage (juridique, politique, moral). Le rêve de Rawls est d'établir les conditions justificatives d'une « justice procédurale pure » dont l'illustration est à chercher dans « l'exemple des jeux de hasard ». Par ailleurs, Rawls ajoute que la *justification* aura besoin d'une bonne théorie de la *signification*. Cf. J. Rawls, *Théorie de la justice*, op. cit. § 14, pp. 116 sq., § 87, pp. 619-620.

19 Cf. F. Nietzsche, *Généalogie de la morale*, Deuxième Dissertation, § 11.

alors de se confondre à jamais. C'est le risque transcendantal de *mécompréhension*[20] qui pèse lourdement sur notre volonté de comprendre et d'être compris. Mais, philosopher signifiait, depuis Socrate – *l'accusé* par excellence – libérer et dégager une sorte de *droit d'innocence* qui serait à l'abri de toute morale de vengeance. Une morale que les *politiques monothéistes* du pardon avaient toujours, sous des vocabulaires différents, offusquée et éludée.

Dans cet essai, je voudrais déployer les interrogations suivantes:

Comment aurait-on à (se) *justifier* (de) ses fautes, à demander à être *excusé* de ses charges, bref à *s'innocenter* devant une instance de *justice*, qui ne serait que procédurale? Ou comment envisagerait-on le recoupement entre *excuse et justification*?

En quels termes pourrait-on et devrait-on déployer le *problème de l'innocence*? Ou l'innocence est-elle une excuse?

Comment est-il *valable* (ou *préférable* ?) de dénouer l'intrigue qui reliait invalidement, mais pas nécessairement, *justice* et *vengeance*? Ou y a-t-il une justice *para-juridique*, voire une norme universelle de déplacer le droit de la sphère du *juste* à celle du *bien* ?

2. La génération du « dernier musulman » ou la communauté quelconque

Depuis que les Musulmans modernes se sont engagés dans les formes politiques de *l'Etat-nation* – évènement décisif qui s'est approximativement déroulé après 1918, et dont le résultat majeur a été la naissance de notions inédites dans notre espace culturel, telles que « nation », « conscience nationale », « citoyenneté », « identité »[21], – le « sujet » politique (الرعيّة, *Ar-ra'iya*,[22] équivalent du

[20] De Schleiermacher à Gadamer, c'est la « mécompréhension » (*Missverständnis*) et non pas « l'incompréhension » (*Unverständnis*), qui faisait l'enjeu de l'herméneutique : elle est « l'art d'éviter la mécompréhension ». Cf. H.-G. Gadamer, *Hermeneutik I. Wahrheit und Methode.* Op. Cit. p. 188.

[21] Sur le sens et l'histoire des notions de « nation » et d'« Etat-nation », Cf. J. Habermas, *Die Einbeziehung des Anderen. Studien zur politischen Theorie*, Frankfurt am Main: Suhrkamp Verlag, 1966, pp. 130 sqq.

[22] Quoi qu'absent du lexique coranique, le mot *ra'iya* (sujet) est largement utilisé dans le corpus du *Hadith* (discours du Prophète), où il joue des rôles sémantiques très riches : est *ra'iya* tout ce dont on est responsable (littéralement dit en arabe : *mas'oul, questionnable*), tout ce dont on est « ra'i », c'est-à-dire « berger » et « pasteur » (corps propre, femme, biens, nourriture, espace, temps, terre, plante, animal, …) . C'est là l'origine de l'image du despote oriental : le berger de l'être politique comme on pourrait être le berger de son troupeau. Un concept politique qu'il faut lire dans l'optique de l'enquête platonicienne sur le roi-pasteur dans *Le politique* 267 d- 268 c. Voir aussi : M. Foucault, Omnes et singulatim : vers une critique de la raison politique ». In : *Dits et écrits II*, Paris : Gallimard, pp. 953-980. (Texte traduit de

subjectum latin, être soumis, subordonné à une autorité théologico-politique, à savoir le califat, dispositif religieux monothéiste de lieutenance), s'est subrepticement transformé, à son insu parfois, en une série de *subjectivations*, tout à fait nouvelles pour ce qu'il était depuis plus d'un milliaire et demi. De *Ra'iya* (sujet d'un roi), il devient *Cha'b*[23] (peuple « souverain »). Du même coup, la *Milla* musulmane (communauté religieuse gouvernée par un calife, baptisé lieutenant de Dieu sur terre) s'est éclipsée pour laisser place à la *Oumma* nationale (mot coranique synonyme à l'origine du concept abrahamique de *Milla*, mais qui a été réaménagé pour assurer la signification du concept moderne, juridiquement et romantiquement militaire, de *nation*).

En attendant qu'on puisse parler, *souverainement*, ce nouveau régime de soi, la langue arabe s'est engagée, alors, à fournir, tant bien que mal, des équivalents plus ou moins réussis (ou loupés) à ces notions emblématiques de la modernisation de la souche éthico-politique des Musulmans réorganisés cette fois sous les drapeaux de l'Etat-nation en tant que « population » (notion introuvable en arabe, remplacée jusqu'à maintenant par une qualification géographique très pauvre comme le nombre des « habitants » (*as-soukkan*)).

En instance, une nouvelle rhétorique s'est mise en place : on ne parle plus de l'homme comme « créature » (*al-khalk*) mais comme « être humain » ; on ne désigne plus le monde comme « signe » (*Aya*), mais comme « objet » ; on ne juge plus dans les tribunaux un « fidèle », mais une « personne » (*Chakhs*), sans aucun toit religieux. D'*Adam* (مدآ), on passe à « l'individu » ; on délaisse la figure du « croyant », pour mettre le masque de « l'homme ordinaire ». La « multitude » médiévale (*Joumhour*, notion utilisée par Ibn Rûshd, récemment réactivée par Negri, via Spinoza)[24] a été remplacée par les « masses » (*Jamahîr*)[25]

l'anglais). Aussi in : M. Foucault, *Philosophie. Anthologie*, Paris : Gall. Folio essais, 2004, texte 60, pp. 665-704. – Pour une saisie théorique du concept de *ra'iya* dans la tradition théorique musulmane classique, voir : Ibn Khaldûn, *Prolégomènes.* Livre III, chap. 24.

23 Selon la formule de Hobbes : « le peuple contre la multitude ». Cf. *Le Citoyen*, XII, 8. Le « peuple » est bien une invention juridique moderne, étrangère à l'idiome politique de l'islam classique.

24 Spinoza est l'un des rares à continuer à user de la notion communautaire médiévale et monothéiste de « multitude », se rattachant par là à un héritage qui remonte aux philosophes arabes, via Maimonide. Les « peuples » (arabes et non-arabes) modernes forgés sous forme d'Etat-nations en « terre d'islam » n'ont pas cessé, pour autant, de se représenter encore en tant que *Millal* (communautés religieuses) ! C'est dans cette archive para-juridique qu'ils se ressourcent et surtout c'est là qu'ils puisent leurs droits de résistance et leurs types de justification des normes. Sur une saisie philosophique du concept de *Milla* dans la philosophie arabe classique, voir : Al-Farabi, *Kitâb al-milla* [De la communauté]. Texte établi et édité par Muhsin Mahdi, Beyrouth, Imprimerie Catholique, 1968). Ouvrage traduit en français sous ce titre :

identitaires de l'Etat-nation. Bref : le Je musulman est simplement devenu *un autre*.

Je propose de donner à ce nouveau processus de subjectivation de l'homme, dans l'horizon moderne de l'islam, – cet être *en situations de passage*, historialement difficile, du sol de l'adamique et du communautaire (d'origine monothéiste) à l'horizon du post-adamique et au post-communautaire (promesses non tenues des modernités et des Lumières occidentales depuis un temps déjà), être dépaysé qu'il est dans l'intrigue identitaire impitoyable de l'Etat-nation moderne –, le nom du dernier musulman.

Le dernier musulman est un « quelconque »[26] post-identitaire qui ne se trouve plus dans la personnalité communautaire de ses ancêtres, celle-là qui prônait la « soumission »[27] inconditionnée à un Dieu « juste » et « vengeur » comme la plus sincère des vertus.

Il s'agit là d'une *facticité subjective*, et non pas d'une figure identitaire. On ne choisit pas d'être le dernier musulman, on *se trouve* dans sa peau. Il est la nouvelle forme de soi issue de ce chambardement moderne du mode de subjectivation spécifique du « musulman traditionnel », après la naissance artificielle de l'Etat-nation. Car, au moment où celui-ci attend de ses dispositifs identitaires de créer le « citoyen », il a inventé le dernier musulman, l'inquiétante familiarité de notre rapport communautaire à soi.

« Traité de la religion », in Dominique Mallet, *Deux traités philosophiques*, L.F.D., Damas, 1989. Sur le concept spinoziste et postmoderne de « multitude », M. Hardt, A. Negri, *Multitude. War and Democracy in the age of Empire*, New York: The Penguin Press, 2004, pp. 220-227.

25 Le nom (moderne) actuel de l'Etat libyen est précisément « Jamahiriya » (Etat des multitudes ?).

26 G. Agamben, *La communauté qui vient*, Paris : Seuil, 1990), p. 10 : « Le Quelconque dont il est ici question ne prend pas, en effet, la singularité dans son indifférence par rapport à une propriété commune (à un concept, par exemple : l'être rouge, français, musulman) ; il la prend seulement dans son être *telle qu'elle est*. La singularité renonce ainsi au faux dilemme qui contraint à choisir entre le caractère ineffable de l'individu et l'intelligibilité de l'universel. […] La singularité exposée comme telle est quelconque, autrement dit *aimable*. »

27 Le « musulman », selon l'étymologie arabe, un être qui s'est délibérément « soumis » à une autorité infinie et destinale : voilà le nom (*der Musulmann*) que l'on a pu donner, lors de la *shoah*, aux victimes qui ont cessé de lutter contre leur sort, les « hommes-momies », les « morts vivants ». Mais le « musulman d'Auschwitz » (expression d'Agamben) n'est pas le dernier musulman ; il se présentera pour nous (en terre d'islam) comme le rejet extrême du musulman historique (des croisades), dont le nom a été enrôlé pour désigner « le juif (qui) se transforme en musulman, l'homme en non-homme », où « demeurer un être humain » (signifie) ne pas devenir un musulman ». Cf. G. Agamben, *Ce qui reste d'Auschwitz. L'archive et le témoin. Homo Sacer III*, Paris : Editions Payot & Rivages, 2003, pp. 43-61.

Ce que veut le dernier musulman, c'est de répondre, tant bien que mal, à ce mot d'ordre deleuzien, en expérimentateur et non plus en animal doctrinaire : « Faites rhizome, mais vous ne savez pas avec quoi vous pouvez faire rhizome, quelle tige souterraine va faire effectivement rhizome, ou faire devenir, faire population dans votre désert. »[28] C'est qu'il s'est senti interdit d'avance de prétendre aux titres modernes de sujet, personne ou *subjectivité* : il se trouve plus appelé à développer un mode d'individuation auquel Deleuze à réservé le « nom d'*heccéité* », en partant de l'idée que « l'Orient a beaucoup plus d'individuations par heccéité que par subjectivité et substantialité »[29]. Le *devenir-musulman* est un « affect non subjectif »[30]. Il est actuellement un animal identitaire fatigué, une « anti-mémoire »[31], à la recherche d'un nouveau *visage.*

Aussi, le dernier musulman n'est-il guère un *fondamentaliste,* animal politique communautaire formé dans l'école du nihilisme moderne. Il ne s'identifie pas non plus avec le *musulman ordinaire*, qui couvre une foule démoralisée et dépolitisée à outrance selon les bonnes méthodes de l'ère des idéologies. Le dernier musulman *n'est simplement plus* « musulman » au sens d'un *sujet califal* ! Car après l'effondrement du califat depuis le treizième siècle (1258), personne n'est plus sous la *lieutenance* de personne[32]. Le dernier musulman, sans jouer encore une fois le héros romantique intempestif de l'ère des nationalismes, veut plus de lui-même : rien moins que de clôturer *le dernier stade du monothéisme*[33], de ne plus faire partie de la *guerre post-païenne des dieux.* A ce titre : il n'a plus de qualités que d'être un *esprit libre*, sans pour autant décliner sa *forme d'appartenance* ou sa forme de vie, ni abdiquer ses sources de soi. Car son problème crucial ne se situe plus dans sa volonté de croire, mais précisément dans sa *capacité de liberté.* Par liberté, il faut entendre *ce* droit de *se* choisir sa propre forme de soi, d'être soi-même et de vivre dans un état d'innocence fondamentale. Or, ce

28 Gilles Deleuze, Felix Guattari, *Capitalisme et schizophrénie 2. Mille Plateaux*, Paris : Minuit, 1980, p. 307.

29 *Ibid.*, p. 319.

30 *Ibid.*, p. 328.

31 *Ibid.*, p. 360

32 Cf. Ibn Khaldûn, *Prolégomènes*, Livre III, chap. 28.

33 On a cru, pour quelque temps, que la modernité était la nouvelle *bonne nouvelle* des Lumières affranchie du joug de la transcendance. En fait, elle n'est que le dernier stade du monothéisme. De Descartes à Ricœur, de Kant à Derrida, l'ontologie abrahamique et sa morale de la culpabilité (qui s'étend, par ailleurs, de la Genèse au Coran) n'ont guère cessé de fournir les motifs, l'idiome et les perspectives de sens du dire et du penser « moderne », « anti-moderne » et « post-moderne ». Selon les mots de Derrida, « un langage abrahamique … qui est déjà devenu l'idiome universel du droit, de la politique, de l'économie ou de la diplomatie : à la fois l'agent et le symptôme (d'une) internationalisation. » Cf. Derrida, « Le siècle et son pardon », op. cit.

type de liberté est par définition *post-religieux*, sans avoir besoin nécessairement d'être irréligieux. Car il préfère, plutôt que de jouer le héros, se limiter *par provision* à faire « l'ironiste », c'est-à-dire selon les termes de Rorty, « le genre de personne qui regarde en face la contingence de ses croyances et désirs centraux »[34]. Son but immédiat est de substituer, *lui aussi*, « la Liberté à la Vérité »[35].

3. *Excuse, religion et pardon : sur l'inexcusable*

Si les vocables dénotant le sens de *l'excuse* sont largement utilisés (environ vingt occurrences), le Coran[36] pratique un rejet[37] constant de la procédure de l'excuse. Il s'agissait, généralement, de refuser et de décliner la validité de l'excuse comme solution appropriée aux problèmes de la faute humaine. L'infidèle se trouvait constamment condamné à être, à rester, à se sentir inexcusable. Le sens de l'excuse le plus présent dans le Coran (comme dans tous les autres Livres abrahamiques) est précisément *l'inexcusable*[38]. Ceux qui ont perdu leur droit d'être excusés sont ceux qui ont commis le pire : abdiquer sa foi ou son Dieu. Une telle abdication équivalait à la plus haute trahison de sa communauté. Renoncer à sa foi ou à son Dieu n'appartenait guère à la sphère des libertés de base. Être libre ou exiger sa liberté était et reste encore à nos jours pour les Musulmans un acte radical d'appartenance à une sphère de soi absolument tracée, et par conséquent, un acte intimement lié à une forme de croyance.

Comment comprendre, alors, le rapport entre *croyance* et *excuse* ? Peut-on s'excuser d'avoir telle ou telle forme de croyance, d'être païen, ou d'avoir cru en

34 R. Rorty, *Contingence, ironie et solidarité*, Paris : Armand Colin, 1993, p. 15.

35 *Ibid.*, p. 14.

36 *Le Coran*, 2 : 166 ; 4 : 112 ; 6 : 19, 78 ; 8 : 48 ; 9 : 1, 3, 114 ; 10 : 41 ; 11 : 35, 54 ; 12 : 53 ;24 : 26 ; 26 : 216 ; 28 : 63 ; 33 : 69 ; 43 : 26 ; 54 : 43 ; 59 : 16 ; 60 : 4.

37 Nombreux sont aussi les passages de la *Bible* dénotant ce sens fragile et coupable de l'excuse et de la « *non-excuse* », par exemple : Genèse 3 : 11-13 ; Exode 3 : 1-12 ; 1 Samuel 13 : 12 ; Matthieu 11 : 21-24 ; 25 : 24-30 ; 27 : 24 ; Luc 14 : 15-24 ; Romains 1 : 18-20 ; 7 : 15 ; Jean 4 : 35. – Cette méprise de l'excuse se prolonge étonnamment dans tous les discours du pardon. L'excuse est ou bien évitée (Derrida) ou engloutie dans « l'éducation du pardon » (Ricœur). Cf. P. Ricœur, *La mémoire, l'histoire, l'oubli,* Paris : Seuil, 2000, p. 605. ; J. Derrida, Le siècle et le pardon, op. cit.

38 Malgré son air de famille avec des concepts limites tels que « l'injustifiable » (Nabert, Ricœur), « l'impardonnable » (Derrida), « l'inextricable » et « l'irréparable » (Lyotard, Agamben), « l'imprescriptible » (droit pénal), « l'inacceptable » (Saul Friedlander), etc., l'inexcusable est d'une autre nature : il s'avance sous l'allure d'une « instruction païenne » (Lyotard), plutôt que comme « un excès du non valide » (Ricœur). Cf. P. Ricœur, *La mémoire, l'histoire, l'oubli*, op. cit. pp.600-602.

un Dieu monothéiste, punissant et transcendant, ou inversement d'avoir abdiqué sa foi ?

La religion semble être l'art de substituer le repentir à l'excuse. Car, nulle croyance n'est possible sans passer définitivement du registre de l'innocence à celui de la faillibilité. Si je ne suis pas faillible, il n'y aurait aucun sens à ce que je puisse croire en quoi que ce soit.

Mais, excuser n'est pas *pardonner*. Le pardon[39] semble être une relation verticale : seul le plus fort dispose du droit et de l'acte de pardonner. Les faibles, quant à eux, n'ont pas à pardonner. Et, rarement, à être réellement pardonnés. L'excuse est horizontale : seuls les égaux sont toujours en état d'excuser les uns les autres et de s'excuser les uns auprès des autres.

Le jour où il a conquis la Mecque, Mahomet a tout simplement pardonné aux Mecquois de l'avoir rejeté et combattu, par cet échange inédit pour les Arabes païens :

« Que pensez-vous que je vais faire de vous ?» Ils dirent : « Un frère noble et un neveu noble ! ». Alors, il leur répondit, en récitant le verset 92 de la Sourate XII (Joseph) : « Qu'aucun reproche ne vous soit fait aujourd'hui ! Que Dieu vous pardonne ! ». Partez, vous êtes libres (*toulaka*)! »

Takîk (طليق) signifie libre de tout lien ou chaîne, et de là être déchargé, pardonné, et finalement libéré ou libre. Mais Mahomet ne les a pas excusés pour autant. *Pardonner n'est pas excuser.* Il reste un acte de grâce. Or, l'excuse veut plus que la liberté extérieure : elle exige *l'innocence*[40].

Le bon fidèle a toujours droit au pardon parce qu'il mérite de par sa nature d'être reconduit au troupeau. Il a droit à la *repentance*, mais non pas à l'innocence. En tant que « sujet », il mérite le pardon, mais non pas l'excuse. En tant que *fautif*, il garde toujours son droit à la *justification* mais non pas à la spontanéité. Car, en matière de *religion*, personne n'est innocent, excusable ou spontané. En contrepartie, tout bon fidèle devrait être rappelé à la repentance, au pardon, et de là à la « bonne » justification. Entre pardon et justification, il s'est développé un lien solide, mais dont l'origine est à chercher du côté de l'histoire de la faute.

39 Le lexique du pardon envahissait les textes monothéistes. Dans le *Coran* on peut énumérer plus de 230 occurrences. Dans la *Bible*, la présence des vocables du pardon n'est pas moindre.

40 Depuis, les islams se sont multipliés ayant comme catalyseur de conflit ce type de droit d'innocence, païen ou antéislamique, qui a été résorbé par l'évènement coranique. Le jour même de la mort de Mahomet, une discorde entre tribalité et lieutenance s'installa à jamais. Cf. Hichem Jaït, *La grande discorde*, Paris : Gallimard).

4. Excuse, faillibilité, témoignage : sur la présomption de culpabilité

Nul n'est fautif s'il n'était d'abord faillible, et du même coup *accusable* d'avance. C'est le sort de toutes les faibles créatures : enfant, femme, vieillard, esclave, malade, fou, étranger, pauvre, solitaire, quelconque… Tous ces types précaires et passibles sont généralement plus susceptibles *d'accusabilité*, et par là de *faillibilité*. La faute n'entre pas volontairement dans les vertus des plus forts. Elle est le propre des damnés de la terre.

En Islam, l'exemple typique d'une expérience douloureuse et troublante de l'innocence fut l'incident du *Ifk*, une calomnie manigancée contre *'Â'icha* , la femme préférée et le grand amour du Prophète. En voici les grandes lignes du récit :

> 'Â'icha s'est égarée dans le désert, cherchant un collier qu'elle avait sans se rendre compte laissé tomber. Sans remarquer qu'elle n'était plus dans son palanquin, l'armée du Prophète était partie. Après un temps, elle a été découverte et reconduite chez elle par l'un des gardiens chargé de porter secours aux égarées de l'armée. 'Â'icha racontait qu'il n'a pas dit un seul mot tout le trajet durant ct ne s'est jamais retourné. En la voyant rejoindre la troupe en montant une chamelle dont les rênes ont été tirées par un étranger, *on* se mit à colporter des rumeurs et des insinuations perfides. Tout un mois durant, Mahomet, l'air soucieux et affligé, se résignait et souffrait en silence d'avoir été *accusé dans son honneur*. Il ne souffla mot de tout cela à *'Â'icha* et lui autorisa uniquement d'aller en convalescence chez sa mère. Mais dans le peu d'échange entre les deux, Mahomet lui proposa la *repentance* ; elle exigea *l'innocence*. Finalement, elle a été innocentée par le *Coran*.[41]

'Â'icha s'est trouvée involontairement dans la compagnie d'un *homme* « étranger ». Ce dernier est à définir comme celui en compagnie de qui une femme devient *harem* (interdite, défendue, intouchable, et par là sacrée). Une intimité forcée qui la poussa dans l'expérience de la honte.

La honte grecque (*aïdos*) était une affaire de « regard » (regardé et regardant). En Islam, la honte apparaissait plutôt comme une expérience du *caché*, de *l'invisible*. La femme est harem, c'est-à-dire le caché par excellence. Commettre une faute, c'est aller voir là où il était défendu de jeter un regard. La honte surgit de l'abîme interdit ; c'est pour cette raison qu'elle semble lourde à assumer, à prendre sur son compte. Elle porte avec elle le poids de l'abîme, cette région de quoi notre morale nous a épargné d'y regarder.

41 Cf. Ibn Hichâm, *As-sîra an-nabawya. La biographie du prophète.* Texte arabe. Cf. Ibn Hichâm, *La biographie du Prophète Mahomet.* Texte traduit et annoté par Wahib Attalah, Fayard 2004.

> Avoir honte signifie : être livré à l'inassumable. Mais cet inassumable n'est pas une chose extérieure, il provient au contraire de l'intimité même, est ce qu'il y a en nous de plus intime (notamment notre vie physiologique). [42]

'Â'icha a refusé la repentance. Pourquoi ? – Parce que repentir signifiait pour elle répondre d'une faute non-commise, ce qui équivaut à une « dé-responsabilisation » de soi, une façon de se « désubjectiver » comme telle.

Comment interpréter, maintenant, le silence de Mahomet eu égard à cette médisance faite par esprit de vengeance ? Quelque chose de ce genre : que contre une accusation portant sur l'honneur comme structure d'ipséité – la propriété la plus délicate des mortels-, nul n'est invulnérable. *Vulnérabilité* équivaut ici à accusabilité, solitude (*'Â'icha* était seule dans le désert du soupçon), et donc faillibilité a priori.

Le fond caché de cet état de chose est sans conteste une *conception religieuse de la faute* : l'homme est susceptible de solitude, il n'a pas toujours de témoin ; il est par là même un être accusable, donc il est faillible, et du même coup *inexcusable*. En Islam, sans témoin nul n'est innocent. Mais aussi, personne n'est coupable sans témoin.

C'est pourquoi la seule proposition offerte par Mahomet à *'Â'icha*, l'accusée en son honneur par une foule de *non-témoins*, n'était pas de faire des excuses, mais de *repentir* : ressentir le regret de sa faute, accompagné du désir de ne plus la commettre, c'est-à-dire de réparer *l'irréparable* : s'absoudre de la faute non commise, en un mot : de la contingence de la faillibilité. C'est à ce titre seulement qu'il y aurait un sens au pardon, c'est-à-dire une instance de *réconciliation*, ce qui veut dire de commerce, chantage, profit, ...etc.

On – la religion – pensait que seule la repentance est en mesure de lever le poids néfaste de l'abîme d'une accusabilité a priori. Réclamer, au contraire, le *droit d'innocence* (dans ses deux versions exemplaires : le statut adamique d'avant la sortie d'Aden ou l'innocence du devenir suggérée par Zarathoustra pour les temps post-humains) était et est encore une folie. Les Modernes parlent plus modestement de *présomption*.

Nous *autres musulmans* font partie des cultures qui ont remplacé l'innocence par la repentance, car un mortel, pour autant qu'il fasse un bon croyant, ne saurait être innocent par soi ou par authenticité, mais seulement par autrui ou par *témoignage*. Seul le *témoigné*, ce dont on peut témoigner, voire le « témoignable »[43] est en mesure d'être juste, justifié ou *justifiable*. – *Le besoin de justification* traversait toutes les cultures de la repentance. Nous sommes encore loin d'une véritable culture de l'excuse.

42 G. Agamben, *Ce qui reste d'Auschwitz*, op. cit. p. 114.

43 Sur une exploration saisissante de l'impossibilité et des paradoxes du « témoignage », voir : G. Agamben, *Ce qui reste d'Auschwitz*, op. cit. pp. 15-42.

Une culture à base religieuse – comme celles qui puisent leurs racines normatives dans la tradition abrahamique du monothéisme – ne saurait disposer d'un concept développé et cohérent d'un droit originaire à l'innocence. Religion et innocence sont deux exigences normatives diamétralement étrangères l'une à l'autre. C'est pourquoi en continuant à comprendre la justice comme une procédure de justification, d'attestation et de témoignage, le droit moderne ne faisait que séculariser une conception religieuse, c'est-à-dire *faillibiliste*[44], de l'acte humain. Justifier, quelques soient les moyens qu'ils utilisent, risque parfois de prendre les traits d'un acte *inquisitif* laïc.

5. *Innocence, résistance et laïcité : ou des Lumières noires*

La « dernière génération » musulmane, celle qui s'est facticement constituée au sein de l'Etat-nation – forme politique importée des expériences occidentales via le colonialisme et la culture post-coloniale –, s'est trouvée constamment confrontée à ce genre de questions inédites : Y a-t-il lieu de (se) justifier (de) sa nouvelle forme de soi, issue de la modernité ? Devrait-on demander ou faire des excuses morales (et à qui ? à quelles instances ?) de ne pas se représenter comme un « sujet » religieux traditionnel ? En un mot : est-on, en conscience, *innocent*, irrépréhensible, irréprochable, une fois on se déclare (par exemple) laïc, irréligieux, athée ou tout simplement *areligieux* ?

Vivant dans des espaces civiles où la *civilité* elle-même fait problème, le dernier musulman devient de plus en plus broyé entre le marteau du biopouvoir de l'Etat-nation et l'enclin de la multitude dépolitisée, foncièrement formée à ne

44 Paul Ricœur a, de maintes manières, essayé de faire de la *faillibilité* de l'homme – strictement réduit à son expérience adamique – une grille de lecture exclusive de tous les problèmes normatifs qui se sont posés et se poseraient à l'humanité actuelle. L'enjeu direct d'une telle attitude est de remplacer la devise des Lumières : « *saper aude* ! » par une réécriture plus monothéiste que Ricœur formule en ces termes: « ose faire ton récit par toi-même » ! Or, compter encore sur les récits (même après la crise des métarécits) pour dégager un processus positif d'ipséité – une attitude partagée par Rorty malgré toutes ses réserves ironiques –, c'est là en effet la stratégie interne de nos islams identitaires, qui se sont proférés contre le caractère *procédural* des modernisations *sans* modernité. « *L'epokhé* de la culpabilité » que Ricœur nous a promise, et qui devrait guider vers le pardon de l'impardonnable (où Ricœur rejoint explicitement Derrida), reste, hélas, foncièrement menacée par l'usage public, communautaire et identitaire des *récits de soi*. C'est par ce genre de nostalgie narrative de récits monothéistes originaires que l'Occident a glissé de l'humanité cosmopolite de Kant au « nous » libéral de Rorty ou à l'herméneutique du soi judéo-chrétien de Ricœur. Cf. R. Rorty, *Contingence, ironie et solidarité*, op. cit. pp. 86, 90, 95sq. P. Ricœur, *La mémoire, l'histoire, l'oubli*, op. cit. pp. 580, 595-607.

pas pouvoir distinguer entre *identité* (conscience nationale) et *liberté de conscience.*

Être *autonome*, c'est-à-dire défendre sa liberté en matière de conscience ou contre les croyances ancestrales, comme un droit civil fondamental, est tout simplement devenu une attitude dangereuse. Le fondamentalisme, en effet, s'est violemment emparé de la sphère des valeurs privées, par une sorte de coup d'Etat moral, de *ré-enchantement* du monde ou de *dé-sécularisation* de la vie, en vue de l'exploiter comme un outil de résistance eschatologique, dont l'objectif avoué est de fonder *l'Etat de lieutenance.* Le retour du religieux fonctionne dans nos sociétés arabo-musulmanes comme un dispositif inquiétant de *Lumières noires* ou de mauvaise *Aufklärung.*

Il est, par ailleurs, à remarquer que le problème de la laïcité ne porte pas en terre d'islam sur la séparation des pouvoirs de l'Etat-nation, mais bien plutôt sur la *valeur* morale et religieuse de l'attitude laïque en tant que *personnalité* ou forme de soi. Le laïc « musulman » est plus attaquable du côté de ses mœurs et ses croyances que de celui de ses convictions politiques (!). Un laïc est tout simplement vu comme un immoraliste, un athée ou un *étranger moral.*

Le dernier musulman est le laïc malgré lui ; mais aussi le croyant passif de l'Etat-nation moderne qui n'a jamais cessé d'investir la force d'intimidation morale *sur-politique* du dispositif religieux. Les mosquées fonctionnaient, en effet, comme des usines de désirs et d'hypertensions de populations confuses, volontairement intoxiquées par des doses de transcendance, et *procéduralement* incitées à vivre les problèmes bio-politiques de la modernité (double échec du développement et de la démocratie) avec une boîte à outils eschatologique. Les rituels religieux sont stratégiquement réaménagés pour contrôler et canaliser les doses de stress identitaire d'une population qui n'a pas encore accepté la camisole de force du « progrès ».

6. *Volonté de justice et esprit de vengeance : sur l'injustifiable*

Une suggestion ne manque pas de surgir sur le chemin de notre quête d'un droit d'innocence post-adamique, pouvant justifier le sens de justice, propre aux cultures dites « non occidentales », voire « para-occidentales »: « Si l'innocence adamique n'existe pas ou n'a jamais existé, il n'y aurait nécessairement que des présomptions d'innocence ». Car, du moment que le droit est une « pure » procédure de justification, l'innocence est constamment pensée comme une forme d'attestation ou de témoignage. Or, la force manifeste de toute religion est l'acte d'*attestation.* « J'atteste » est le « Je pense » des religions[45]. Contre cette éthique

45 Il faut rappeler que c'est là le premier principe de tous les islams : attester que, nul n'est dieu sauf Dieu « que Mahomet est le messager de Dieu » forme l'acte illocutoire décisif qui transfère quelqu'un du *dehors* païen au-*dedans* communautaire. Une

timide de l'attestation[46], il faudrait réclamer un droit à la *reconnaissance*. Attester existentiellement son droit sans être reconnu comme tel, est normativement nul.

On n'a pas besoin de rappeler tout autant que la justice (en soi) n'existe pas ; il n'y a que des *volontés de justice*[47]. Mais, le vrai ennemi de toute volonté de justice n'est pas *l'en soi* injustifiable – la terreur de l'absolu – mais bien plutôt un vice moral trop ordinaire, savoir *l'esprit de vengeance*[48]. Dès le moment où un pouvoir prend la forme d'un dispositif de punition, de domination ou d'extinction, la volonté de justice s'affaiblit et tombe en désuétude. Un peuple assujetti, une communauté trahie, une religion blasphémée, une mémoire blessée, une symbolique déshonorée (c'est le cas des images incriminées) ,... ce sont là

telle instance d'attestation s'est vite transformée en un dispositif de jurisprudence, sous de multiples expressions : serment, témoignage, certification, justification, preuve, loi, acte de présence, ... Dans le Coran tout être est agent d'attestation : Dieu, les hommes, les femmes, les peuples, les étrangers, les ennemis, mais aussi, les corps, les organes, les oreilles, les yeux, la peau, les langues, les mains, les pieds... Il est question même de diviser le domaine de l'être en deux grandes parties séparées : le *ghaïb* (l'autre monde, l'Absent, le royaume de l'Absence) et la *shahada* (l'attestation, le domaine de la Présence). Croire ne signifie rien d'autre que se connecter à ce régime de l'Absent, par un acte d'attestation solennel.

46 Une prise en charge herméneutique du phénomène de l'attestation est à chercher dans une ligne de recherche allant de Heidegger à Ricœur. Cf. M. Heidegger, *Sein und Zeit*. Op. cit. § 54, pp. 267 sq. ; P. Ricœur, *Soi-même comme un autre*, op. cit. pp. 347-351.

47 Cf. F. Nietzsche, *Généalogie de la morale*. Seconde Dissertation, § 11.

48 Il est fort intéressant de souligner ici que le monothéisme a été la première grande politique de justice sur terre, contrairement à l'esprit de vengeance qui s'empare de tous les fondamentalismes présents ou futurs. L'interprétation nietzschéenne de la justice comme une « lutte *contre* les sentiments réactifs », un acte positif constituant de loi *impersonnelle*, arrachant « l'objet du ressentiment des mains de la vengeance », en donnant « force de loi, pour chaque préjudice, à un équivalent auquel est désormais et une fois pour toutes renvoyé le ressentiment», et étant le propre d'une classe « supérieure » d'hommes forts, nobles et actifs, – cette interprétation concorde, par exemple, avec le sens de justice proposé par le Coran, où justice équivaut à une *loi de la vie*, établie par « ceux qui détiennent l'autorité (أولي الأمر) comme un « dépôt » (أمانة) divin, un degré d'intelligence et une justesse de la balance du sort des hommes, dont la fonction est la compensation morale *supérieure* de l'inégalité économique au niveau de *l'avoir* (les plaisirs et les biens matériels) par l'égalité normative au niveau de *l'être* (le droit de lieutenance pour tous sur l'étant). Le lexique de la « vie » et du « vivant » marque, dans le Coran, une attitude bio-politique vigoureuse. Par exemple, dans le verset-culte: « Il y a pour vous, une vie, dans le talion. Ô vous, les hommes doués d'intelligence. » (Chap. 2, *La Vache*, verset 179). Cf. F. Nietzsche, *Généalogie de la morale*. Seconde Dissertation, § 11.

des contextes et des engrais favorables pour que naissent et croissent les types les plus corrompants des esprits de vengeance.

La justice parle toujours, en effet, au nom d'une volonté de justice, fortement signée et datée, c'est-à-dire en rapport intime avec une conception du « *Schuldigsein* » sous ses multiples connotations (dette, faute, culpabilité, créance, aveu, responsabilité, obligation)[49]. Aussi, la procédure s'articule-t-elle forcément sous forme d'attestation. Innocenter revient à chaque fois à attester un acte ou la possibilité d'un acte dont le sens est tributaire d'un contexte, d'une culture, d'une religion, d'un état du monde. Rendre justice à quelqu'un équivaut à justifier une procédure légale à son égard. Mais si le droit en vigueur n'est pas accepté en tant que valeur universelle, alors la validité juridique prendra nécessairement l'aspect d'une décision rituelle ou culturelle faite par un peuple contre un autre.

La modernité, bon gré mal gré, n'a pas complètement aboli l'esprit de vengeance qui hantait les formes traditionnelles de la justice. Elle en a objectivement inventé de nouvelles formes moins coûteuses, surtout moins *cruelles*[50]. Seul a changé ce au nom de quoi on se venge au moment où on rend justice à quelqu'un. Le droit n'est pas, toutefois, une simple procédure de la raison, une simple instance de juger et d'être jugé, mais une décision *normative* supérieure d'avoir à *être-soi-même* selon une forme de vie librement choisie, et à *être avec* autrui selon un type de concordance, de pacte, d'accord... voire de régime de reconnaissance, sur lequel on a volontairement délibéré[51].

Mais peut-on réclamer un statut *juridique* à une reconnaissance morale ou existentielle ? Être reconnu est-il donc un droit ? – Une volonté de justice ne pourrait réussir à s'installer dans un horizon à dominance communautaire (c'est le cas du rapport conflictuel entre les Occidents et les Islams) qu'après avoir su

49 Cf. F. Nietzsche, *Généalogie de la morale*. Seconde Dissertation, § 4. M. Heidegger, *Sein und Zeit*, § 58.

50 Cf. J. Rawls, *Théorie de la justice*, op. cit. § 38, p. 279 : « Tout ce qu'on peut faire, c'est limiter ces injustices de la façon la moins injuste possible. » ; R. Rorty, *Contingence, ironie et solidarité*, op. cit. p. 195.

51 C'est là du moins le projet de sens qui animait toutes les doctrines de justice proposées par les Rawls, Apel, Habermas, Ricoeur, Taylor, Rorty, avec des intensités différentes, dont l'enjeu théorique directeur est celui de tracer un plan de droit où l'on peut faire fonctionner normativement ensemble le *commun* d'Aristote et *l'individu* de Kant. Quant à l'islam, ce dernier ou intempestif monothéisme, actif, guerrier et résistant, il devrait être aidé, sans conteste, à sortir de sa caverne eschatologique *para-juridique*, non pas par l'abdication de sa provenance abrahamique, en le prenant pour une « contre-religion », ni par le rejet de son éventuelle contribution normative à l'élaboration de la forme juridique de la vie « moderne », en la jugeant « militarisée » et « totalitaire », mais moyennant un processus normatif de *reconnaissance.* Cf. P. Sloterdijk, *Gottes Eifer. Vom Kampf der drei Monotheismen*, Frankfurt am Main und Leipzig: Verlag der Weltreligionen, 2007), pp. 60-62, 209.

d'avance développer des sphères « intersubjectives » de reconnaissance (amour, droit, solidarité), soigneusement épargnées des aventures cartésiennes du Sujet souverain[52]. Dans « notre » contexte musulman, « intersubjectif » est plutôt à lire dans le sens de « post-subjectif » ou « para-subjectif », pour ne pas dire « dé-subjectivé ».

7. *Conclusion : Droit et monothéisme ou les avatars de la « justifiance »*

Pour le droit moderne (cette instance post-chrétienne de représentation, quoi qu'historiquement issue de la traduction des valeurs édificatrices de la vie chrétienne dans l'idiome impérial païen de Rome, ou « romanisme catholique » sécularisé[53]), la personne juridique de culture musulmane apparaîtrait à chaque fois sous un trait fort particulier : comment *juger*, en effet, quelqu'un qui ne reconnaît pas *notre* tribunal ni *notre* instance de droit ? Quel type de *justice* aurait-on le courage de porter à l'égard d'un *étranger juridique* ?

Du point de vue du droit musulman (ce dispositif de lieutenance, qui s'est constitué sur la base d'une réécriture des valeurs chevaleresques de la vie arabe païenne antéislamique dans le jargon monothéiste), le droit occidental est synonyme de mutisme quasi-transcendantal sur toute *autre* forme de législation. En dépit de leur commun langage abrahamique, un accord normatif sur le domaine du droit et des droits fait encore dangereusement défaut.

Ici, le clivage entre « nous et les autres » devient florissant et la « littérature des autres » prend des formes solidaires : *racialisme, nationalisme, colonialisme* (19ème siècle), *relativisme, contextualisme, fondamentalisme, égocentrisme, ethnocentrisme* (20ème siècle)[54]. Nous, les bons, les *citoyens* ; les autres, les méchants, les *hommes*. Alors, la question innocente ne manque pas de venir à

52 Cf. Axel Honneth, *Kampf um Anerkennung. Zur moralischen Grammatik sozialer Konflikte*, Frankfurt am Main: Suhrkamp, 1994), pp. 148 sq. Mais, en dépit du fait qu'il reproche à Hegel de construire ses concepts avec les moyens de la *philosophie de la conscience* (p. 99, 103) et de ne pas atteindre la terre promise de « l'intersubjectivité » (p. 102), l'auteur continue à compter sur le concept du « sujet » et de défendre « l'autonomie et la réalisation de soi comme le telos de notre forme de vie humaine » (p. 339). Les « conditions de la pensée post-métaphysique » (p. 7) dont il parle dès *l'avant-propos* ne sont pas si claires qu'il en donne l'impression. La « lutte pour la reconnaissance » va être reconduite à la fin en une promesse fort timide de « critique interne », en une « forme d'autonomie individuelle », et en un ensemble de « norme de reconnaissance implicites » à dégager ; c'est que le choix entre « lutte » et « critique » n'est pas encore arrêté (p. 338-339).

53 Cf. P. Sloterdijk, *Gottes Eifer. Vom Kampf der drei Monotheismen*, op. cit. p. 55-57.

54 Cf. T. Todorov, *Nous les autres*, Paris : Seuil, 1989).

l'esprit : comment faire « bon usage des autres ? » : c'est l'humanisme, l'exotisme, le primitivisme, l'érotisme[55].

Le « moi » musulman (humain, trop humain) trouve, par conséquent, beaucoup de difficulté à se définir, à fixer son statut dans la zone d'humanité, actuellement occupée par une globalité sans promesse, une nouvelle « *mondialatinisation* » du monde, selon le mot de Derrida : est-il religieusement coupable de ne pas pouvoir figurer dans l'histoire du Même (chrétienne) ? Est-il donc moralement injustifiable parce qu'il ne fait pas partie de l'histoire de l'autre (juive) ? Quelle type de justice aurait-il le droit de réclamer à son égard ?

C'est là une réponse, hors de propos, mais éventuelle à une question pressante du dernier Ricœur : « Qu'est-ce qui fait la fragilité de l'identité ? »[56]. C'est *l'injustifiable.* Une fois subi, il ne peut produire dans les mémoires blessées que « l'héritage de la violence fondatrice »[57].

Le Dieu monothéiste a pris, de « l'Ami d'Abraham »[58] au Christ et de Yahvé à Allah, de multiples figures, personnages et portraits. Après l'avènement de la modernité, interprétée comme un régime de transcendance sécularisé, il risque, toutefois, de se transformer en un esprit de vengeance, une pensée triste de *l'autre.* Le conflit des monothéismes, pressenti comme une « guerre des eschatologies »[59], menace, en effet, depuis le 11 septembre[60] – cette collision apocalyptique entre la bête de la dernière religion du *sublime* et le souverain de la première civilisation du *gigantesque* – de relativiser, voire d'abolir la validité des normes juridiques et l'universalité des valeurs morales prônées et largement réalisées par l'expérience des Lumières occidentales, désignées par le nom magique, mais non moins délicat, de « modernité ».

Derrida et Ricœur nous ont rassuré, chacun dans son idiome de pensée, de pouvoir, de devoir encore compter sur « le langage abrahamique du pardon » pour sortir du cercle de l'accusation et de la punition. Est-ce là la bonne ou la seule et unique solution ? La « mondialatinisation » ou « l'abrahamisation » du globe, est-elle une raison suffisante pour continuer à compter sur le monothéisme pour guider « l'humanité » ? Devrait-on, plutôt, penser à son *américanisation* [61]? Bref : une culture du pardon n'est-elle pas finalement une partie du problème

55 *Ibid.*, p. 355 sq.

56 Cf. P. Ricœur, *La mémoire, l'histoire, l'oubli*, op. cit. p. 98.

57 *Ibid.*, p. 99.

58 Le surnom d'Abraham pour les Musulmans est « l'ami de Dieu » (خليل الله). Curieuse amitié monothéiste : prometteuse de la Terre des autres !

59 P. Sloterdijk, *Gottes Eifer. Vom Kampf der drei Monotheismen* . op. cit. p. 15 sq.

60 Cf. J. Derrida, J. Habermas, *Le concept du 11 septembre*, op. cit.

61 P. Sloterdijk, *Im Weltinnenraum des Kapitals*, Frankfurt am Main : Suhrkamp Verlag, 2005, chap. 21 et 39 sur « l'américanologie ».

moral et juridique de « l'humanité actuelle », et non plus *une* ou *la* clef de sa solution souhaitée ?

Le but est devenu clair : contribuer à esquisser une attitude « post-monothéiste », parce que post-religieuse, et non pas « contre religieuse » (*gegen-religiös*) selon l'optique néo-cynique de Sloterdijk[62].

Par ailleurs, si les écritures profanatrices, qui ne cessaient de nous promettre des nihilismes heureux (Lyotard, Agamben, Sloterdijk, ...), ne semblent d'emblée utiles, en dépit de leurs percées théoriques exploratrices et leurs effets de liberté positive, qu'à investir dans les « impossibles » éthiques (l'irréparable, l'impardonnable, ...) qui hantent les populations post-modernes, sans une véritable promesse de droit, il faudrait reconnaître, toutefois, que, par moments, elles sont très prometteuses en termes de recherche d'un *droit global et para-juridique*, qui aurait la capacité de fournir aux peuples « hors-la-loi » et à leurs *formes de droit*, (ce par quoi les islams identitaires sont concernés), une certaine forme de *légitimité* (sans légalité), une perspective de droit *justifiant*, voire de « *justifiance* » : un devenir-justice *para-juridique*, un rapport non-procédural avec le droit, développé par les cultures *non* occidentales, qui ne cessent de résister au déplacement normatif des Modernes de la sphère du *bien* à celle du *juste*. La « justifiance » est la doctrine qui défend *le droit comme une justification*, dont les racines ne sauraient s'implanter obligatoirement que dans la sphère du *bien*.

Ce dont a besoin une culture post-religieuse ne sera plus, en effet, du sort du concept procédural (monolingue, moniste, unitaire, unisexué...) de justice, difficilement dissociable d'un bon usage formel de l'esprit de vengeance, mais de ce qu'on pourrait avancer comme une *perspective plurale*[63] de « justifiance ». Si la

62 Cf. P. Sloterdijk, *Gottes Eifer. Vom Kampf der drei Monotheismen* . op. cit. p. 212-213. – Dans son enquête sur le conflit des monothéismes, Sloterdijk s'est limité à faire le *radikal Aufklärer*, le déconstructeur néo-cynique de la « fureur de l'au-delà », mais pas plus : notre attente d'une pensée positive du *global* qui soit du *commun* actif et résistant, a été déçu.

63 Bien que le « pluralisme des perspectives » du savoir soit aujourd'hui un acquis méthodologique majeur, la « démocratie du savoir » n'est pas encore devenue une démocratie des « versions du monde », des *rationalités juridiques*, des formes du droit, des projets de justice, des modes de légitimité. Sur la valeur heuristique du pluralisme des vérités *sur* la nature, en tant qu'il puisse « provoquer » les cultures et les formes de droit et de justice à engager des politiques de reconnaissance et de différence, voir Hans Jörg Sandkühler, *Nature et cultures épistémiques*. Trad. de l'Allemand par G. Warland, Paris : Éd. Kimé, 2003, pp. 9-11, 278. Cf. la version allemande *Natur und Wissenskulturen. Sorbonne-Vorlesungen über Pluralismus und Epistemologie*, Stuttgart: J.B. Metzler, 2002, p. 277: « Rationalität ist eine Möglichkeit, und sie ist die Norm bei der Wahl der Welt-Versionen, bei der wir unsere Frei-

Justice est *une*, les « justifiances » sont multiples. Une « *justifiance* » est une *forme contingente du juste*, qui, ne concordant plus nécessairement avec le concept strictement procédural et fermé de la justice, aspire, en parlant des idiomes jusque-là para-universels, à *vivre et à faire légitimement* « le monde de diverses manières »[64] selon l'heureuse expression de Nelson Goodman, forgée d'une façon non kantienne à partir de Cassirer. Le mot-clef ici à rappeler est celui de « forme de vie » : la « justifiance » est une forme de vie mineure qui n'hésite pas à se prendre, par hygiène d'existence, pour une *forme de justice*. Nul n'est bien jugé, c'est-à-dire équitablement, qu'à l'intérieur de sa vie, de sa propre version du monde. Dans le cas contraire, toute justice procédurale restera une lettre de *jussion*.

La « justifiance » est la version *bio-politique* de la justice, qu'un peuple réussit à forger avec ses propres moyens, par ses propres versions symboliques de son monde vécu, comme étant sa propre *volonté de droit*. Mais un monde est toujours à faire « *à partir d'autres mondes* », d'autres vies et formes de vie, déjà « à disposition »[65]. L'Occident figure aujourd'hui en tant que *matière de monde*, un champ plastique de possibilités pour styliser la vie, pour toutes les manières actuelles de faire *des* mondes, partout dans *le* monde, y compris dans les disparates domaines du dernier musulman.

Le seul objet de la « justifiance » au sein d'une culture est la vie ou la forme de vie d'un peuple. En un mot : la nouvelle question politique d'une religion ne saurait être que la vie ou la possibilité de la vie elle-même.[66]La vie est la véritable justification du droit à la vie. En perspective, Cadi et juge laïc seront désormais d'accord sur l'urgence d'instituer des passerelles de « justifiance » globale entre les systèmes de commerce juridique locaux. C'est par amour de soi-même, par sentiment naturel de conservation de soi, et non pas par amour propre, que des peuples faisaient recours à la « justifiance » comme justice de résistance. Les peuples d'Occident ne sont nullement exceptés.

heit ausüben und Herren unserer eigenen Sinnintentionen werden. Diese Grundidee des Pluralismus, in der der Relativismus relativiert ist, sollte verteidigt werden. »

64 N. Goodman, *Manières de faire des mondes*, Paris : Gallimard, 1992, pp. 15-16.

65 *Ibid.*, p. 22.

66 Cf. P. Sloterdijk, *Gottes Eifer. Vom Kampf der drei Monotheismen* . op. cit. p. 216 : „Was eine neue religiöse Frage zu sein schien, ist in Wahrheit die Wiederholung der sozialen Frage auf dem Niveau einer globalen Biopolitik.“

Jaleleddine Saïd

Droits de l'homme et démocratie des autres

> Le progrès même des cultures montre qu'il existe en l'homme quelque chose qui transcende les cultures. Ce ‚quelque chose' est précisément la nature de l'homme : cette nature est la mesure de la culture et la condition pour que l'homme ne soit prisonnier d'aucune de ses cultures, mais pour qu'il affirme sa dignité personnelle dans une vie conforme à la vérité profonde de son être.
>
> Jean-Paul II, *Encyclique Veritatis Splendor,* n°53

Loin d'être une valeur universelle, la démocratie serait, selon certains auteurs, une valeur proprement occidentale. Il en serait de même pour la notion de droit de l'homme. Notre propos s'inscrit en faux contre pareille allégation, que nous retrouvons, à titre d'exemple, chez un Samuel Huntington, qui stipule clairement, dans son ouvrage « Le choc des civilisations », que l'Occident est dépositaire d'un « sens de l'individualisme et [d'] une tradition des droits et des libertés » qui sont « uniques dans les sociétés civilisées »[1]. L'émergence de l'idée de droit de l'homme, ainsi que de la pratique démocratique y afférente, à l'époque des Lumières puis de la Révolution industrielle, suffit-elle pour y voir une spécificité occidentale ? L'intrication essentielle entre les notions de démocratie et de droit de l'homme permet difficilement de les traiter à part l'une de l'autre, les valeurs impliquées par l'une (liberté, justice, égalité...) étant celles-là mêmes impliquées par l'autre ; signalons aussi que le terme même de *démocratie* (du Grec, *demos-kratos*) est tardif par rapport aux notions qu'il véhicule, parmi lesquelles la notion de droit de l'homme, dont la date et le lieu de naissance sont quasiment impossibles à déterminer, sinon par une décision arbitraire relativisante ; ce contre quoi va s'élever notre propos.

1 Cité par Amartya Sen ; ce dernier rapporte aussi que Huntington déclare que « les caractéristiques essentielles de l'Occident, celles qui le distinguent des autres civilisations, sont antérieures à la modernisation ». Un autre exemple est cité par Sen, celui de Gertrude Himmelfarb qui déclare, dans son livre *The Idea of Poverty*, que les idées de « justice », « droit », « raison », « amour de l'humanité », etc, sont essentiellement, sinon exclusivement, des valeurs occidentales » (cf. Amartya Sen, *La démocratie des autres,* traduit de l'américain par Monique Bégot, Paris, éditions Payot & Rivages, 2006, pp. 85-86).

Par l'expression « Droits de l'homme », on désigne généralement les droits qui reviennent à l'homme en vertu de son être propre, de son essence propre, de sa nature propre. C'est-à-dire les droits qui lui appartiennent indépendamment de son appartenance à un système juridico-politique donné. En raison de cela, les droits de l'homme ne perdent jamais de leur valeur et de leur validité, même en dehors ou en l'absence de toute juridiction de l'Etat (par ex. dans les relations internationales ou durant la guerre…). C'est en raison de cela aussi qu'ils priment toujours sur le droit positif instauré par l'Etat.

En effet, l'idée de droits de l'homme repose en premier lieu sur une conception subjective du droit : il s'agit d'un droit relatif à un *sujet humain* ; sujet humain naturellement libre, c'est-à-dire disposant *naturellement* de droits *naturels*. Or, le caractère naturel des droits de l'homme implique l'universalité de ces droits, puisqu'ils se rapportent à la nature humaine universelle. Quels sont ces droits naturels de l'homme ? Le philosophe allemand Christian Wolff (1679-1754), dans son ouvrage « Sur le droit naturel », a établi que, le sujet humain étant moralement tenu et obligé de se conduire conformément à sa nature et son essence, il est possible, à partir de cette obligation morale, de déduire les droits naturels de l'homme. Par exemple, l'homme étant moralement obligé de conserver sa vie, donc tout ce qui concourt à la réalisation de cette exigence morale peut être considéré comme un droit naturel (droit de subvenir à ses besoins, droit à la sécurité…).

Cette conception classique des droits de l'homme repose sur l'hypothèse de l'existence d'une *nature humaine universelle*. Or, cette hypothèse n'est pas toujours acceptée ; elle est remise en question par différents courants philosophiques, comme l'historicisme marxiste (selon qui la nature humaine ne reflète qu'un certain état de la société), l'existentialisme sartrien (selon qui l'homme est liberté pure et absolue), l'anthropologie (qui développe l'idée de respecter les différences ethniques et culturelles).

Le problème est le suivant : est-il nécessaire, afin de pouvoir sauvegarder les droits de l'homme, de postuler l'universalité d'une nature humaine ?

Le relativisme anthropologique refuse de poser quelque part l'universalité d'une nature humaine et de fonder dessus les droits de l'homme ; et plutôt que de déduire les droits de l'homme à partir de l'idée d'une nature humaine supposée universelle, l'anthropologie la déduit à partir d'un relativisme « identitaire », c'est-à-dire en mettant en exergue les différences culturelles et identitaires.

Reformulons alors le problème d'une manière plus précise : faut-il fonder les droits de l'homme sur l'universalité de la nature humaine ou sur le relativisme culturel ?

En pensant à certains comportements de torture physique et morale (les mutilations sexuelles par exemple, comme l'infibulation et l'excision), l'on se trouve devant le dilemme suivant : *ou bien* on respecte toute pratique ethnique en tant que telle, suivant un relativisme anthropologique qui dénie l'existence d'une nature humaine universelle, et qui se trouve obligé ainsi de déduire l'idée de droit de l'homme à partir d'un identitarisme étriqué, *mais alors* l'idée de droit de l'homme n'est plus universalisable, et l'idée même de droit *naturel* de l'homme perd tout son sens : il n'y a plus de droits *naturels* humains ; on ne peut plus parler alors que de droits « culturels » humains, c'est-à-dire de droits propres à telle culture ou telle ethnie ; ce qui, au lieu de rapprocher entre les hommes, attise leurs différences... *Ou bien* on accepte l'idée d'une nature humaine universelle, ce qui permet alors de condamner le genre de pratiques sus-visées, qui ne respectent guère les droits naturels propres à l'homme.

Il paraît donc difficile de poser les droits de l'homme sans poser quelque part, au préalable, une universalité de la nature humaine.

A vrai dire, le problème est loin d'être résolu ; il demeure toujours posé, avec une certaine acuité depuis la fin de la seconde guerre mondiale, la question des droits de l'homme s'étant posée alors avec toutes les conséquences politiques et pratiques qui s'ensuivirent, et les droits de l'homme ayant été pris en charge par des instances internationales. Il n'y a qu'à citer les Tribunaux de Nuremberg et de Tokyo, qui ont été instaurés en vue de juger les criminels de guerre, et de nos jours encore, le Tribunal de La Haye.

En ce sens, l'idée de « crime contre l'humanité » peut être interprétée, en effet, comme reposant sur l'idée d'une nature humaine commune partagée par tous les hommes.

Faut-il voir dans cette idée de nature humaine universelle un « surcoût ontologique » qu'il s'agit d'éviter à tout prix, en posant que cette communauté d'essence et de nature entre les hommes ne relève pas *du fait*, mais *du droit* ? C'est-à-dire qu'elle ne serait autre chose qu'un *postulat* à partir duquel on chercherait à fonder *un ordre juridique* (de la même manière par exemple que l'égalité serait posée comme *premier postulat du droit* dans les pays démocratiques).

Certes mais, dirions-nous, au nom de quoi poserions-nous pareil postulat ? Au nom de quoi postulerions-nous une communauté de nature entre les hommes ? Ne faudrait-il pas le faire précisément au nom de quelque chose qui leur serait commun, telle la Raison ? N'est-ce pas en ce sens qu'il est nécessaire de poser l'idée d'une communauté de nature entre l'homme et l'animal pour pouvoir poser l'idée de droit des animaux ; et l'idée d'une communauté de nature entre l'homme, l'animal, le *vivant* en général et l'environnement, pour pouvoir poser l'idée de droit de l'environnement ?

Certes, les droits de l'homme ne sont pas *dans* la nature, ce ne sont pas des données qui lui préexisteraient ou qui le transcenderaient. Ils sont bien le résultat de notre histoire, de notre pratique des rapports humains, le résultat d'interminables confrontations qui conduisent à forger l'idée d'une communauté proprement humaine.

Quand on parle de droits humains naturels et universels, il ne s'agit ni de droits qui seraient inscrits dans la nature de l'univers, ni de droits qui seraient inscrits dans la nature de l'homme. Il s'agit plutôt de droits qui relèvent – de fait et non de droit – de la nature de l'homme, ou plutôt, pour être plus précis, quitte à employer un vocabulaire classique, *de la nature commune des hommes*.

La nature commune des hommes, autrement dit leur nature humaine universelle, est précisément ce qui les rend « capables », en tous temps et tous lieux, d'une idée des droits de l'homme. Cette idée des droits de l'homme n'est certes pas *expressément formulée* en tous temps et tous lieux, mais nous la retrouvons, aussi loin qu'il nous est possible de remonter dans le passé, dans divers témoignages d'une exigence de respect de la nature humaine, tels par exemple le *Cylindre de Cyrus*[2] (IIIème millénaire avant J.C), l'*Edit de Milan*[3] (313 après J.C.), la *Magna Carta*[4] (1215 après J.C.), l'*Edit de Nantes*[5], appelé aussi *Edit de tolérance* (1598 après J.C.) : autant de témoignages qui montrent la présence, à diverses époques et dans diverses communautés humaines, des notions de valeur humaine, d'égalité, de justice, de liberté et de tolérance. Autant de notions, là aussi, qui trouvent effectivité dans le cadre de ce que l'on a depuis longtemps convenu d'appeler « démocratie », et que d'aucuns ont depuis commencé à considérer, elle aussi, comme une invention proprement occidentale. Les droits de l'homme nc pouvant se réaliser et s'épanouir qu'à la faveur de la démocratie, et la démocratie étant prônée, dans le monde contemporain, comme une valeur proprement occidentale, c'est en même temps donc, et ensemble, que les droits

2 Après avoir conquis Babylone, Cyrus a publié une déclaration, inscrite sur un cylindre d'*argile* connu sous le nom de *cylindre de Cyrus*, et contenant une description de ses victoires et *actes compatissants*. Le cylindre de Cyrus est mentionné comme la « première charte des droits de l'homme ». En 1971, l'ONU l'a traduit dans toutes ses langues officielles. Parmi les thèmes qu'il décrète, nous retrouvons: la tolérance religieuse et l'abolition de l'esclavage.

3 Edit de Milan : « We have also conceded to other religions the right of open and free observance of their worship for the sake of the peace of our times, that each one may have the free opportunity to worship as he pleases ». Constantin mit ainsi fin à la persécution des Chrétiens.

4 La Magna Carta ou Grande Charte, a été octroyée le 15 juin 1215 par le roi Jean d'Angleterre, dit Jean sans Terre, aux barons anglais en révolte. Garantissant les libertés contre l'arbitraire royal, elle a symbolisé la lutte contre le pouvoir absolu. La Grande Charte est considérée comme le premier texte constitutionnel anglais.

5 L'Édit de Nantes ou édit de tolérance, est un décret fixant le statut des protestants dans le royaume de France, signé par Henri IV à l'issue des guerres de Religion, le 13 avril 1598. Relativement favorable aux huguenots, auxquels il attribuait la liberté de culte ainsi que des places fortes, l'édit de Nantes marqua la fin des guerres de Religion entre catholiques et protestants, qui ravagèrent la France de 1562 à 1598. Les huguenots se voyaient garantir la liberté de conscience dans tout le pays. Ils étaient autorisés à bâtir des temples et à tenir des offices religieux. En outre, l'édit accordait aux protestants la jouissance de leurs droits civils et leur assurait l'accès aux postes officiels.

de l'homme et la démocratie sont institués comme un modèle pour toute société non occidentale. C'est en ce sens qu'Amartya Sen déclare que « l'idée de la démocratie comme règle générale pour tous les peuples (...) implique une tentative pour imposer les valeurs et les pratiques occidentales à des sociétés non occidentales » ; bien plus, cette thèse, selon lui, va beaucoup plus loin en posant que « la démocratie est une conception dont les racines se trouvent uniquement dans les signes distinctifs d'une pensée occidentale qui ne s'est épanouie qu'en Europe – et nulle part ailleurs – et cela pendant très longtemps »[6]. Sans jamais perdre de vue, ce qui serait être frappé de cécité, que la démocratie est « une pratique occidentale dans le monde contemporain, *ce qu'elle est très certainement* », Amartya Sen montre, à force d'exemples, d'une part qu'elle n'est pas le propre de l'Occident, mais qu'elle est une valeur universelle, et, d'autre part, que la conception que l'on s'en fait est tronquée, insuffisante, voire même inefficace.

Cette conception insuffisante de la démocratie, conception « trop étroite et restrictive »[7], selon les termes d'A. Sen, consiste à la considérer uniquement en termes de scrutin et d'élections, alors qu'il faudrait plutôt y voir, un « exercice de la raison publique », comme dirait John Rawls[8]. La démocratie a des exigences qui vont au-delà de l'urne électorale ; les élections demeurent un moyen nécessaire, mais non suffisant, car la possibilité de voter doit être en même temps véritable liberté de voter, et elle doit se combiner avec la possibilité et la véritable liberté de débattre en public sans aucune crainte. Il n'y a qu'à voir les impressionnantes victoires électorales de certains détenteurs du pouvoir politique pour se convaincre de l'insuffisance d'une conception de la démocratie comme simple concrétisation de la volonté du peuple par l'usage des urnes électorales. La possibilité d'un débat public ouvert trace la voie de la démocratie en offrant la possibilité pour tous les citoyens de participer aux discussions politiques et d'influencer les choix relatifs aux affaires publiques. Le débat public, comme prolégomène électoral et comme ferment revivifiant de la vie politique démocratique en général, est d'une grande importance dans certains choix qui décident de l'existence matérielle de millions de personnes. Soit dit en passant, Amartya Sen cite l'exemple de la famine qui, quand elle frappe un pays, est toujours expliquée quantitativement, c'est-à-dire en termes de manque et de besoin, alors qu'en fait c'est toujours l'absence de démocratie, et par là même d'un débat public libre,

6 Cf. Amartya Sen, *La démocratie des autres,* p. 11.

7 *Ibid.*, p. 12.

8 John Rawls : « En définitive, le concept fondamental d'une démocratie fondée sur la délibération est le concept du débat en soi. Lorsque les citoyens débattent, ils échangent leurs opinions et discutent de leurs propres idées sur les principales questions d'ordre public et politique » (*Collected Papers*, Cambridge, Harvard University Press, 1999, pp. 579-580, cité par Amartya Sen, *Ibid.*, pp. 12-13).

sans crainte ni contrainte, qui empêche de prendre les décisions justes et adéquates[9].

Conçue simplement, comme son étymologie l'indique, comme pouvoir du peuple, la démocratie est, selon le mot de Georges Clémenceau, « le pouvoir pour les poux de manger les lions »[10]. Conçue simplement comme système d'élections auxquelles se trouve invitée la masse du peuple, la démocratie est, selon le mot de Louis Latzarus, « l'art de faire croire au peuple qu'il gouverne »[11]. Mais conçue comme débat public réel, comme « exercice de la raison publique »[12] et comme culture publique, comme « gouvernement par la discussion »[13], la démocratie sauvegarde « les libertés et les droits fondamentaux » des individus[14].

Cette vision plus large, et plus cohérente, de la démocratie à laquelle nous convie Amartya Sen nous permet de renouer avec un passé et des cultures qui ne sont pas exclusivement occidentales. Certes, Alexis de Tocqueville a bien vu, malgré son admiration pour la démocratie en Amérique, que la démocratie faisait partie de la « tendance permanente la plus régulière et la plus ancienne connue dans l'histoire » ; cependant, les exemples choisis par lui sont restés limités à l'Europe[15]. Certes aussi, la discussion publique était une conduite quotidienne dans Athènes ; mais les Grecs ne faisaient pas exception, et la culture de la tolérance et des délibérations ouvertes était monnaie courante chez d'autres peuples aussi, non occidentaux, avec lesquels ces mêmes Grecs aimaient converser et nouer des liens intellectuels, tels les anciens Egyptiens, les Perses et les Indiens. En vérité, comme l'affirme A. Sen, « le soutien à la cause du pluralisme, à la diversité et aux libertés fondamentales se retrouve dans l'histoire de nombreuses sociétés. Les longues traditions consistant à encourager et à pratiquer le débat public sur les problèmes politiques, sociaux et culturels, dans des pays tels que l'Inde, la Chine, le Japon, la Corée, l'Iran, la Turquie, le monde arabe et de nombreuses parties de l'Afrique, exigent une reconnaissance beaucoup plus com-

9 A. Sen : « Le rôle de communication et d'information joué par la démocratie, qui fonctionne essentiellement grâce à la discussion publique ouverte, peut être décisif (…) L'absence de débat public ouvert joua évidemment un rôle crucial dans la propagation de l'épidémie de SRAS… (…). L'alternative – tâcher de remédier aux défauts de la démocratie par l'autoritarisme et la suppression du débat public – augmente la vulnérabilité d'un pays face aux catastrophes éventuelles (comprenant dans bien des cas la famine)… » (o.c., pp. 44-45).

10 Cité par Wladimir d'Ormesson dans Le Figaro du 28 – 9 – 1944.

11 Louis Latzarus, in *La politique*.

12 J. Rawls, op. cit.

13 James Buchanan, chef de file des théoriciens du choix public, cité par Amartya Sen, *Ibid.*, p. 14.

14 J. Rawls, *Collected Papers*, op. cit., p. 425, cité par Amartya Sen, *Ibid.*, p. 15

15 Cf. A. Sen, p. 15.

plète de l'histoire des idées sur la démocratie »[16]. Tout en reconnaissant dans la tolérance, la liberté de conscience, l'exhortation au débat public, des idéaux significatifs de la politique occidentale moderne, A. Senn repousse sans autre forme de procès toute aberration historique qui séparerait « d'un côté la tolérance occidentale et, de l'autre, le despotisme non occidental »[17] ; et notre auteur de citer Maïmonide qui, au XIIème siècle, « contraint d'émigrer et de quitter une Europe intolérante, trouva refuge et un havre de tolérance dans le monde arabe, et se vit attribuer une position élevée et honorée à la cour de l'empereur Saladin, au Caire… »[18]. A. Senn multiplie les exemples, qu'il glane dans diverses civilisations orientales et africaines, et qui montrent que la démocratie comme « gouvernement par la discussion », comme tolérance et comme « accord pour être en désaccord »[19], est une valeur universelle ; une valeur *humaine* universelle, une valeur *intrinsèque*, comme dirait A. Senn (qui lui ajoute une valeur *instrumentale* et une fonction *constructive*[20]), qui en fait par là même l'amorce d'une idée des droits naturels de l'homme comme droits universels.

Faut-il encore se demander : qu'est-ce qu'une valeur universelle ? En quoi consiste la valeur universelle des droits naturels de l'homme, ou la valeur universelle de la démocratie ? L'universalité de la valeur implique-t-elle l'assentiment universel de tous les hommes ? Assurément pas, car l'universalité d'une valeur ne se mesure pas au nombre des individus qui y croient, mais à l'intensité de leur croyance et à la force des raisons qui les poussent à y croire. La valeur universelle de la non-violence, par exemple, proclamée par le Mahatma Ghandi, ne repose pas sur une approbation universelle de tous les individus, mais plutôt sur un nombre de raisons qui lui confèrent un caractère universel. Vue sous cet angle, la valeur universelle de la démocratie et des droits naturels de l'homme semble répugner à toute considération historique et culturelle relativisante, occidentalisante ou eurocentriste.

16 A. Sen, *Ibid.*, p. 16.

17 *Ibid.*, p. 27.

18 *Ibid.*

19 *Ibid.*, p. 26.

20 « …on peut distinguer trois modes différents à travers lesquels la démocratie enrichit la vie des citoyens. Premièrement (…) la participation à la vie politique et sociale a une valeur *intrinsèque* pour la vie humaine et le bien-être des personnes. C'est une privation majeure que d'être empêché de participer à la vie politique de la communauté. Deuxièmement, la démocratie a une valeur *instrumentale* ou pratique importante, en amplifiant l'écoute accordée aux gens lorsqu'ils expriment et défendent leurs revendications… Troisièmement (…) la politique de la démocratie donne aux citoyens une chance d'apprendre les uns par les autres et aide la société à donner forme à ses valeurs (…). Dans ce sens, la démocratie a une fonction *constructive…* » (p. 70-71).

Mohamed Turki

Le juste et la justice chez Paul Ricœur

1. Introduction

L'une des surprises fort étonnantes que rencontre le lecteur en parcourant l'œuvre magistrale de Paul Ricœur est l'intérêt très tardif du philosophe pour la question du juste et de la justice. En passant en revue les titres de son œuvre, on remarque, en effet, que celle-ci a embrassé, depuis le début, presque tous les grands thèmes de la philosophie théorique et pratique, à commencer par les recherches phénoménologiques et herméneutiques, tout en touchant les domaines de l'Histoire et du Politique, pour entamer enfin les sujets plutôt complexes de l'éthique et de la Religion. Quant aux problèmes du Droit et de la justice, ils n'ont été abordés que tardivement vers la fin des années 80 du siècle dernier avec tout d'abord des lectures[1] se rapportant à la Théorie de la justice de John Rawls, puis l'édition un peu plus tard du premier tome de l'ouvrage *Le Juste*[2], suivi du deuxième tome au début de ce siècle. Un dernier travail sur *Le juste, la justice et son échec*[3], a été publié par les Carnets de l'Herne juste après la mort du philosophe en 2005.

Dans l'introduction à ses études sur *Le Juste*, Ricœur n'a pas manqué de justifier sa décision de se pencher sur ce problème. Il déclare que « ces dernières années, j'ai été conduit à penser que le juridique – appréhendé sous les traits du judiciaire, avec ses lois écrites, ses tribunaux, ses juges, et le prononcé de la sentence où le droit est dit – offrait au philosophe l'occasion de réfléchir sur la spécificité du droit, en son lieu propre, à mi-chemin de la morale et de la politique »[4]. Il ajoute aussi que son ouvrage a mis surtout en rapport « l'idée de justice en tant que règle morale et la justice en tant qu'institution »[5]. On remarque déjà la distinction faite par Ricœur entre les deux aspects de la justice : celui qui relève de la morale d'un côté, et celui qui touche plutôt le domaine institutionnel ou politique de l'autre. Afin de clarifier cette différenciation, le philosophe procède – et c'est l'important dans ce contexte – à un discernement entre deux

1 Ricœur, John Rawls : De l'autonomie morale à la fiction du contrat social, et Le cercle et la démonstration, in *Lecture 1, Autour du politique*, Paris, éd. du Seuil, 1991, pp. 198-231.
2 Ricœur, *Le Juste*, Paris, éd. Esprit, 1995.
3 Ricœur, *Le juste, la justice et son échec*, Paris, éd. l'Herne, 2005.
4 Ricœur, *Le Juste*, op. cit., p. 9.
5 *Ibid.*

termes longtemps pris pour synonymes, et d'en faire l'objet de ses investigations, à savoir celui du juste et celui de la justice. Par ce moyen, Ricœur reconduit non seulement l'adjectif juste à sa source conceptuelle, mais il l'érige en un substantif et l'oppose, par la suite, au concept de justice pris plutôt dans le sens purement institutionnel. Il introduit ainsi une dichotomie presque radicale entre le juste pris dans sa connotation éthico-morale et la justice relevant de la sphère d'application juridique. Autrement dit, il oppose « d'un côté l'idée du juste, considérée comme idée régulatrice – ou, si l'on veut, transcendantale, pour le champ entier du droit positif, appelé aussi domaine de la loi – de l'autre l'épreuve de l'échec de la justice sous sa forme judiciaire, épreuve marquée par l'impuissance à justifier de façon convaincante le droit de punir »[6].

Dans ce qui suit, nous allons essayer de décortiquer cette dichotomie introduite entre les deux concepts du juste et de la justice et d'analyser les structures afin de dévoiler les éléments constitutifs et découvrir les relations qu'ils entretiennent entre eux. On va montrer dans un premier temps que Ricœur ne met pas simplement ces deux concepts en opposition, mais qu'il situe également le juste entre le bon et le légal. Par cette mise en place, le penseur décrit le passage de la justice d'une conception téléologique, telle qu'elle a été conçue et appliquée par Platon et Aristote dans leurs oeuvres, vers une conception déontologique développée plus tard, surtout par les philosophes contractualistes du XVIIIème siècle, particulièrement par Rousseau et Kant, et reprise il y a quelques décennies par les auteurs contemporains tels que Rawls et Habermas. On passe par la suite, dans un deuxième temps, vers une exposition des principes et fondements du droit et de la justice tout en se basant sur trois modèles choisis par Ricœur : ceux de Kant, de Hegel et de Rawls. L'intention poursuivie est, non seulement de décrire les modes d'argumentation et de justification, mais aussi de mettre en exergue les traits de faiblesse inhérente au Droit qui, de par son formalisme très poussé, met parfois en échec la pratique judiciaire. C'est ainsi le cas chez Rawls qui, selon Ricœur, n'a pu dépasser l'ambiguïté de ce formalisme malgré les efforts fournis dans ce sens. On traite enfin, dans un troisième temps, des difficultés envisagées par Ricœur concernant la peine infligée par la justice au coupable et l'échec d'une justification rationnelle de sa souffrance. Cette problématique est abordée par le penseur afin d'ouvrir la voie vers des possibilités d'une « justice non violente » comme horizon utopique d'une nouvelle conception de justice. Celle-ci doit en effet tenir compte de l'équilibre entre les trois piliers du droit pénal, à savoir la loi, la victime et le coupable. En annonçant ce mode prospectif d'une « justice non violente », Ricœur procède en fait à une révision de la pratique judiciaire ainsi que de la procédure pénale qui perpétue, de manière sous-jacente, mais légale une certaine « éthique de la vengeance ». À sa place, il

6 Ricœur, *Le juste, la justice et son échec*, op. cit., p. 7.

veut, par contre, substituer une éthique juridique du Vivre-ensemble[7] qui envisage à travers la sanction autant la réhabilitation du coupable que le pardon accordé par la victime.

2. *Le juste entre le bon et le légal*

En discernant entre les deux termes du juste et de la justice, Ricœur met l'accent surtout sur l'adjectif au lieu du substantif, considérant que le premier appartient à l'ordre pratique et englobe aussi bien le sens auquel fait recours l'opinion publique que celui du philosophe, alors que le deuxième est pris plutôt dans le sens institutionnel et implique autant les normes, les règles et les lois du droit positif que l'institution judiciaire. Il justifie ce choix en se référant au terme grec to *dikaion* qui, selon lui, « s'applique d'abord aux actions, puis aux agents de l'action, et de là aux institutions »[8]. Et, tout en suivant Aristote dans le Livre V de *L'Ethique à Nicomaque*, où il dit : « Nous observons que tout le monde entend signifier par justice cette sorte de disposition (*hexis*) qui rend les hommes aptes à accomplir les actions justes et qui les fait agir justement et vouloir les choses justes »[9], Ricœur insiste sur la forme substantivée du terme juste à la place de justice afin de rendre à cet adjectif la force qu'il avait dans la tradition grecque. Car l'idée de justice elle-même n'est rien d'autre que le produit d'une conquête de la raison à mi-chemin entre la pratique quotidienne et le fond mythique duquel cette idée a émergé.

Il faut rappeler que, c'est tout d'abord par une réaction négative, telle une plainte à l'égard de ce qui est « injuste » ou face à un mal politique, que l'idée de justice fait son apparition et à laquelle on devient sensible. L'exclamation faite : « c'est injuste ! » ou le cri poussé : « quelle injustice ! » en sont révélateurs et expriment l'indignation profonde qu'on éprouve dans des situations d'injustice. Ils décrivent en vérité le manque de justice senti subitement dans certaines circonstances et face à des actions dites injustes. Les motifs engendrant de telles réactions sont nombreux : « les violences physiques, les humiliations, les atteintes à la dignité et toutes les formes de déni de reconnaissance »[10], mais aussi « rétributions disproportionnées, promesses trahies, partages inégaux ».[11] C'est ainsi

[7] Ricœur, *Soi-même comme un autre*, éd. du Seuil, Paris 1990, p. 227. Ricœur évoque déjà dans cet ouvrage la notion du « Vivre-ensemble » en tant que structure d'une communauté historique régie par des institutions justes dont la visée éthique est d'appliquer la justice et l'égalité.

[8] Ricœur, *Le juste, la justice et son échec*, op. cit., p. 8.

[9] Aristote, *L'Ethique à Nicomaque*, trad. J. Tricot, éd. Vrin, Paris 1958, Livre V, Chap. 1, 60 (1129a).

[10] Ricœur, *Le juste, la justice et son échec*, op. cit., p. 11.

[11] Ricœur, *Le Juste*, op. cit., p. 12.

qu'on pénètre dans le champ du juste par le biais de l'injuste, et que la réflexion philosophique se met alors en mouvement concernant l'idée de justice. Ricœur conclut que « notre idée de justice est donc doublement réflexive : d'une part, au regard de la pratique sociale qu'elle régit ; d'autre part, au regard de son origine quasi immémoriale »[12]. Cette double orientation marque au fond l'ambivalence de l'idée de justice qui bascule entre le bon et le légal.

Essayons alors de suivre Ricœur dans la description de cette double connotation. Il voit d'abord que « l'idée du juste n'est rien d'autre que l'idée du bon considérée dans le rapport à autrui »[13]. Sous cet aspect, la justice prend la qualité d'une vertu au sens donné par les Grecs au terme *aretê* et traduit par les Latins par *virtus* qui veut dire « excellence ». Aristote va même jusqu'à dire que la justice est une « vertu complète » et qu'elle est la « plus parfaite des vertus parce qu'elle concerne nos rapports avec nos semblables » [14]. Saisie dans ce sens, la justice participe à orienter l'action humaine vers ce qui rend la vie bonne ou contribue à son accomplissement. C'est le « souhait d'une vie accomplie avec et pour les autres dans des institutions justes ».[15] Cette visée de la vie bonne en tant que *télos* confère à la justice un caractère téléologique qui relève du même niveau de moralité que le vœu de mener sa vie à bon terme. En ce sens « le juste est d'abord objet de désir, de manque, de souhait »[16] qui s'énonce dans le mode optatif et non impératif.

Mais il faut s'entendre sur la notion de bien ou de vie bonne qui a été longtemps sujet de grands débats à l'époque hellénistique entre les différents courants philosophiques (platoniciens, aristotéliciens, stoïciens, épicuriens, etc.). Sans entrer dans les détails, Ricœur propose l'approche aristotélicienne selon laquelle le juste est défini comme point d'équilibre entre deux extrêmes, c'est-à-dire un moyen terme entre un excès et un défaut. Dans ce sens il est « la fameuse *isotês*, célébrée par Solon et Périclès, à savoir cette « égalité » qui règne à mi-chemin de l'excès du prendre trop, du vouloir-avoir toujours plus – la fameuse *pleonexia*, le vice d'avidité ou d'envie – et du défaut de ne pas contribuer assez aux charges de la cité »[17]. Or le concept d'égalité implique sans aucun doute des règles selon lesquelles cette égalité doit s'appliquer, c'est-à-dire il faut clarifier la modalité des grandeurs qui permettent une répartition juste des biens, mais aussi déterminer l'institution qui régit le partage. La question qui se pose alors est de savoir si on ne rentre pas bel et bien dans une sphère de justice distributive ?

[12] Ricœur, Le juste entre le légal et le bon, in *Lectures 1*, op. cit., p. 177.
[13] Ricœur, *Le juste, la justice et son échec*, op. cit., p. 9.
[14] Aristote, *L'éthique à Nicomaque*, op. cit., 1129a.
[15] Ricœur, *Le Juste*, op. cit., p. 17.
[16] *Ibid.*
[17] Ricœur, *Le juste entre le légal et le bon*, op. cit., p. 179.

La réponse à cette question exige à vrai dire le passage d'une conception téléologique de la justice où elle fait figure d'idée régulatrice vers une conception déontologique, car ce n'est plus au nom d'un désir ou d'une vertu que la justice en tant qu'égalité va être appliquée, mais plutôt selon une procédure formelle et légale qu'elle doit avoir lieu. Pour Ricœur « c'est le niveau de la norme, du devoir, de l'interdiction.»[18] Avec ce changement de paradigme, l'idée de justice trouve un autre fondement théorique qui lui permet de s'affranchir de toute référence au prédicat du bon et lui assigne une fonction d'obligation légale qui relève plutôt du droit positif, car selon lui « l'enjeu majeur est ici le statut formel qui s'attache à la revendication universelle, lorsque la loi n'est pas simplement loi morale, mais loi juridique ».[19] La justice s'oriente par conséquent vers une pratique procédurale légale. C'est ainsi qu'une justice distributive, comme d'ailleurs une justice corrective, va prendre place. En effet, « son usage de l'idée d'égalité se résume dans la formule : « Traiter semblablement les cas semblables » ; c'est la manière pour l'égalité d'être proportionnelle ».[20] Cette égalité n'est certes pas entre les choses, mais plutôt entre les rapports, c'est-à-dire entre la contribution de tel individu et telle part par rapport à tel autre individu et telle autre part.

Bien qu'Aristote a déjà introduit le rapport entre l'égalité et la légalité en considérant que le juste est ce « qui se conforme à la loi et l'égal »[21], le passage vers une conception déontologique de la justice n'a eu lieu que sous l'impulsion de la philosophie contractualiste, et particulièrement celle de Kant. En effet, depuis sa théorie du droit dans la Métaphysique des mœurs, Kant a préparé, selon Ricœur, le champ pour échapper à la raison pratique répondant aux exigences de l'impératif catégorique, afin d'ouvrir la voie vers un légalisme juridique. Et pour renforcer cette thèse, il ajoute: « on passe alors, par un retournement à l'intérieur du formalisme, d'un apriorisme rigoureux à un positivisme juridique où la question du fondement échappe à la raison pratique pour tomber sous le contrôle des instances légiférantes empiriquement et historiquement constituées ».[22]

Quant à l'apport de la tradition contractualiste, il se manifeste, semble-t-il, dans la supposition d'un contrat social grâce auquel les individus arrivent à surmonter l'état dit de nature pour accéder alors à l'état de droit. Cette supposition que Ricœur appelle « fiction du contrat » n'a pour but que de « séparer le juste du bon en substituant la procédure d'une délibération imaginaire à tout engagement préalable concernant un bien commun ».[23] De là s'explique le statut pure-

18 Ricœur, *Le Juste*, op. cit., p. 19
19 *Ibid.*, p. 20.
20 Ricœur, *Le juste, la justice et son échec, op.* cit., p. 17.
21 Aristote, *L'éthique à Nicomaque*, op. cit., p. 63 (1130b).
22 Ricœur, *Le juste entre le légal et le bon*, op. cit., p. 183.
23 *Ibid.*, p. 184

ment procédural des opérations juridiques en tant que moyen d'accès à cette forme de justice. Pour conclure ce point, on pourrait dire avec Ricœur « que le contrat occupe au plan des institutions la place que l'autonomie occupe au plan fondamental de la moralité. À savoir : une liberté suffisamment dégagée de la gangue des inclinations se donne une loi qui est la loi même de la liberté ».[24] Reste alors à savoir si l'idée de justice garde sa conformité à ses principes fondamentaux du bien et d'égalité tout en s'attachant au formalisme légal.

3. Des principes de la justice à la pratique judiciaire

C'est à partir de trois modèles que Ricœur tente de montrer la force des principes du Droit et par conséquent de la justice mais aussi leur faiblesse. Il prend comme exemples celui de Kant, tel qu'il est présenté dans la première partie de la Métaphysique des mœurs, dite la Doctrine du Droit, celui de Hegel dans la partie consacrée au Droit abstrait des Principes de la philosophie du Droit et celui de Rawls, développé dans le premier chapitre de son livre Théorie de la justice et portant sur la justice comme équité. Ces trois modèles partagent tout d'abord en commun une distance claire prise à l'égard de la conception téléologique et l'adoption d'une conception déontologique de la justice.

Dans la Doctrine du droit chez Kant, « le rapport de droit y est fortement opposé au rapport de moralité »[25]. Cet aspect n'est pas, selon Ricœur, un trait de faiblesse, mais plutôt de force, car le concept de droit ne concerne que le rapport formel selon lequel l'action d'une personne est effectuée. En d'autres termes « il ne s'agit pas de savoir si l'action est faite par devoir, mais seulement si elle est conforme au devoir »[26] proclamé par la loi. Dans ce sens, l'action ne répond pas à un devoir moral, mais plutôt à une obligation gérée par la loi et qui trouve sa justification dans l'impératif catégorique: « Agis extérieurement de telle sorte que le libre usage de ton arbitre puisse coexister avec tout un chacun suivant une loi universelle »[27]. Le devoir devient ainsi une nécessité d'accomplir une action par respect de la loi et non motivé par des visées ou inclinations subjectives. De cette manière, le concept de devoir échappe à la moralité. Il est immédiatement relié à la loi, même s'il garde encore l'aspect d'obligation morale. Il se transforme à vrai dire en une contrainte. Et, comme le souligne M. Villey dans la Préface à la version française de la Métaphysique des mœurs, « la contrainte devient le critère de la règle de droit. Le juriste auquel Kant prescrit de faire abstraction de « l'équité », de la « nécessité » et des circonstances concrètes, s'astreint à

24 *Ibid.*
25 Ricœur, *Le juste, la justice et son échec*, op. cit., p. 18.
26 *Ibid.*
27 E. Kant, *Métaphysique des mœurs*, première partie, La Doctrine du droit, trad. A. Philonenko, éd. Vrin , Paris 1993, p. 105.

l'observation des textes, qui seuls dictent les solutions, seul comptera pour lui la lettre des règles de droit positives »[28]. Or, par le biais de la contrainte, Kant accentue, aux yeux de Ricœur, le caractère d'interdiction des normes juridiques dans les codes pénaux.

Mais un problème reste encore non résolu dans ce contexte de la part de Kant et auquel A. Philonenko, le traducteur de La métaphysique des mœurs fait allusion. Il s'agit du lien entre l'autonomie interne et l'obligation externe, car « s'il est vrai que la liberté transcendantale est le principe de la loi morale en nous, alors on voit mal comment déduire la contrainte extérieure »[29] accordée à la loi. En d'autres termes comment passer du premier principe de la moralité, à savoir l'autonomie qui dicte l'obligation morale, vers la légalité qui instaure plutôt la contrainte ? Pour Ricœur « ce lien est présupposé, mais non justifié par Kant »[30], comme c'est aussi le cas pour le lien entre autonomie et contrat social. Et pour conclure, il ajoute «aucune place n'est faite, dans la doctrine du moins, aux instances de conciliation que nous évoquerons pour finir et pour tempérer nos propos désabusés sur le droit de punir »[31].

En ce qui concerne le modèle hégélien, Ricœur considère que la question du droit de contrainte est liée chez Hegel à la problématique du contrat qui occupe la place d'honneur dans la théorie du « droit abstrait » au sein des Principes de la philosophie du Droit. Cette partie du droit se trouve à vrai dire au plus bas degré de l'échelle de sa conception du droit qui n'atteint sa réalisation concrète que dans les figures de la *Sittlichkeit* – Éthicité ou vie éthique – qui inclut la famille, la société civile et l'Etat en tant qu'instance de couronnement. Cet abaissement du droit abstrait est pour Ricœur assez significatif du fait que « la grandeur du droit, en tant que segment du trajet de réalisation de la liberté, est inséparable de sa pauvreté spirituelle au regard de la richesse des figures proprement « éthiques » de l'institutionnalisation de la liberté »[32]. À ce niveau, le droit a pour enjeu, non seulement la gestion des rapports liés à la possession des choses, mais aussi la légitimation de la propriété. En quelque sorte « le contrat met la marque de l'universel sur des volontés engagées dans l'avoir des choses »[33]. Il est de cette manière intégré dans le système de la possession pour en faire un droit et pas simplement un fait. Par conséquent, Hegel introduit à travers cette procédure du contrat l'insertion de la personne juridique égale à l'homme propriétaire ou au possesseur légal.

28 *Ibid.*, p. 19.
29 *Ibid.*, p. 35.
30 Ricœur, John Rawls : de l'autonomie morale à la fiction du contrat social, in *Lectures 1*, op. cit., p. 198.
31 Ricœur, *Le juste, la justice et l'échec*, op. cit., p. 20.
32 *Ibid.*, p. 24.
33 *Ibid.*, p. 21.

Cependant, ce propriétaire légal reste, selon Ricœur, un peu à l'écart, « sans lien d'appartenance à une communauté concrète comme celle relevant de l'Éthicité, de la Sittlichkeit. »[34]. En tant que personne juridique, il n'est qu'un sujet séparé, protégé seulement par la barrière du droit contre toute atteinte de la part d'autrui. Or, justement cette façon de voir le contrat, dévoile la faiblesse et les limites du droit et de la justice, car « le contrat se révèle être le lieu des litiges, des conflits de droits, pire : de la fraude et autres délits »[35]. Ce n'est alors que par l'exercice de la contrainte que le droit va être défendu et assuré. On comprend ainsi pourquoi la fonction majeure du droit se manifeste dans le traitement des conflits et la substitution de la procédure juridique à la violence.

Pour ce qui de la théorie de Rawls, la question de la justice devient encore plus complexe, car on assiste chez lui à une « rencontre entre une perspective délibérément déontologique en matière morale et le courant contractualiste au plan des institutions »[36]. Le point de départ est d'élaborer une conception systématique de la justice capable de remplacer le modèle utilitariste qui n'a cessé de dominer la tradition de la pensée politique anglo-saxonne depuis John Stuart Mill, et dont la faiblesse devient de plus en plus manifeste. À ce modèle, Rawls oppose sa théorie de « la justice comme équité » (fairness) qui prend source dans la théorie traditionnelle du contrat social et qui a pour objectif de fournir tout d'abord « une analyse convaincante des droits et des libertés de base ainsi que de leur priorité », puis de « compléter cette analyse par une conception de l'égalité démocratique »[37]. Cette dernière perspective va le conduire à proposer ses principes de justice, à savoir « le principe d'égale liberté », « le principe de différence » et celui de « la juste égalité des chances »[38].

À la différence de ce qu'on a décrit jusqu'alors à ce propos, la justice est définie par Rawls comme « la première vertu des institutions sociales »[39]. Elle

[34] *Ibid.*, p. 26

[35] *Ibid.*, p. 27.

[36] Ricœur, John Rawls : de l'autonomie morale à la fiction du contrat social, in *Lectures 1*, op. cit., p. 196.

[37] John Rawls, *Théorie de la justice*, trad. Catherine Audard, Paris, éd. du Seuil, 1987, p. 10.

[38] *Ibid.*, § 11, p. 91 : « La première présentation des deux principes est la suivante : *En premier lieu : chaque personne doit avoir un droit égal au système le plus étendu de libertés de base égales pour tous qui soit compatible avec le même système pour les autres. En second lieu : les inégalités sociales et économiques doivent être organisées de façon à ce que, à la fois (a) l'on puisse raisonnablement s'attendre à ce qu'elles soient à l'avantage de chacun et (b) qu'elles soient attachées à des positions et à des fonctions ouvertes à tous* ».
Ces principes sont repris encore une fois dans le § 46, p. 341 avec quelques modifications.

[39] *Ibid.*, p. 29.

n'est plus liée de manière primordiale aux relations intersubjectives ; sa structure de base est avant tout la société et ses institutions. Il s'agit chez lui de concevoir comment les institutions politiques et les structures socio-économiques distribuent de manière équitable les droits et les devoirs et déterminent la répartition des biens et des avantages tirés de la coopération sociale. C'est pourquoi il voit que, « dans une société juste, l'égalité des droits civiques et des libertés pour tous est considérée comme définitive ; les droits garantis par la justice ne sont pas sujets à un marchandage politique ni au calcul des intérêts sociaux ».[40]

Si, comme l'affirme Rawls, la justice est une vertu d'institutions sociales, et que les institutions ont pour but la promotion du bien entre les membres de la société à travers une répartition équitable, on peut alors déduire que ces institutions ont une fonction purement distributive. Or le phénomène distributif présuppose un partenaire ou un sujet a qui doit être alloué une part. Rawls parle ici de « personne représentative » pour désigner chaque participant à cette forme de distribution. C'est là que Ricœur voit les premières difficultés de la conception de la justice chez Rawls. En raison de son caractère distributif, l'institution ne peut être que « conflictuelle-consensuelle. Conflictuelle, car tout partage est contestable et crée des inégalités, comme l'attestent toutes les sociétés connues ; consensuelle, parce que la distribution n'est opérante que s'il existe une procédure reconnue par tous les sociétaires dans le règlement des conflits »[41]. À partir de là, tout un champ d'alternatives peut s'offrir entre les différents principes opposés de distribution et de répartition, y compris ceux de l'utilitarisme. Comment alors y procéder pour réaliser la justice ?

L'ambiguïté de cette théorie se dévoile, selon Ricœur, dès le début, c'est-à-dire à partir du § 3 intitulé L'idée principale de la théorie de la justice où Rawls anticipe la thèse d'un « accord originel » à la structure de base de la société. Selon cet accord, « ce sont les principes mêmes que des personnes libres et rationnelles, désireuses de favoriser leurs propres intérêts, et placées dans une position initiale d'égalité, accepteraient, et qui, selon elles, définiraient les termes fondamentaux de leur association »[42]. Cette thèse implique que « les principes de la justice sont issus d'un accord conclu dans une situation initiale elle-même équitable (fair) »[43]. Mais en contrepartie, Rawls annonce que « les principes de la justice sont choisis derrière un voile d'ignorance. Ceci garantit que personne n'est avantagé ou désavantagé dans le choix des principes par le hasard naturel ou par la contingence des circonstances sociales »[44].

40 *Ibid.*
41 Ricœur, Le cercle de la démonstration, in *Lectures 1*, op. cit., p. 220.
42 John Rawls, *Théorie de la justice*, op. cit., p. 37.
43 *Ibid.*, p. 39.
44 *Ibid.*, p. 38.

Le problème est donc de savoir si l'on est devant une situation hypothétique à partir de laquelle les principes peuvent être supposés, ou bien si ces principes sont déjà définis, interprétés et choisis en guise de fondement impératif. Autrement dit, la question qui se pose ici concerne « le passage de la caractérisation proprement descriptive de la structure de base de la société en tant qu'elle attribue des droits et des devoirs et distribue des avantages et des charges, à la caractérisation prescriptive des deux principes. [...] On peut alors se demander d'où vient ce devoir : surgit-il de rien ou était-il là dès le début ? »[45]. Ricœur détecte ici l'une des faiblesses majeures de la théorie de Rawls et montre en conséquence son aspect plutôt constructiviste, que ce soit au niveau de l'accord originel ou du choix des principes[46]. Il conclut que « la fiction de la situation originelle porte ainsi tout le poids de la démonstration ultérieure. »[47] De là s'explique « la tournure constructiviste, voire artificialiste, que le livre partage avec le reste de la tradition contractualiste. Quand il est subordonné au bien, le juste est à découvrir ; quand il est engendré par des moyens procéduraux, le juste est à construire : il n'est pas connu à l'avance, il est supposé résulter de la délibération dans une condition d'équité absolue »[48].

Cette faiblesse va en effet faire l'objet d'une révision de la part de Rawls après les critiques qui lui ont été adressées à cet égard. Son effort va surtout porter sur le rapport entre la condition initiale d'équité et la procédure de délibération.[49] Quant à Ricœur, il ne cesse d'insister sur le caractère problématique de l'argumentation chez Rawls et se demande :

> Qu'est-ce qui assurerait l'équité de la situation de délibération d'où pourrait résulter un accord concernant un arrangement juste des institutions ? [...] Quels principes seraient choisis dans cette situation fictive de délibération ? [...] Quel argument pourrait convaincre les parties délibérantes de choisir unanimement les principes rawlsiens de la justice plutôt que, disons, une variante quelconque de l'utilitarisme ? [50]

Après l'exposition de ces problèmes, Ricœur affirme que Rawls a bien dépensé une grande part de spéculation pour justifier la situation originelle d'équité tout en s'opposant aux présuppositions contractualistes de Hobbes, Rousseau ou Kant, pour qui l'état de nature est soit caractérisé par la guerre de tous contre tous ou bien par un statut dit « sans lois ». Ce qui le contraint d'ailleurs à faire usage de la fable du « voile d'ignorance » au niveau de la délibération procé-

45 Ricœur, *Le cercle de la démonstration*, op. cit., p. 224.
46 *Ibid.*, p. 227.
47 Ricœur, *Le Juste*, op. cit., p. 101.
48 *Ibid.*, p. 203.
49 John Rawls, *Théorie de la justice*, Préface de l'édition française, p. 10-14.
50 Ricœur, *Le juste*, op. cit., p. 103.

durale. Cependant Ricœur ne manque pas de valoriser l'apport positif de la conception de la justice, telle qu'elle a été élaborée par Rawls, car elle « fournit au mieux la formalisation d'un sens de la justice qui ne cesse d'être présupposé »[51]. Dans ce cadre, Rawls entame une tentative de fondation purement procédurale de la justice appliquée aux institutions de base de la société avec le souci d'affranchir la perspective déontologique de la justice autant de la morale que de sa visée téléologique. Pourtant cette même tentative souligne le mieux les limites de son projet, car de son propre aveu, son argumentation repose sur une précompréhension de ce qui est injuste et juste, étant donné qu'elle est implicite à l'accord originel et reste dissimulée sous le voile de l'ignorance. Et pour conclure Ricœur ajoute que « la théorie rawlsienne de la justice est sans doute une théorie déontologique en tant qu'opposée à l'approche téléologique de l'utilitarisme, mais c'est une déontologie sans fondation transcendantale »[52].

4. *Horizon utopique d'une justice non violente*

À partir des trois modèles évoqués, Ricœur arrive à la conclusion qu'une des fonctions essentielles du Droit, et par conséquent de la justice, est « le traitement des conflits et la substitution du Discours à la violence ; tout l'ordre judiciaire peut être placé sous l'égide de cette substitution »[53]. En effet, la coupure avec la violence se fait par le biais de « l'institution du procès comme cadre d'une répétition symbolique, dans la dimension de la parole, de la scène effective de la violence »[54]. À la fin du déroulement du procès dont les composantes sont la victime, le coupable et le juge en tant que tiers impartial qui doit prononcer le verdict en s'appuyant sur des lois, la sentence vient mettre fin à cette procédure et placer les deux parties du conflit à une juste distance entre la vengeance et la justice.

Or, pour Ricœur, un autre problème émerge avec la sanction infligée au coupable. Il considère celle-ci comme « un scandale intellectuel » ou un « point aveugle »[55] au sein de la procédure juridique. Le problème est celui de la justification rationnelle de la peine imposée légalement au coupable, car « on n'a pas dit à qui la sanction est due, quels sont les destinataires de la sanction »[56]. Qu'est-ce qui à vrai dire donne finalement à la sentence un sens en tant que sanction pénale ? Il paraît que celle-ci répond en priorité à la transgression de la

[51] *Ibid.*, p. 209.
[52] Ricœur, *John Rawls : de l'autonomie morale à la fiction du contrat social*, op. cit., p. 202.
[53] Ricœur, *Le juste, la justice et son échec*, op. cit., p. 29.
[54] *Ibid.*
[55] *Ibid.*, p. 30.
[56] Ricœur, *Le Juste*, op. cit., p. 198.

loi plus qu'au préjudice infligé à la victime. Mais on oublie qu'il s'agit d'une triade de corrélations dont il faut tenir compte au niveau du droit pénal.

Pour illustrer ce problème, Ricœur se réfère aussi bien à la pensée antique, particulièrement à Platon et Aristote et leur interprétation de la peine, qu'aux représentants modernes tels que Kant et Hegel, avant de proposer sa propre alternative quant à la réforme du droit pénal et la reconsidération de la sanction. À l'égard d'une injustice faite à quelqu'un, Platon estime que le châtiment est nécessaire pour que le mal soit balayé de l'âme du coupable. En effet l'injustice prend ici l'aspect d'une maladie qu'il faut guérir, et la peine représente le médicament imposé au malade afin de le libérer de ses maux. Ainsi celui « qui paie sa faute est débarrassé par là de la méchanceté de son âme » (477a), dit Platon dans le *Gorgias*. La finalité de la sanction tient compte avant tout de l'effet qu'elle peut avoir sur le coupable, à savoir le libérer de sa méchanceté et le pousser à changer de tempérament. Dans ce sens, « la justice ainsi rendue, en effet, oblige à devenir plus sage et plus juste et elle est comme la médecine de la méchanceté » (478d). Par contre, dans le livre I de La République, Platon réfute la sanction en tant que moyen de faire du mal à quelqu'un. Il affirme : « en aucun cas il n'est juste de faire du mal à quelqu'un » (335e) du fait que le mal peut rendre les hommes plus injustes. Selon lui, la justice est une vertu, et l'important est « de ne faire de mal à personne » (335e).

Quant à Aristote, il se met plutôt du côté de la victime et considère que la sanction prend la place de la juste vengeance. C'est le cas de la colère à l'égard d'une injustice. Dans *L'Ethique à Nicomaque* (I, 13-1102b 37), Aristote souligne que la colère en tant que réaction exprime un désir de vengeance. Elle est comme un échange symbolique qui s'inscrit dans une région médiane entre les passions sauvages et la conduite rationnelle et peut revêtir ainsi une valeur morale dans le système de régulation sociale. Pour les ethnologues contemporains, la vengeance fait partie d'un système d'échange qui a investi toutes les cultures et les sociétés. C'est la voie négative, mais symétrique de l'échange dans un système de don et contre-don, car « de même que le contre-don égalise des gains, des bienfaits, la vengeance égalise des pertes, des méfaits. C'est cette restitution entre égaux qui rendait pensable la punition »[57]. Dans ce contexte, Ricœur n'a pas cité de référence, mais l'allusion aux travaux de Claude Lévi-Strauss avec qui il entretenait des relations d'amitiés très fortes, est implicite.

Etant donné que la vengeance est entre-temps refoulée dans la sphère privée, la place est depuis laissée à une conception légale et étatique de la punition. Cette conception de la justice est défendue, selon Ricœur, aussi bien par Kant que par Hegel. Les deux penseurs de l'idéalisme « se rejoignent dans l'idée que la sanction rétablit le droit. Pour l'un comme pour l'autre, la loi exprime le corps des conventions morales qui assurent le consensus minimal du corps politique,

57 Ricœur, *Le juste, la justice et son échec*, op. cit., p. 40.

consensus résumé dans l'idée d'ordre. Au regard de cet ordre, toute infraction est une atteinte à la loi, un trouble de l'ordre »[58]. Hegel va même jusqu'à voir dans ce processus « la forme dialectique de la négation de la négation : au désordre qui nie l'ordre répond la négation du désordre qui rétablit l'ordre »[59]. La théorie du droit implique ainsi directement une justice corrective où la sanction est due en premier lieu à la loi. Et, si elle est prononcée en faveur de la victime, c'est aussi au nom de la loi que la sentence est justifiée. Au troisième élément de la triade du procès, à savoir le coupable, rien n'est dû.

C'est justement là où se situe le dilemme relevé par Ricœur et qu'il résume dans les questions suivantes : « Que signifie faire souffrir légalement un être rationnel ? »[60] Et, « que dire des punitions qui ne sont aucunement des réparations au sens de restauration dans l'état antérieur, comme c'est le cas manifestement des meurtres et des offenses les plus graves ? La punition rétablit peut-être l'ordre ; elle ne rend pas la vie »[61]. À partir de ces questions, Ricœur essaie de dépasser la bipolarité faite à la sanction pour la situer dans son cadre tripartite. Il ne veut plus la placer simplement dans le cadre purement juridique, mais lui rendre surtout sa signification morale. Autrement dit, il tente de répondre à la question : « en quoi et jusqu'à quel point la sanction est-elle due au coupable, au condamné ? »[62] De cette prémisse se détermine aussi le passage de la sanction à la réhabilitation qui peut mener en définitive vers le pardon en tant que perspective à prévoir dans le contexte de rédemption.

Si on admet que la sanction a pour conséquence la reconnaissance du plaignant comme victime et se poursuit chez lui sous forme de réparation de l'estime de soi de manière publique à travers le procès, ne faut-il pas voir aussi dans la sanction une reconnaissance de la part du coupable de sa responsabilité en tant que personne ? Dans ce sens, la condamnation revêt alors l'aspect d'idée régulatrice et permet ainsi la possibilité de la réhabilitation, voire même du pardon. C'est justement vers cette alternative que Ricœur essaie d'avancer dans sa réflexion et de proposer les arguments convaincants. En effet, il ne voit pas dans la réhabilitation seulement la forme juridique de réhabilitation automatique avec sa procédure de rendre à l'accusé, après la purge de sa peine ou d'une partie de celle-ci, son plein droit de citoyen, mais plutôt l'introduction du « concept de continuité de l'espace public, afin d'inscrire la place de l'espace carcéral à l'intérieur et non à l'extérieur de la cité »[63]. En d'autres termes, il veut qu'on prenne en considération le vécu du prisonnier pendant la purge de sa peine et lui offrir

58 Ricœur, *Le Juste*, op. cit., p. 198.
59 *Ibid.*
60 Ricœur, *Le Juste, la justice et son échec*, op. cit., p. 45.
61 Ricœur, *Le Juste*, op. cit., p. 199.
62 *Ibid.*, p. 200.
63 *Ibid.*, p. 203.

des perspectives de réinsertion dans la vie publique, même si elles sont parfois inquiétantes du point de vue sécuritaire, car c'est un moyen de ne pas laisser le détenu se transformer en « bête féroce » du fait de l'incarcération et de l'exclusion. Pour Ricœur, l'intention est bien claire : « Il s'agit bien de rendre au condamné la capacité de redevenir un citoyen à part entière à l'issue de la peine et donc de mettre fin à l'exclusion physique et symbolique portée à son comble par l'incarcération »[64]. Il tente ainsi à humaniser concrètement la pratique judiciaire et particulièrement la pratique pénitentiaire que Michel Foucault, avant lui, a mise en cause dans son ouvrage *Surveiller et punir*[65] et qui, depuis, n'a cessé d'être un sujet de discussion aussi bien politique qu'au niveau de la philosophie du Droit. C'est d'ailleurs dans le contexte d'un colloque intitulé « Justice ou vengeance » que cette problématique a été abordée par Ricœur qui considère que la sanction n'a pas achevé son parcours de reconnaissance autant par la victime et la loi que par le coupable lui-même. Et c'est à cette dernière séquence de l'enchaînement judiciaire qu'il se penche afin de dévoiler les raisons de l'échec de la sanction et les moyens d'y remédier en vue de réhabiliter le coupable et restaurer sa dignité.

Cependant il ne faut pas voir dans ce projet de justice restauratrice un manque de souci de référence à la loi ou un intérêt moindre pour la victime. Au contraire, « la justice restauratrice ou reconstructive ne consiste pas en une revanche de la logique victimaire sur la logique de la rétribution ; elle vise [seulement] à rendre du pouvoir à chacune des composantes de la justice pénale. »[66] L'enjeu n'est plus simplement de punir le coupable, mais de réévaluer chacune des composantes de la triade judiciaire et de tenter de repenser le système pénal qui ne doit plus mettre la vengeance au centre de sa préoccupation mais plutôt l'infraction faite à la loi. C'est en vue d'une conception de « justice horizontale » où la priorité est donnée à la possibilité d'un Vivre-ensemble au sein d'une communauté que Ricœur propose en vérité cette alternative de justice dont les bénéficiaires sont autant la loi et la victime que le coupable réinséré dans sa communauté. À cet égard, l'un des aspects du processus de réhabilitation qu'il préconise est que le détenu serait capable de faire récit de l'acte de violence qu'il a accompli envers sa victime et qui serait aussi une manière de repentance, dire même de sollicitation du pardon de la part de la victime.

On peut certes se demander comment envisager l'acte du pardon en tant qu'alternative au modèle actuellement répandu d'une « justice violente » que l'Etat ne cesse d'imposer au nom du droit de sûreté et de sécurité. Les exemples récents se multiplient que ce soient en Afghanistan, aux États-Unis, particulièrement dans

64 *Ibid.*, p. 203

65 Michel Foucault, *Surveiller et punir, la naissance de la prison*, 1975, éd. Gallimard, Paris.

66 Ricœur, *Le juste, la justice et son échec*, op. cit., p. 65.

le camp de Guantanamo, en Irak ou en Chine. Mais selon Ricœur, le pardon n'appartient pas à l'ordre juridique ; il lui échappe autant par sa logique que par sa finalité, car « d'un point de vue, qu'on peut dire épistémologique, il relève d'une économie du don, en vertu de la logique de la surabondance qui l'articule et qu'il faut bien opposer à la logique d'équivalence présidant à la justice; à cet égard, le pardon est une valeur non seulement supra-juridique mais supra-éthique »[67]. De là résulte qu'il n'est jamais dû. Il ne peut être que demandé, voire même sollicité. Ainsi il ne peut avoir lieu qu'au moment où la dette est infinie et où le tort est incomparable. Seule la victime peut l'exercer, car sa finalité est « de briser la dette ». Dans ce sens « le pardon est une sorte de guérison de la mémoire, l'achèvement de son deuil ; délivrée du poids de la dette, la mémoire est libérée pour de grands projets »[68]. Elle s'ouvre sur l'avenir et le pardon devient en quelque sorte un signe d'espoir.

À titre d'exemple, Ricœur cite la commission « Vérité et Réconciliation » en Afrique du Sud qui témoigne de cette possibilité du pardon. Selon lui, « ces mises en confrontation et en récit ont eu un effet cathartique direct, qu'on peut mettre au bénéfice de la justice restauratrice, reconstructive »[69]. Elles ont en effet permis de libérer la mémoire et d'affranchir les peuples d'Afrique du Sud d'une partie de leur histoire ténébreuse afin de se projeter vers un avenir commun du Vivre-ensemble qui met fin au racisme et à la ségrégation. Par ailleurs cette expérience pourrait devenir un modèle à suivre pour d'autres pays et communautés et les encourager à briser la chaîne de justice violente « qu'aucune société connue n'a même le projet d'abolir à court et moyen terme. »[70] Toutefois elle permettrait de renforcer la « justice de médiation » aux dépens de la répression dans le traitement des conflits gérés jusqu'alors par la violence. Elle pourrait aussi préparer le chemin vers une procédure dialogique et de reconnaissance.

5. *Conclusion*

L'étude que l'on vient de mener sur le double aspect du juste et de la justice a mis en évidence le parcours suivi par Ricœur dans ses écrits concernant cette problématique abordée dans les dernières décennies. Il s'agit tout d'abord de situer les deux termes dans leurs assises aussi bien historiques que philosophiques et d'en déterminer les significations et les visées. Si le lien entre l'éthique et la politique a été longtemps l'objet d'investigation et de recherche de

67 Ricœur, *Le Juste*, op. cit., p. 206

68 *Ibid.*, p. 207. Il faut rappeler dans ce contexte que Ricœur a repris cette problématique du pardon dans l'un de ses derniers ouvrages intitulé : *La mémoire, l'histoire, l'oubli*, éd. Seuil, Paris 2000.

69 Ricœur, *Le juste, la justice et son échec*, op. cit., p. 63.

70 *Ibid.*, p. 64.

la part du penseur, « l'impasse était faite sur le statut spécifique du juridique.»[71] C'est en effet à ce manque que ses derniers écrits tentent de remédier. La rencontre du juste sous la figure précise du juridique à l'École nationale de la magistrature et spécialement sous l'aspect judiciaire a été à cet égard déterminante. Elle a conduit Ricœur à réfléchir sur la spécificité du droit et de la justice et sur leur statut entre l'éthique et le politique. Si comme il le propose tout d'abord « la guerre est le thème lancinant de la philosophie politique, et la paix celui de la philosophie du droit »[72], la justice qui est « la vertu des institutions » selon la définition de Rawls pourrait alors contribuer à la paix sociale et consolider la société dans son ensemble. Dans ce sens, le thème du juste et de la justice trouve sa justification dans le cadre d'une réflexion éthico-juridique du Vivre-ensemble qui peut s'ouvrir d'ailleurs sur un horizon d'équité et de paix cosmo-politique. Telle est du moins la visée éthique de Ricœur exprimée dans les derniers écrits et annoncée sous l'aspect d'« une sagesse pratique »[73] à la manière aristotélicienne où le terme de *phronesis* retrouve son sens.

71 Ricœur, *Le Juste*, op. cit., p. 8.
72 *Ibid.*, p. 10 (souligné par l'auteur).
73 Ricoeur, Éthique et morale, in *Lectures 1*, op. cit., p. 266.

Irma Julienne Angue Médoux

Droit et Justification dans l'Ethique de la Discussion de Richard Rorty

1. Introduction

D'emblée, je voudrais ouvrir mon texte par ce questionnement : Quelles sont les raisons qui justifient l'attention particulière que notre monde présent, qui aspire de tous ses vœux à l'empire du droit, de la justice, de la liberté et de la paix, doit accorder à la philosophique pratique de Richard Rorty ? Pourquoi le néopragmatisme de Rorty peut-il être présenté aujourd'hui comme une philosophie incontournable dans le processus de construction des sociétés dont les pratiques de justification des expériences sociales se fondent sur le droit et la justice ? Telles peuvent être formulées les deux questions qui serviront de fil conducteur à notre communication, et auxquelles nous essayerons de répondre à partir des trois points suivants :

(i) En premier lieu, nous montrerons que la manière dont Rorty pense la justice et les opérations de justification qui les justifient évacue les présupposés essentialistes, fondationnalistes et représentationnalistes des philosophies traditionnelles, en l'occurrence celle de Platon qui, dans *La République*, subordonne la théorie de la justice à la théorie de la connaissance et de la vérité.

(ii) Nous établirons ensuite pourquoi, quand bien même Rorty soutient que c'est au sein de l'éthique de la discussion que doivent être argumentées et justifiées de nos jours les questions de droit, de justice et de justification, le philosophe américain ne partage pas les perspectives analytiques et pratiques de Karl Otto-Apel et de Jürgen Habermas qui semblent, selon lui, compromettre tout dialogue interculturel sincère comme visée essentielle de l'éthique de la discussion et de la responsabilité.

(iii) Enfin, nous tenterons de dire que Rorty bâtit l'avenir des sociétés contemporaines sur l'espoir de vaincre toutes les formes d'essentialismes épistémologiques qui fondent les normes de droit et de justice sur l'idée d'homme qui structure les sociétés modernes depuis les Lumières ; et que c'est finalement autour de l'ethnocentrisme comme contre-point de l'universalisme normatif de l'humanisme juridique qu'il cristallise sa critique de la justification du concept moderne de « Droits de l'Homme ».

2. Critique de la théorie platonicienne de la justice

Le problème de la justice chez Platon est à situer dans le cadre d'une philosophie politique fondamentaliste qui vise à fournir à la cité athénienne un soubassement fort. Platon trouve ce soubassement dans la théorie de la connaissance, car penser la justice revient pour lui à penser la vérité. Ainsi, le juste et le vrai (et même le bien) sont identiques chez Platon, ce sont des figures de l'absolu, des essences des choses qui sont réellement. Dans *La République* par exemple, Platon établit que l'harmonie sociale exige la participation de tous à la recherche de ce qui est juste, bien, beau et vrai, en tant que fondement idéal de la cité. C'est au nom de ce principe qu'il stigmatise les pratiques de justification de la vérité des poètes et des peintres. En effet, Platon pense que l'art témoigne du désordre de la cité au sens où la pratique des discours persuasifs (la poésie) et la représentation des œuvres d'arts (la peinture) menaceraient la liberté de jugement, la possibilité de porter sur les choses des jugements conformes à leurs essences[1], et pervertiraient ainsi la vie politique, le droit et la démocratie athénienne.

Mais, alors que pour Platon l'existence du droit et de la justice présupposaient l'existence de la théorie de la connaissance en tant que cadre théorique idéal qui les justifie, pour Rorty un tel cadre de justification est illusoire et utopique. Car le droit et la justice se justifient pragmatiquement à partir et à travers des pratiques de justification comprises elles-mêmes à l'intérieur de la pragmatique du dialogue ou de l'éthique de la discussion. Cela veut dire : le droit et la justice ne sont justifiables que du point de vue d'une éthique de la discussion qui remplace le désir d'objectivité et le désir de vérité de la philosophie traditionnelle par le désir de justification, de conversation et de solidarité.

En effet, pour Rorty la recherche de la justice ne justifie pas la recherche de la vérité objective, et il n'y a pas de différence entre une proposition « vraie » et une proposition « justifiée ». Les énoncés « vrais » ne sont pas ceux qui mettent en correspondance deux éléments distincts, les faits et le discours, mais plutôt ceux qui sont « justifiés » par les allocutaires. Ici, la justification n'a pas une valeur descriptive – puisque dans la discussion sans contrainte les propositions utiles ne représentent rien, ne décrivent rien –, mais elle a plutôt une valeur expressive[2].

Ainsi, Rorty renvoie les normes de droit et de justice et les éléments de justification de ces normes à l'histoire, à l'évolution sociale et culturelle, aux intérêts et aux valeurs de l'opinion majoritaire supposée leur donner validité. Autrement dit, à la question de savoir comment garantir la justification des normes des sociétés de droit, Rorty répond qu'il n'y a pas de critères de justification garantie

1 Platon, *La République*, livre X, 595a

2 P. Engel et R. Rorty, *A quoi bon la vérité*, Paris, Editions Grasset, 2005, pp. 26, 68 et 69.

indépendants des valeurs et des intérêts de nos pairs culturels. Il y a là une posture théorique qui soutient que la justice, le droit sont le genre de choses qui surgit d'une discussion sans contrainte. Une telle posture prend pour cible les théories de la vérité qui veulent soustraire les pratiques de justification de leur portée behavioriste et herméneutique en les ramenant à un simple moyen de représentation adéquate des propriétés spirituelles des choses. Elle met également en question les positions de Karl-Otto Apel et Jürgen Habermas sur les visées pratiques de l'éthique de la discussion.

3. Rorty, critique d'Apel et d'Habermas

Effectivement, le pragmatisme de Rorty annule l'idée d'une régulation métathéorique et métajuridique des pratiques de justification. Les pratiques de justification lui apparaissent comme des normes qui n'ont de signification effective qu'autoréférées. Pour Rorty, les pratiques de justification n'ont en effet de force et de cohérence interne que référées à elles-mêmes. Par là même l'autoréférence des pratiques de justifications garantit l'échange mutuel, le consensus, l'interaction communicationnelle. L'identité à soi des pratiques de justification est ce qui autodétermine la discussion et ce qui conditionne l'existence de l'interaction communicationnelle[3]. Ce qu'il y a de pragmatique dans les pratiques de justification versus la justification de la raison pragmatique est qu'elles démystifient le genre d'éthique de la discussion qu'on trouve chez Apel et Habermas et qui envisage de saisir le droit, la justice et les lois, par exemple, comme des résultats des pratiques de justification en tant que pratiques d'argumentation et pratiques d'intercompréhension obéissant à des nécessités de validité universelle.

Certes, il y a chez Rorty une pragmatique de la justification qui institue que l'expérience sociale du droit, de la justice et des lois a cours à l'intérieur même des pratiques langagières comme pratiques de justification et de communication. Mais, deux questions méritent tout de même d'être posées à ce stade : qu'est-ce qui fonde les pratiques de justification s'il est impossible de justifier l'accord final des allocutaires indépendamment des pratiques d'argumentation inhérentes aux techniques langagières ? Et qu'est-ce qui garantit la réussite de l'expérience sociale de la justice et de la justification si celle-là est antérieure à l'harmonisation des croyances et des désirs justifiés à l'intérieur du dispositif social des pratiques langagières comme pratique de justification ?

Sur ce sujet, la thèse de Rorty est aux antipodes des paradigmes d'Apel et d'Habermas.

Chez Apel, les questions de droit, de justice et de justification relèvent du domaine de l'éthique transcendantale de la discussion et de la responsabilité ap-

[3] R. Rorty, *L'homme spéculaire*, trad. Thierry Marchaisse, Paris, Editions du Seuil, 1990, § 316, p. 350.

puyée sur les principes d'universalisation du devoir moral conceptualisés par Kant dans *Critique de la raison pratique.* Une telle éthique, on le comprend bien, veut transformer et radicaliser l'universalisme kantien et postkantien comme projet philosophique dessinant, sur fond de la pragmatique transcendantale, le chemin évolutionniste et progressiste des principes du droit et de la justice par opposition à l'option « déconstructionniste » et « régressive » qu'affirme le slogan postmoderniste « adieu des principes »[4].

Ainsi, l'éthique de la discussion proposée par Apel est une éthique universaliste irréductible à des règles de dialogue visant à favoriser la fabrication artificielle des normes d'actions. Néanmoins, elle intègre le principe procédural aux discussions pratiques où les interlocuteurs argumentent, justifient les normes morales eu égard aux situations données. Les normes morales ici considérées se définissent doublement : a) comme normes juridiques qu'il faut appliquer sur le plan institutionnel ; et b) comme des maximes d'action à valeur universelle et en ce sens obligatoires d'un point de vue normatif, au sens d'une éthicité de l'action. Par conséquent, le principe fondamental de l'éthique de la discussion conceptualisée par Apel renvoie la justification des normes à des discussions pratiques qu'elle légitime. L'objet est de générer au maximum un consensus maximaliste, à la fois, sur les situations concrètes et les intérêts effectifs des individus concernés, et sur les situations abstraites pouvant s'appliquer à un nombre indéterminé et infini d'actions futures – et en tant que telles adaptables selon les différentes évolutions de la société.

En vérité, le but ultime de l'éthique apelienne de la discussion et de la responsabilité est d'amener chacun à guider son action selon les règles admises universellement. Il est question de « castrer » l'action individuelle en faisant en sorte que l'individu n'outrepasse pas le cadre général de la loi universellement valide qui prendrait en compte ses capacités et ses intérêts, et un nombre indéterminé de situations pouvant promouvoir la formation d'un consensus à travers la discussion pratique parce qu'elle s'appliquerait à d'autres individus aussi bien dans le contexte présent que dans le contexte avenir. L'universalité de telles normes d'action, comme l'a clairement établi Hayek en s'appuyant, à l'instar d'Apel, sur le principe d'universalisation de Kant, « découle du fait qu'elles ont un champ très étendu : elles régulent l'action dans un ordre global dont la complexité des mécanismes d'ajustement mutuel d'intérêts exige des lois qui intègrent des situations générales et inconnues, et qui sont valables pour l'ensemble des individus ou des catégories entières de membres anonymes qui composent le macro-ordre ». Cependant, Apel rattache le principe d'universalisation à l'éthique de la discussion pour montrer que c'est dans les discussions pratiques visant l'accord global ou le consensus que l'on doit argumenter aujourd'hui le caractère univer-

4 K-O. Apel, *Discussion et responsabilité. 1 L'éthique après Kant*, trad. Ch. Bouchindhomme, M. Charrière et R. Rochlitz, Paris, Editions du Cerf, 1996, pp. 69-89.

sellement valide d'une norme de justice, à la fois, dans le sens du droit positif et dans le sens des droits inaliénables de la personne humaine[5].

Apel situe alors la justification des normes de droit et de justice dans les discussions pratiques. Selon lui, l'universalisme normatif des droits formels de l'homme et l'éthique sociale de la vie bonne ne sont possibles que du point de vue d'une éthique transcendantale et universaliste de la discussion et de la responsabilité. Autrement dit, aux yeux d'Apel, les pratiques de justification sont du ressort d'une éthique universelle et transcendantale de la responsabilité et de la véridicité. Il faut justifier toutes ses pratiques devant la communauté de tous les allocutaires possibles tant du point de vue de leurs effets et de leurs conséquences que du point de vue de la véridicité : on ne peut considérer sa propre pratique de justification que si on peut la faire adopter par tous.

C'est donc dire qu'Apel voudrait apporter une réponse quasi kantienne, complétée par la perspective analytique de l'éthique de la discussion et de la responsabilité, à la question de la réalisation de la vie bonne authentique dans les conditions restrictives du principe d'universalisation du droit, de la justice et, plus généralement, de la morale. L'enjeu de la réflexion porte, à la fois, sur les conditions de possibilité du bien-être individuel et sur les conditions d'effectuation du bien commun, question dont les utilitaristes, à l'instar de Bentham, Pareto et Rawls, avaient donné auparavant un traitement partiel à partir de la définition d'une fonction de bien-être qui agrège l'ensemble des intérêts individuels des membres d'une société d'hommes libres. Mais, pour Apel, il s'agit plutôt de bien fixer, par le biais d'une philosophie transcendantale appuyée sur la thématique de la discussion et du consensus, les conditions idéales et procédurales de possibilité d'intercompréhension de coopération interindividuelle. Démarche qui le conduit à tenter de remplir le vide laissé par la crise globale de la civilisation technico-scientifique en instituant les conditions normales d'un ordre coopératif de responsabilité consensuelle, solidaire, pour les activités collectives dans les sociétés ouvertes[6]. Car, selon lui, la paix, la justice et la liberté – qui sont, comme le montre si bien Hayek dans sa trilogie *Droit, législation et liberté*, les trois valeurs cardinales des sociétés occidentales contemporaines – ne peuvent être sauvegardées dans le monde d'aujourd'hui que dans la mesure où l'on prescrit, selon les exigences pratiques de l'éthique de la discussion, les formes de vie bonnes et concrètes, lesquelles précisément contraignent les individus et les groupes à coordonner de façon responsable leurs intérêts. Ainsi, la thèse d'Apel est similaire à celle d'Habermas.

Comme Apel, Habermas situe l'éthique de la discussion au sein d'un dispositif conceptuel qui prend appui sur les exigences de validité universelles de la

5 K-O. Apel, *op. cit.*, p. 105.

6 K-O. Apel, *Ethique de la discussion*, trad. M. Hunyadi, Paris, Editions du Cerf, 1994, pp. 19-22.

raison pratique formulées par Kant[7]. Son but est de renchérir le concept kantien de raison pratique à partir du paradigme de la « raison communicationnelle », en tant que type de rationalité tenant lieu de raison pratique mais excédant, de façon large, le modèle métaphysique et instrumental[8].

Habermas, lui aussi, inscrit l'éthique de la discussion dans une dimension normative et universaliste. Dans un monde marqué par la crise des identités et des valeurs, la solution, selon lui, ne réside pas dans les principes « déconstructionnistes » et relativistes de l'éthique postmoderne du « souci de soi » ainsi que l'on prétendu Foucault et Lyotard. Il faut, en revanche, abandonner le paradigme de l'éthique centrée sur le sujet pour passer à une éthique plus générale centrée sur la « raison pratique » associée à la raison communicationnelle. La différence entre ces deux genres d'éthique est de taille. L'éthique du « souci de soi » valorise une compréhension décentrée du monde. Dans cette éthique, la rationalité de l'action réfère à des normes choisies par le sujet en fonction de ses critères de vérité et de succès. Les dérives d'une telle éthique sont déjà énumérées par Hegel dans sa *Philosophie du droit*, où il établit que la logique de la particularité subjective qui, selon Habermas, est inhérente à la raison autoréférentielle, aboutit à une moralité vide considérant les actions subjectives comme des fins indiscutables à la lumière des normes de l'organisation sociale dans l'ensemble. A ce genre d'éthique s'oppose l'éthique centrée sur l'activité communicationnelle où la rationalité des actions « se mesure à la faculté qu'ont des personnes, responsables et participant à une interaction, de s'orienter en fonction d'exigences de validité qui reposent sur une reconnaissance intersubjective. La raison communicationnelle fixe les critères de rationalité en fonction des procédures argumentatives qui visent à honorer, directement ou indirectement, les prétentions à la vérité propositionnelle, à la justesse normative[9] ». Donc, l'éthique de la discussion ne comprend pas seulement la dimension esthétique et expressive (point de vue de l'éthique du « souci de soi »), mais aussi la dimension morale et pratique.

Ainsi, dans la version habermasienne, le droit, la justice et les lois déterminent ce qu'il faut faire dans un monde social donné en tant qu'elles reflètent ce qu'il faut faire en tout monde social. Les individus qui parlent, discutent, échangent ne peuvent être motivés à les appliquer que s'ils leur reconnaissent une validité universelle, c'est-à-dire une validité reconnaissable comme telle par tous les allocataires considérés contrafactuellement comme incarnant un interlocuteur idéal. L'accord de ces lois avec la vie, c'est ce qui valide le consensus produit pour reconnaître que ces lois permettent de satisfaire des besoins universels.

7 J. Habermas, *L'éthique de la discussion et la question de la vérité*, trad. P. Savidan, Paris, Editions Grasset, pp. 32-37.

8 *Ibid*, pp. 22-25.

9 J. Habermas, *Le discours philosophique de la modernité*, trad. Ch. Bouchindhomme et R. Rochlitz, Paris, Editions Gallimard, 1988, p. 372.

Mais, la critique qu'on peut adresser à Apel et Habermas à la lumière de Rorty est la suivante : en voulant insérer la rationalité des actions individuelles et collectives dans une dynamique dialectique intercompréhensive propre à une communauté de communication obéissant à des *nécessités de coopération*[10] associées à des principes de validité universelle, Apel et Habermas n'omettent-ils pas que la faculté de langage et de justification ne dote pas les êtres humains d'une nature essentielle à propos de laquelle on pourrait argumenter pour produire et faire reconnaître des lois de conduite universalisables ?

A la lecture de l'éthique rortyenne de la discussion, il est clair que, d'elles-mêmes, les pratiques de justification n'ont pas d'autre valeur cognitive que de faire reconnaître l'existence du consensus qu'elles font jaillir à propos d'elles-mêmes. Les pratiques de justification essentialistes et fondationnalistes sont invalides tant dans l'éthique que dans la politique, la notion de « raison pratique » mise en exergue par Apel et Habermas est vide parce qu'il n'y a pas de raison pratique universelle qui puisse se justifier elle-même. En voulant élaborer un cadre universaliste et transcendantal du droit, de la justice et de la justification pratique des normes, Apel et Habermas recherchent comme Dilthey une autocertification collective de la « morale provisoire » cartésienne et de l'éthique politique kantienne.

Donc, contrairement à Apel et Habermas, Rorty se dispense de présenter une théorie de la justification « qui aurait à exhiber les règles conscientes supposées associées aux actes d'énonciation de promesses, de conseil, d'ordre, etc., et supposées suivies pour que ces actes soient reconnus valides » ; son credo serait de supposer que seul l'échange mutuel existant entre deux allocutaires et produit par l'adhérence de chacun à la vérité de ce qu'il dit et à la vérité de ce que dit le partenaire règle la vérité des normes comme elle règle la pertinence des actions[11]. Mais il y a un problème qui touche la pragmatique de la justification chez Rorty : comment les pratiques de justification peuvent-elles produire et garantir le droit et la justice, et par là même l'interaction communicationnelle, si, comme le montre Jacques Poulain, il n'existe pas de lieu de confrontation et de régulation métapratique, métalinguistique ou universelle qui autorise à sortir du jeu de régulation de l'argumentation par la conscience que chacun a de ses règles du seul fait qu'il argumente et réagit aux pratiques de justification d'autres allocutaires ?

Deux solutions sont possibles.

La première consiste à admettre que le droit et la justice se produisent par l'interaction communicationnelle qui se produit elle-même *physis*, par nature, spontanément. Dans ces conditions, l'interaction communicationnelle s'effectuerait selon le principe de rétroaction de la cybernétique qui voudrait qu'un

10 J. Habermas, *Le discours philosophique de la modernité*, *op. cit.*, p. 349-350.

11 J. Poulain, « Richard Rorty ou la boite blanche de la communication », *Critique*, vol. 34, n° 416, janvier 82, Paris, Editions de Minuit, p. 139.

élément du système d'interactions tienne compte des stimuli sur son propre état : il réagit à ses propres transformations aux informations qui lui reviennent à ce sujet, et prend des décisions au vu d'informations sur son environnement et sur son propre état[12]. C'est le cas du système thermique qui, pour se refroidir ou se réchauffer, peut se référer à sa propre température. Par conséquent, les pratiques de justification se font symétriquement au principe cybernétique au sens où elles sont sous-tendues par des processus d'autorégulation des règles du jeu de la communication. Dans l'optique rortyenne, la production de la pratique sociale du droit, de la justice, de la justification ainsi que l'accord sans contrainte qu'elle justifie ne justifie pas que soient fixés au préalable les principes régulateurs fixes, non contingents ou absolus des interactions communicationnelles[13].

La deuxième solution est complémentaire à la première. Elle se fonde sur l'ethnocentrisme comme position critique et alternative. Elle consiste à soutenir que les pratiques de justification ne peuvent produire et garantir le droit et la justice, et par là même, l'interaction communicationnelle que si l'on définit simultanément le droit, la justice et la communication du point de vue du contexte particulier et singulier des membres d'une communauté de conversation. Cette solution s'appuie sur l'éthique de la discussion associée à la pragmatique radicale par opposition à la pragmatique transcendantale apelienne et à la pragmatique formelle habermasienne. Elle subordonne les normes de droit, de justice, et plus globalement d'actions, aux contextes particuliers des différentes sociétés. Dans ce cas précis, les normes n'ont pas une portée transcendantale et universaliste, et ce, pour la simple raison qu'elles sont singulières, particulières ou relatives aux différentes communautés qui les fabriquent et les appliquent. Les pratiques de justification des normes ne transcendent donc pas tout à fait tout contexte local et régional.

Ainsi, Rorty adopte une position ethnocentriste similaire à celle relayée par John Rawls. Soulignons en passant que, dans son ouvrage : *Libéralisme politique*, Rawls montre de façon très explicite que les principes de justification de la justice qui justifient une approche procédurale des règles de justice ne sont pragmatiques que pour les individus et les sociétés qui ont en commun les mêmes valeurs démocratiques. Il s'agit pour lui d'établir que les pratiques de justification des opérations communes de justice sont légitimes, valides et constantes si et seulement si elles s'appliquent à un ordre équitable de coopération interindividuelle propre à des communautés de citoyens libres et égaux telles les sociétés démocratiques ou libérales. Il y a là une conception fondamentalement ethnocentriste qui postule que les pratiques de justification de la justice justifiées par

12 Le modèle de Deutsch constitue le cas le plus exemplaire dans le système d'analyse cybernétique. Cf. Karl Deutsch, *The Nerves of Government, Models of Political Communication and Control*, New York, 1966.

13 J. Poulain, *op. cit.*, p. 139.

et à l'intérieur de la culture des sociétés démocratiques ne sont pas universelles et universalisables en tant que telles, c'est-à-dire transposables hors l'espace géopolitique et géostratégiques des sociétés de démocratie libérale.

Rorty amplifie cette thèse pour vérifier que les pratiques de justification sont contingentes et dépendent du monde social dans lesquelles elles sont utiles, c'est-à-dire produisent un consensus d'action. Même la communauté de tous les allocutaires virtuels est incarnée dans une communauté de consensus réels et aussi contingents que les pratiques de justification elles-mêmes. L'enjeu est de référer le droit et la justice à l'idée d'appartenance volontaire de l'individu à une communauté effective. Le terme communauté a ici un sens nominaliste. Il renvoie à une société empirique, construite sur la base des objectifs déterminés que se fixent les sociétaires sur le champ social pour la réalisation de leurs intérêts individuels et collectifs. Pour Rorty, il n'existe pas, comme chez Apel et chez Habermas, une communauté idéale de communication en tant qu'institution transcendant la volonté particulière des individus singuliers et avec laquelle ceux-ci devraient s'identifier pour s'entendre. Dès lors qu'on ne se considère pas comme membre d'une communauté, on ne saurait référer la rationalité de ses actions à celle-là, pas plus qu'on ne saurait être responsable de celle-là. La responsabilité et la justification d'un acte ne doivent pas être détachées de toute communauté effective qui décide des droits de la communauté vis-à-vis de ceux des individus qui y font partie[14].

Rorty met donc au premier plan le caractère culturel, historique et ethnocentriste du droit, de la justice et des pratiques de justification. A ses yeux, le droit, la justice et des opérations de justification sont relatives à la culture, aux traditions et à la structure de base de chaque communauté. Par conséquent, les règles de juste conduite et les expériences sociales qui les justifient n'ont aucune réalité objective, mais sont des instruments d'action fabriqués de toutes pièces par des sociétés effectives. Loin d'être des idéaux normatifs universels et transcendants dépassant les contenus culturels traditionnels des sociétés données, elles sont spécifiques à des communautés effectives. Elles sont de ce point de vue des artefacts des sociétés humaines. Elles ne transcendent ni les époques, ni les espaces, ni les coutumes propres à chaque communauté humaine. C'est sur cette vue que se fonde d'ailleurs Rorty pour argumenter sa critique de la justification du concept moderne de Droits de l'Homme.

4. La critique de la justification du concept moderne de Droits de l'Homme

Rorty attaque l'idée de justification du concept de Droits de l'Homme élaborée par les Lumières. Il critique l'anthropologie politique moderne qui articule

14 R. Rorty, *Objectivisme, relativisme et vérité*, trad. J-P Cometti, Paris, PUF, 1994, p. 225.

les institutions stables et les lois censées les sauvegarder sur la théorie du droit naturel et le concept qui lui sert de fondement : la nature humaine, ainsi que le laisse entendre de façon ferme ce propos du philosophe genevois Jean-Jacques Rousseau :

> [L'] étude de l'homme originel, de ses vrais besoins, et des principes fondamentaux de ses devoirs, est encore le seul bon moyen qu'on puisse employer pour lever ces foules de difficultés qui se présentent sur l'origine de l'inégalité morale, sur les vrais fondements du corps politique, sur les droits réciproques de ses membres, et sur mille autres questions semblables, aussi importantes que mal éclaircies[15].

Rorty rejette cette approche du droit qu'il qualifie d'essentialiste et de fondationnaliste. L'idée d'enraciner le droit dans une nature qui serait commune à tous les êtres humains lui paraît abstraite et obsolète. Certes, il reconnaît que le vocabulaire du rationalisme des Lumières a été décisif pour les commencements des institutions libérales, toutefois, selon lui, ce vocabulaire est de nos jours « une entrave à la préservation et au progrès des sociétés démocratiques[16] ». Parce qu'il cherche à conférer à la politique, à l'économie, au droit et à la morale des « fondements » naturels. Or, en vérité, les coutumes et les règles d'une société donnée n'ont pas leurs socles dans la « nature humaine »[17]. La thèse de Rorty est celle d'un pragmatiste résolu qui pense que les droits ne doivent pas être détachés de l'environnement culturel des hommes, mais doivent être rapportés à l'histoire effective de leur communauté donnée. Il y a là une position anti-fictionnelle du droit au sens où le droit ne tire pas son origine de la fiction de l'état de nature, mais plutôt de l'histoire. Tant il est vrai que cette critique rortyenne de la justification du concept moderne de droit rappelle une facette de l'interprétation hégélienne des théories du droit naturel.

Hegel croyait en effet que l'idée de l'état de nature était une abstraction dont les théoriciens du droit naturel justifiaient l'« existence sans la moindre preuve historique[18] », il pensait que c'était une « fiction de l'imagination[19] ». Mettant de côté la problématique hégélienne de l'immanence de l'Esprit absolu dans le

15 J.-J. Rousseau, *Discours sur l'inégalité*, préface, *Œuvres complètes*, préfacées par Jean Fabre, introduites, présentées et annotées par Michel Launay, Paris, Editions du seuil, 1971, vol. II, p. 210.

16 R. Rorty, *Contingence, ironie et solidarité*, trad. Pierre-Emmanuel Dauzat, Paris, Editions Armand Colin, 1993, p. 76.

17 R. Rorty, *L'homme spéculaire*, trad. Thierry Marchaisse, Paris, Editions du Seuil, 1990, § 178, p. 203.

18 G.W.F. Hegel, *La raison dans l'histoire* (1822), Trad. K. Papaioannou, Paris, 10/18, 1996, p. 141.

19 G.W.F. Hegel, *Des manières de traiter scientifiquement du Droit naturel*, trad. B. Bourgeois, Paris, Vrin, 1990, I, p. 21.

système de la vie éthique, Rorty focalise sa critique des opérations de justification du droit moderne sur le plan historiciste ; il soutient simplement que le droit relève de l'histoire des peuples, de leurs coutumes, de leurs traditions et de la praxis sociale[20].

Ainsi, Rorty rend vain ou superflu le fondement actuel du discours moderne des droits inaliénables de l'homme, ou « droits de l'homme inconditionnels », dont on dit qu'ils « constituent le cadre fixe des délibérations politiques et morales » et qu'ils sont, selon la jurisprudence américaine, « l'atout maître qui a préséance sur toute autre considération de nécessité ou d'efficacité sociales[21] ». Pour Rorty, la justification moderne des droits humains, en tant que droits fondés sur la nature humaine, est une survivance de l'idéalisme platonicien qui attribue aux institutions un fondement idéal, suprahistorique ou extraterritorial.

Effectivement, Rorty se dresse contre la conviction moderne que l'idée de droits de l'homme est un concept qui défie l'analyse philosophique parce qu'elle serait à l'abri de toute opération de justification. Selon lui, une telle conviction se fonde sur une orientation métaphysique des droits de l'homme et justifie les invectives de Nietzsche contre la métaphysique et le droit. Car, en voulant attribuer un fondement naturel à la croyance en Dieu et aux droits de l'humanité, elle conduit à penser que les notions de Dieu et de droits de l'homme sont « des superstitions : des fabrications à l'abri desquelles les faibles se protègent des forts[22] ». Mais il y a plus :

Rorty élimine, au profit d'une méthode ethnocentriste, les conflits entre l'optique nietzschéenne et la thèse métaphysique. A l'appui de Nietzsche, il croit que « la référence aux droits de l'homme n'est qu'une façon commode de résumer certains aspects de *nos* usages, réels ou prétendus ». Parallèlement, il donne une interprétation sociale, humaine et béhavioriste des droits humains :

> Invoquer les droits de l'homme, c'est expliquer nos actes en nous identifiant à une communauté de personnes qui partagent nos vues, celles qui trouvent naturel d'agir d'une certaine façon[23].

Pour Rorty, l'enjeu de la réflexion philosophique, en matière politique et juridique, est de sortir de l'ostracisme moral qui consiste à justifier une philosophie capable de « nous apporter ce que la religion, jadis, était supposée nous apporter : la possibilité de nous soustraire directement au langage, à l'histoire, à la finitude, pour nous mettre en présence de l'intemporel [24]». Le philosophe améri-

[20] R. Rorty, *L'homme spéculaire*, *op. cit.*, § 178, p. 204.

[21] R. Rorty, *L'espoir au lieu du savoir*, Paris, Editions Albin Michel, 1995, p. 120.

[22] R. Rorty, *L'espoir au lieu du savoir*, *op. cit.*, p. 121-122.

[23] *Ibid.*, p. 122-123.

[24] R. Rorty, *Conséquences du pragmatisme*, trad. Jean-Pierre Cometti, Paris, Editions du Seuil, 1993, § 186, p. 339.

cain considère les droits de l'homme non pas du point de vue essentialiste et fondationnaliste – et donc métaphysique – mais sous l'angle pragmatiste. Il pense que la question de savoir si les droits de l'homme existent objectivement, c'est-à-dire indépendamment des intentions d'une communauté spécifique est sans intérêt. Car ce sont des « constructions sociales » propres à chaque société donnée, des objets intentionnels d'un système grammatical usité par une communauté historique effective en tant que celle-ci affirme sa singularité à l'égard d'autres communautés historiques effectives. C'est en ce sens que Rorty soutient qu'à partir du moment où

> nous abandonnons l'idée que l'objet du discours est de représenter la réalité avec exactitude, distinguer les constructions sociales des autres ne nous intéresse plus. Nous nous contentons désormais de débattre à propos de l'utilité d'autres constructions sociales possibles[25].

Nous sommes donc là devant une posture qui renvoie les institutions et les droits à la manière dont chaque peuple et chaque communauté se définit. Rorty fait sien le perspectivisme de Nietzsche : *chaque peuple parle son propre langage du bien et du mal (et) s'est inventé le langage de ses coutumes et de ses droits*. Il nous appelle à renoncer à la quête philosophique d'une « propriété commune » à tous les êtres humains :

> Pour nous, pragmatistes, [...] il n'existe pas de subtile essence humaine que la philosophie pourrait saisir, nous n'essayons pas de remplacer le superficiel par le propos, ni de nous élever au-dessus du particulier pour atteindre à l'universel. Nous préférons plutôt minimiser chaque différence [chrétien/musulman, Noirs/Blancs, gays/hétérosexuels][26].

En définitive, Rorty nie l'existence de « fondements ontologiques aux droits de l'homme[27] ». Il pense que les droits de l'homme ne sont pas au-dessus de toute opération de justification et que la juridicité d'un acte ne devrait pas être assimilée à l'obéissance à des principes « naturels » unidirectionnels, mais qu'elle doit pragmatiquement demeurer ouverte à toutes les manières ou stratégies humaines de résolution de problème. Autrement dit, la justice et le droit doivent toujours demeurer ouvertes à leur *« propre contestation*[28] ». Cette conception qui enracine les institutions et les droits dans les particularismes culturels définit également la liberté en termes de reconnaissance de la contingence de soi par opposition à la liberté comme détermination de la raison.

[25] R. Rorty, *L'espoir au lieu du savoir*, *op. cit.*, p. 123-124.
[26] *Ibid.*, p. 125-126.
[27] R. Rorty, *L'homme spéculaire*, *op. cit.*, § 178, p. 203.
[28] R. Rorty, *Conséquences du pragmatisme*, *op. cit.*, § 185, p. 337.

L'allure nominaliste du néopragmatisme balaie tout discours à caractère universaliste qui présuppose, selon Rorty, l'existence d'une super règle anhistorique, mystérieuse, qui serait la référence de tous les actes des participants à l'interaction, autrement dit qui réglerait les conflits dans la mesure où elle répond aux critères formels de validité des normes morales. Rorty attaque toute anthropologie juridique qui présuppose la justification d'une essence commune aux individus, essence qu'ils seraient tenus de préserver et de promouvoir en l'incorporant dans les règles qu'ils formulent sur le plan éthique et politique : l'humanité, la dignité humaine intrinsèque, les droits intrinsèques de l'homme. Or, pragmatiquement, les notions d'*humanité*, de *dignité humaine intrinsèque* et de *droits intrinsèques de l'homme* sont des notions biologiques plutôt que morales.

Donc, d'après Rorty, il n'y a pas d'*humanité*, de *dignité humaine intrinsèque* et de *droits intrinsèques de l'homme* qui ne procèdent de l'humanité, de la dignité et des droits d'une communauté spécifique, locale, « ni aucune référence, au-delà des mérites relatifs à diverses communautés réelles ou projetées, à quelque critère impartial qui nous permettraient d'évaluer ces mérites[29] ».

En somme, Rorty rejette le critère formel et le caractère universaliste et transcendantal des normes de droit et de justice que les philosophes traditionnels (en l'occurrence Platon) et contemporains, en particulier Karl-Otto Apel et Jürgen Habermas, mettent en valeurs dans les discussions pratiques. Il institue une éthique de la discussion construite sur fond de négation de la définition de principes universels fixant le bien-fondé des normes morales valides. L'objet est d'annuler les exigences de validité universelles des principes moraux en soutenant que si on doit parler d'un critère de validité des règles, ça ne peut être qu'à l'intérieur d'une communauté effective dont chacun se sent proche ou responsable, qu'il faut tirer un tel critère. Car c'est parce que les participants peuvent référer leurs actions à la communauté effective vis-à-vis de laquelle ils sont responsables et justiciables, c'est parce qu'ils sont conscients qu'il n'existe aucune communauté au-dessus de leur volonté, que les règles de juste conduite auxquelles ils obéissent ne sont pas universelles mais locales ou régionales. Autrement dit, le critère de validité des règles de droit et de justice est strictement local ou régional, il est immanent à la provincialité de l'interaction au sens où il n'excède pas tout contexte local ou régional. Il s'ensuit qu'il y a autant de critères de validité de règles de droit et de justice qu'il existe de communautés effectives.

[29] R. Rorty, *Objectivisme, relativisme et vérité*, *op. cit.*, p. 224.

Bibliographie

Apel, Karl-Otto, *Discussion et responsabilité. 1 L'éthique après Kant*, trad. Ch. Bouchindhomme, M. Charrière et R. Rochlitz, Paris, Editions du Cerf, 1996.

Apel, Karl-Otto, *Ethique de la discussion*, trad. M. Hunyadi, Paris, Editions du Cerf, 1994.

Deutsch, Karl, *The Nerves of Government, Models of Political Communication and Control*, New York, 1966.

Engel, Pascal et Rorty, Richard, *A quoi bon la vérité*, Paris, Editions Grasset, 2005.

Habermas, Jürgen, *L'éthique de la discussion et la question de la vérité*, trad. P. Savidan, Paris, Editions Grasset, 2003.

Habermas, Jürgen, *Le discours philosophique de la modernité*, trad. Ch. Bouchindhomme et R. Rochlitz, Paris, Editions Gallimard, 1988.

Hayek, F.A, *Droit, législation et liberté*, tome 2 : *Le mirage de la justice sociale*, trad. R. Audouin, Paris, PUF, 1995.

Hegel, G.W.F, *Des manières de traiter scientifiquement du Droit naturel*, trad. B. Bourgeois, Paris, Vrin, 1990.

Hegel, G.W.F, *La raison dans l'histoire* (1822), Trad. K. Papaioannou, Paris, 10/18, 1996.

Platon, *La République*, trad. G. Leroux, Editions Flammarion, 2002.

Poulain, Jacques, « Richard Rorty ou la boite blanche de la communication », *Critique*, vol. 34, n° 416, janvier 82, Paris, Editions de Minuit, pp. 132-151.

Rawls, John, *Libéralisme politique*, Paris, PUF, 1995.

Rorty, Richard, *Conséquences du pragmatisme*, trad. Jean-Pierre Cometti, Paris, Editions du Seuil, 1993.

Rorty, Richard, *Contingence, ironie et solidarité*, trad. Pierre-Emmanuel Dauzat, Paris, Editions Armand Colin, 1993.

Rorty, Richard, *L'espoir au lieu du savoir*, Paris, Editions Albin Michel, 1995.

Rorty, Richard, *L'homme spéculaire*, trad. Thierry Marchaisse, Paris, Editions du Seuil, 1990.

Rorty, Richard, *Objectivisme, relativisme et vérité*, trad. J-P Cometti, Paris, PUF, 1994.

Rousseau, Jean-Jacques, *Discours sur l'inégalité*, préface, *Œuvres complètes*, préfacées par Jean Fabre, introduites, présentées et annotées par Michel Launay, Paris, Editions du seuil, 1971, vol. II.

Sarhan Dhouib

Ethique, droit et égalité chez Tugendhat

> Comment peut-on justifier les normes morales pour qu'elles soient universellement valables et que la justice est à comprendre d'une manière égalitaire de telle sorte que chaque personne vaut autant ?[1]
>
> Ernst Tugendhat

1. Introduction

L'étude suivante aborde la conception éthique chez le philosophe allemand contemporain Ernst Tugendhat et présente sa justification du droit et de l'égalité. Pour mieux aborder les travaux de ce philosophe sur l'éthique et le droit, il convient de distinguer dans ce contexte trois phases[2] dans sa réflexion sur ces questions : la première phase embrasse, peut-on dire, les travaux antérieurs à la parution, en 1993, des *Conférences sur l'éthique*[3]. Quelques textes présentent, tour à tour, le point d'ancrage dans son approche de l'éthique : *Langage et éthique* (1981)[4], les *Trois conférences sur l'éthique* (1981)[5], les *Rétractations*

1 Tugendhat, E., *Zum Begriff und zur Begründung von Moral*, in : Bellert, C./ Müller-Schöll, N. (éd.), *Mensch und Moderne. Festschrift für Helmut Fahrenbach*, Würzburg, Königshausen und Neumann, 1989, pp. 145-165. Ce travail est repris dans : Tugendhat, E., *Philosophische Aufsätze*, Frankfurt/ M., Suhrkamp, 1992, pp. 315-333, ici, p. 330: « Wie können wir begründen, daß die moralischen Normen universell gelten und daß die Gerechtigkeit egalitär zu verstehen ist, daß jede Person gleich viel gilt? ». Nous nous référons désormais à cette dernière édition.

2 Cf. Scarano, N./ Suárez, M., *Einführung*, in : Scarano, N./ Suárez, M. (éd.), *Ernst Tugendhats Ethik. Einwände und Erwiderungen*, München, Beck-Verlag, 2006, p. 8 sq.

3 Cf. Tugendhat, E., *Vorlesung über Ethik*, Frankfurt/ M., Suhrkamp, 1993, trad. *Conférences sur l'éthique.* Traduction de l'allemand par M-N. Ryan, Paris, PUF, 1998.

4 Cf. Tugendhat, E., *Langage et éthique*, in : *Critique* 37, Nr. 413 (octobre) 1981, pp. 1038-1074. La version allemande de cet article a été publiée en 1992. Cf. Tugendhat, E., *Sprache und Ethik*, in : *Philosophische Aufsätze*, Frankfurt/ M., Suhrkamp, 1992, pp. 275-314.

5 Cf. Tugendhat, E., *Drei Vorlesungen über Probleme der Ethik*, in : Tugendhat, E., *Probleme der Ethik*, Stuttgart, Reclam, 1984, pp. 57-131.

(1984)[6] – les deux derniers textes ont été publiés en 1984 dans son ouvrage *Problèmes de l'éthique* – et l'article *Pour un concept et pour une justification de la morale*, publié en 1989 dans le recueil d'articles *L'homme et la modernité*, un ouvrage édité à l'honneur de Helmut Fahrenbach[7]. La seconde phase est marquée par la parution en 1993 de son ouvrage important *Conférences sur l'éthique*. À cet ouvrage il faut ajouter surtout ses travaux : *La controverse sur les droits de l'homme*[8] publié en 1993 et *Egalité et universalité dans la morale*[9]. Le dernier texte est à l'origine une communication donnée par Tugendhat en 1997 à l'Université de Münster dans le cadre d'un colloque consacré à l'étude de ses travaux dont les actes sont publiés par Marcus Willaschek sous le titre *Justification de la morale et justice*. Dans cette phase de la réflexion éthique, les questions du droit, de l'égalité et de la justice sont mises plus en valeur. La troisième phase de l'investigation de l'éthique commence avec la parution du *Dialogue à Leticia*[10] (1997) ; elle comprend également d'autres textes tels que *Comment devrions-nous comprendre la morale ?*[11] (1999) et *Le problème d'une morale autonome*[12] (2006).

Nous nous contentons dans ce qui suit d'analyser les grands traits de l'approche éthique de Tugendhat en partant de quelques travaux importants qui relèvent respectivement de la première et la seconde phase de sa réflexion : l'étude *Pour un concept et pour une justification de la morale*, les *Conférences sur l'éthique* et *Egalité et universalité dans la morale*. L'analyse sommaire de ces travaux nous permettra de mettre en lumière les stratégies de justification de l'éthique et du droit chez Tugendhat. Notre analyse portera ainsi sur les deux points suivants :

- la conception de l'éthique et sa justification dans l'étude de Tugendhat *Pour un concept et pour une justification de la morale* ;

6 Cf. Tugendhat, E., *Retraktationen*, in : Tugendhat, E., *Probleme der Ethik*, Stuttgart, Reclam, 1984, pp. 132-176.

7 Cf. Tugendhat, E., *Zum Begriff und zur Begründung von Moral*, *op. cit.*

8 Cf. Tugendhat, E., *Die Kontroverse um die Menschenrechte*, in : *Analyse und Kritik* 15, 1993, pp. 101-110. Ce travail est repris dans : Gosepath, S./ Lohmann, G. (éd.), *Philosophie der Menschenrechte*, Frankfurt/ M., Suhrkamp, 1998, pp. 84-61 comme dans Tugendhat, E., *Aufsätze 1992-2000*, Frankfurt/ M., Suhrkamp, 2001, pp. 27-39.

9 Cf. Tugendhat, E., *Gleichheit und Universalität in der Moral*, in : Willaschek, M. (éd.), Ernst Tugendhat: *Moralbegründung und Gerechtigkeit. Vortrag und Kolloquium in Münster 1997*, Münster, Lit Verlag, 1997, pp. 3-25.

10 Cf. Tugendhat, E., *Dialog in Leticia*, Frankfurt/ M., Suhrkamp, 1997.

11 Cf. Tugendhat, E., *Wie sollen wir Moral verstehen?* In : Tugendhat, E., *Aufsätze 1992-2000*, *op. cit.*, pp. 163-184.

12 Cf. Tugendhat, E., *Das Problem einer autonomen Moral*, in : Scarano, N./ Suárez, M. (éd.), *Ernst Tugendhats Ethik. Einwände und Erwiderungen*, *op. cit.*, pp. 13-30.

- la justification éthique du droit et de l'égalité dans ses *Conférences sur l'éthique* et son travail *Egalité et universalité dans la morale.*

2. La conception de l'éthique et sa justification chez Tugendhat

Tugendhat s'est intéressé aux questions de l'éthique dès son article *Langage et éthique*[13]. Et, depuis, il n'a cessé, comme le remarquent justement des auteurs tels que J. Nida-Rümelin[14] et N. Scarano[15], de mettre sa propre démarche philosophique à une autocritique permanente. Ses écrits sur l'éthique sont animés par une question directrice qui porte sur la justification raisonnable d'un concept de l'éthique sans aucune référence à une autorité métaphysique ou religieuse. Une telle question est fortement présente dans ses travaux sur l'éthique et assure d'une manière ou d'une autre leur continuité[16]. Il faut aussi préciser que l'usage du terme éthique dans le présent contexte doit être entendu dans un sens philosophique restreint qui signifie une théorie de la morale. Ainsi l'éthique caractérise, selon N. Scarano et M. Suárez, l'investigation théorique de Tugendhat concernant la morale[17].

L'étude de Tugendhat *Pour un concept et pour une justification de la morale* relève, si l'on tient à la périodisation de l'œuvre de notre philosophe proposée ci-haut[18], de la première phase de sa réflexion sur les problèmes de l'éthique ; elle présente la continuation, quoique critique, de ses réflexions sur la définition de la morale et de sa justification. Il faut signaler dans ce sens, comme le remarque déjà Habermas dans son travail *De l'éthique de la discussion*[19], que cette étude de Tugendhat doit être appréhendée dans son rapport avec son ouvrage *Problèmes de l'éthique*, et plus spécialement avec sa dernière partie intitulée *Rétrac-*

13 Cf. Tugendhat, E., *Langage et éthique*, *op. cit.*

14 Cf. Nida-Rümelin, J., *Gibt es ein Problem ethischer Begründung?* In : Scarano, N./ Suárez, M. (éd.), *Ernst Tugendhats Ethik. Einwände und Erwiderungen*, *op. cit.*, p. 31 sq.

15 Cf. Scarano, N., *Die Sanktionstheorie der Moral. Überlegungen zum formalen Begriff der Moral bei Ernst Tugendhat*, in : Scarano, N./ Suárez, M. (éd.), *Ernst Tugendhats Ethik. Einwände und Erwiderungen*, *op. cit.*, p. 91 sq.

16 Tugendhat remarque, au début de son travail *Pour un concept et pour une justification de la morale*, que la justification de la morale est au centre de son interrogation philosophique depuis la parution de son écrit *Probleme der Ethik* (1984). Cf. Tugendhat, E., *Pour un concept et pour une justification de la morale*, *op. cit.*, p. 315.

17 Cf. Scarano, N./ Suárez, M., *Einführung*, in : Scarano, N./ Suárez, M. (éd.), *op. cit.*, p. 7.

18 Cf., *ibid.*, p. 8 sq.

19 Cf. Habermas, J., *Erläuterungen zur Diskursethik*, Frankfurt/ M., Suhrkamp, 1991, p. 146, trad. *De l'éthique de la discussion*. Trad. de M. Hunyadi, Champs-Flammarion, Paris, 2006, p. 133 sq.

tations[20]. Au centre de cette partie polémique figurent les réponses de Tugendhat aux objections d'Ursula Wolf élaborées dans son ouvrage *Le problème du devoir moral*[21]. Wolf met en question la définition de la norme morale chez Tugendhat telle qu'elle a été développée essentiellement dans les *Trois conférences sur l'éthique*[22]. Pour Tugendhat la morale est un système normatif qui repose sur des sanctions internes.

Au cours de son étude *Pour un concept et pour une justification de la morale* Tugendhat reprend l'analyse du problème de la justification de la morale et aspire à une réponse plus élaborée que celle déjà présentée dans la dernière partie de ses *Problèmes de l'éthique.*[23] Sa réflexion est marquée par une distance critique vis-à-vis du contractualisme.

Il faut rappeler ici que l'approche de la morale comme sa justification dans le contexte actuel de l'humanité demeurent au centre des intérêts philosophiques de Wolf et de Tugendhat. La difficulté de la justification de la morale est due en effet à la situation de l'homme et de l'humanité depuis l'*Aufklärung*. Une telle situation est caractérisée par une crise morale et une désorientation de l'homme. Pour Tugendhat comme d'ailleurs pour MacIntyre[24] et Habermas[25] la difficulté d'une justification de la morale est liée au dépassement du paradigme métaphysique ou religieux qui admet des « vérités supérieures »[26] dans l'explication des normes morales.

L'enjeu fondamental de la justification d'une éthique qui ne dépend pas d'une vérité métaphysique ou religieuse est de fonder une morale qui soit universelle et égalitaire. Or, pour Tugendhat trois approches de la morale ne sont plus compatibles avec la situation actuelle de l'humanité : la première est celle qui part des prémisses religieuses ou métaphysiques dans la compréhension de la morale. Une telle compréhension, même si elle met en œuvre une certaine normativité qui valorise l'appartenance de l'individu à une communauté déterminée, repose sur « une croyance qui n'accepte plus d'être interrogée »[27]. Elle dépend strictement des « vérités supérieures » et demeure ainsi « ethnocentrique »[28]. Cette ma-

20 Cf. Tugendhat, E., *Retraktationen*, *op. cit.*, pp. 132-176.

21 Cf. Wolf, U., *Das Problem des moralischen Sollens*, Berlin/New York, De Gruyter, 1984, pp. 7-63.

22 Cf. Tugendhat, E., *Drei Vorlesungen über Probleme der Ethik*, *op. cit.*, pp. 57-131.

23 Cf. Tugendhat, E., *Zum Begriff und zur Begründung von Moral*, *op. cit.*, p. 315.

24 Cf. MacIntyre, A., *Der Verlust der Tugend. Zur moralischen Krise der Gegenwart*, Frankfurt/ M., Suhrkamp, 1997.

25 Cf. Habermas, J., *Glauben und Wissen*, Frankfurt/ M., Suhrkamp, 2002.

26 Tugendhat, E., *Zum Begriff und zur Begründung von Moral*, *op. cit.*, p. 323. À l'exception de celles des *Conférences sur l'éthique*, toutes les citations de Tugendhat seront traduites dans ce qui suit par l'auteur de cet article.

27 *Ibid.*

28 *Ibid.*

nière de justifier la morale ne permet pas de déployer la dimension universelle des valeurs. La seconde approche, empirique, n'est pas suffisante pour fonder une philosophie de la morale, car la seule référence aux faits empiriques n'autorise pas une explication philosophique du phénomène moral et ne permet pas, par conséquent, de fonder une morale universelle et égalitaire. La troisième est celle qui concerne l'analyse *a priori* de la morale chez Kant. Il est curieux de remarquer que Tugendhat demeure, dans son étude de 1989, silencieux sur les raisons qui l'on amené à mettre en question l'analyse de la morale chez Kant.

À la différence des approches de la morale déjà évoquées, Tugendhat propose une notion formelle de la morale qui soit générale pour pouvoir satisfaire les sociologues et les ethnologues. C'est ainsi qu'il comprend la morale comme un « système de normes existant dans une société en raison de la pression sociale »[29]. Le mot norme désigne généralement des « règles d'action » (*Handlungsregeln*)[30]. On peut identifier les règles dans le sens pratique du terme lorsqu'elles sont exprimées dans des propositions qui orientent l'action de l'homme en lui indiquant ce qu'il doit ou ce qu'il ne doit pas faire, ce qui lui est permis et ce qui lui est interdit. Cependant, pour justifier la question de la morale, il faut se mettre tout d'abord d'accord sur le contenu des normes morales. Que faut-il entendre par norme ?

Pour bien saisir la définition de Tugendhat de la morale, il convient de faire la différence entre trois groupes de norme : les normes de raison, les normes de droit et les normes morales[31].

Pour ce qui est des normes de raison, il s'agit de normes qui ont vu le jour avec l'avènement de la philosophie de Kant et qui ont acquis leur valeur au sein de la tradition kantienne. Les normes de raison désignent dans ce sens la loi morale selon laquelle l'homme doit se comporter lorsqu'il veut agir rationnellement. Lorsque l'homme ne suit pas les normes de la raison, c'est-à-dire l'impératif catégorique, il se comporte immoralement. Or, pour Tugendhat, cette tradition oublie que celui ou celle qui agit immoralement n'agit pas obligatoirement irrationnellement.

Quant aux normes de droit, elles sont également des normes qui reposent sur un système social de sanction. La sanction est dans ce cas une peine (*Strafe*), c'est-à-dire une sanction extérieure.

Les normes morales ne sont pas nécessairement des normes rationnelles. Tugendhat ne détermine pas la norme à partir de la raison, mais à partir de la sanction sociale[32]. Il se réfère au système normatif établi dans la société pour caractériser la norme. Encore faut-il préciser que la norme morale est différente de celle

29 *Ibid.*, p. 316.
30 *Ibid.*
31 Cf., *ibid.*, p. 317.
32 Cf., *ibid.*

de droit, parce que la sanction est dans ce cas interne et touche la vie intérieure de l'homme. Mais, cette conception de la morale doit répondre à l'objection suivante : si la sanction relative à la norme morale est interne, comment alors une justification universelle de la morale serait-elle possible?

Pour Tugendhat la portée du devoir moral repose sur ce qu'il appelle « la sanction interne »[33]. Et c'est pour cette raison qu'il consacre de longs passages pour prouver comment la sanction, dans le cas des normes morales, est caractérisée par son aspect interne. Ainsi, les normes, comprises dans un sens moral, sont déterminées par les critères de bon (*Gut*) et de mauvais (*Schlecht*), qui sont liés à leur tour à un système de « compliment » (*Lob*) et de « réprimande » (*Tadel*). Ce qui caractérise la norme morale est qu'elle engendre, dans le cas de sa violation, les sentiments moraux d'indignation (*Empörung*), de ressentiment (*Groll*), de culpabilité (*Schuld*) et de honte (*Scham*).

Parmi les sentiments caractéristiques évoqués, le concept moral de la honte (*moralischer Schambegriff*) semble gagner une attention particulière chez Tugendhat : l'homme éprouve le sentiment de la honte à chaque fois qu'il est confronté à une perte de sa propre valeur aux yeux des autres.[34] Ce qui caractérise le concept moral de la honte est, en effet, son rapport direct avec l'indignation : celle-ci désigne strictement un état moral mauvais (*Schlechtigkeit*) et exprime un choc à l'égard d'une action morale mauvaise. Ainsi, ajoute Tugendhat, « il est question de la honte morale, dans le seul cas où la honte présente le pendant de l'indignation »[35]. C'est à partir de cette explication qui met en valeur le rôle de la honte dans la définition de la morale qu'il devient possible d'expliquer la dimension interne de la sanction morale : la normativité morale exige selon Tugendhat les notions de « compliment » et de « réprimande », de « bon » et de « mauvais ». L'individu, entendu comme « membre d'une communauté », cultive ses facultés et ses capacités au cours de sa socialisation et gagne, pour cette raison, « l'estime de soi-même » (*Selbstwertgefühl*). Tout le sens du devoir moral chez Tugendhat repose sur ce sens interne de la sanction. Bref, en se basant sur une analyse de la honte morale, Tugendhat entend montrer l'importance des sentiments moraux en général et la fonction de la honte au sein d'un système normatif moral en particulier.

En partant d'une normativité morale qui met en valeur le concept moral de la honte, Tugendhat critique le contractualisme en général, et particulièrement l'approche du philosophe australien J. L. Mackie dans son ouvrage : *L'éthique : l'invention du vrai et du faux*[36]. La tentative du contractualisme de justifier raisonnablement la morale représente pour Tugendhat la tentative la plus réussie et la

33 *Ibid.*, p. 322.

34 Cf., *ibid.*, p. 318.

35 *Ibid.*

36 Cf. Mackie, J.L., *Ethics: inventing Right and Wrong*, London, Penguin, 1977.

plus convaincante parmi celles des autres approches modernes de la morale : il s'agit pour les contractualistes de justifier raisonnablement comment il est convaincant de se soumettre à un système normatif au sein duquel les normes sont mutuellement admises et acceptées par les membres d'une communauté.[37] Tugendhat écrit dans ce sens : « Un système normatif sera ici justifié. Et la justification a dans ce contexte un sens éclairant tout à fait particulier, celui, en effet, qui indique que chacun de nous dispose, partant de ses intérêts naturels et pré-moraux, d'une raison pratique pour se souscrire à un système de considérations réciproques (*ein System wechselseitiger Rücksichten*) »[38]. Par l'expression qui met en valeur les « considérations réciproques » il faut entendre, dans un premier lieu, la considération des intérêts et des « exigences mutuelles »[39] comme l'« utilité réciproque » (*wechselseitige Nützlichkeit*)[40].

Pour Tugendhat la justification contractualiste de la morale répond seulement aux « exigences mutuelles » des individus ; elle demeure, cependant, incapable de montrer comment la morale est un système normatif qui repose sur la sanction interne. Il écrit : « Ce système est incapable de parler ni de réprobation ni des sentiments moraux tels que l'indignation, la culpabilité et la honte ». Et il ajoute : « Ce que je voudrais dire, c'est que le contractualisme ne peut pas justifier que certaines actions soient mauvaises ou plutôt indignantes, et cela non pas parce qu'il ne disposait pas de principes suffisants, mais parce que les concepts 'mauvais', 'indignant' etc. n'apparaissent plus chez lui »[41].

Il est clair que pour Tugendhat, la définition de la morale comme un système normatif qui répond aux intérêts réciproques des individus demeure insuffisante pour justifier une théorie des sentiments moraux. Aussi faut-il ajouter que la définition contractualiste de la morale correspond plutôt aux normes de droit, lesquelles, certainement, reposent sur un système pénal au sein duquel la sanction demeure toutefois toujours externe.

Ainsi pour Tugendhat les rapports humains ne se fondent pas seulement sur l'« utilité réciproque » mais sur une volonté de compréhension mutuelle. Or les rapports mutuels de compréhension exigent nécessairement le concept de respect (*Achtung*) : « La différence à l'égard du contractualisme est la suivante : le contractualiste recommande le maintien de ces normes comme 'échange' (*Tauschgeschäft*) ; le moraliste, par contre, présente dans la socialisation de l'enfant une idée de la communauté dans laquelle chaque membre identifie son estime de soi-même avec le maintien de ses normes qui rendent la communauté possible et exige la même chose de tous les autres. La réciprocité repose ici non sur

37 Cf. Tugendhat, E., *Zum Begriff und zur Begründung von Moral*, *op. cit.*, p. 323.
38 *Ibid.*
39 *Ibid.*, p. 324.
40 *Ibid.*, p. 325.
41 *Ibid.*, p. 324.

l'échange mais sur le fait de se comprendre mutuellement selon une manière bien déterminée et d'exiger réciproquement des uns et des autres de se comprendre selon cette manière »[42].

Il faut à présent préciser encore cette notion de respect : respecter quelqu'un c'est lui reconnaître le droit qui lui revient comme membre d'une communauté. Et ce droit est inséparable de son rendement. Selon Tugendhat la notion de respect relève chez les contractualistes de la normativité du droit et demeure pour cette raison extérieure à la personne. Pour que le respect soit égalitaire et universel, il doit être fondé sur les normes d'une morale éclairée, c'est-à-dire sur une morale qui prend en considération les sentiments de l'homme. Mais il semble que cette tentative de Tugendhat de fonder une morale qui renonce à des vérités supérieures et aspire à un idéal égalitaire universel, demeure confrontée à une difficulté majeure qui reste chez lui sans réponse, à savoir comment passer de la subjectivité des sentiments à l'universalité de la norme ?

3. La justification morale du droit et de l'égalité

Dans les *Conférences sur l'éthique* l'agir social et politique de l'homme est appréhendé dans une perspective morale dont la valeur fondatrice pourrait être révélée selon deux niveaux complémentaires : tout d'abord, l'agir politique, le débat social sur la justice et les droits des immigrants, l'avortement, l'euthanasie, etc., sont animés par une morale immanente à l'agir de l'homme. Tugendhat met en valeur cette idée dès la première conférence en soulignant que « les concepts de démocratie et de droits de l'homme qui occupent les débats politiques contemporains ont, en effet, une signification non seulement politique, mais également morale, de même que les débats sur la justice sociale – que ce soit au niveau des gouvernements ou au plan mondial »[43]. La primauté de la morale se confirme, dans un second plan, par la critique adressée par l'auteur à la théorie critique de la société : pour Tugendhat la critique normative de la société et l'analyse de ses conditions socio-économiques chez Adorno et Horkheimer supposent déjà un jugement moral qui ne présente pas le résultat de ses structures mais son point de départ. C'est pourquoi « si importante qu'elle soit, une théorie critique de la société ne peut remplacer l'éthique, […] elle présuppose nécessairement une morale »[44].

42 *Ibid.*, p. 327.

43 Tugendhat E., *Vorlesung über Ethik*, *op. cit.*, p. 11, trad. *Conférences sur l'éthique*, *op. cit.*, p. 4.

44 *Ibid.*, p. 18, trad., p. 10.

De plus, à la différence de Habermas qui insiste dans *Droit et Démocratie* sur le caractère légal des droits de l'homme et leur origine juridique[45], Tugendhat subsume ces droits sous « la morale du respect universel et égal »[46] et envisage dans ce sens une correspondance entre les « devoirs moraux » et les « droits moraux »[47]. Le droit n'est abordé chez Tugendhat que dans la perspective de l'éthique.

Ainsi esquissé, le point de départ de l'approche des droits repose sur l'obligation morale à un « respect égal et universel » de tous les êtres humains qui prend en considération leurs « intérêts ». Pour cette raison l'instance du jugement moral ne doit plus être appréhendée comme une autorité transcendante qui prescrit au préalable les obligations morales, mais comme une instance impartiale et immanente capable de déterminer les normes[48]. Dépouillée des prémisses transcendantes comme des prémisses naturelles, l'instance morale chez Tugendhat est définie comme une instance « plausible » ou « raisonnable » qui reconnaît l'autre comme un sujet de droit ou un « partenaire de coopération »[49].

Que tous les hommes, en effet, soient équitablement respectés exige, dans un premier moment, que les intérêts de tous les destinataires moraux soient incontournables pour l'instance du jugement impartial, et que, dans un second moment, cette instance soit l'autorité qui se substitue aux membres de la communauté morale. De ce point de vue, l'instance morale plausible demeure donc l'unique référence morale, même si ses membres sont substituables.

Ainsi la morale est conçue en premier lieu comme un phénomène social qui repose sur un système normatif d'obligations réciproques entre les individus et engendre des sanctions dans le cas de l'inaccomplissement des devoirs. Seulement, si les droits de l'homme s'inscrivent dans cette conception morale, il con-

45 Habermas J., *Faktizität und Geltung. Beiträge zur Diskurstheorie des Rechtes und des demokratischen Rechtsstaats*, Frankfurt/ M., Suhrkamp, 1994, p. 136, trad. *Droit et démocratie. Entre faits et normes*. Traduit de l'allemand par Rochliz et Bouchindhomme, Paris, Gallimard, 1997, p. 121. Concernant la différence des conceptions de Tugendhat et Habermas sur le fondement des droits de l'homme, cf. Lohmann, G., *Diversité culturelle et universalité des droits de l'homme. Le cas du Japon*, in : Sosoe, L. K., *Diversité humaine. Démocratie, multiculturalisme et citoyenneté*, Paris, L'Harmattan, 2002, p. 444 ; Tietz, S., *Zwischen Recht und Moral. Eine philosophische Betrachtung des Status von Menschenrechten*, in : *MenschenRechtsMagazin*, 10. Jahrgang, 2005, Heft 2, pp. 136-145 ; Wild, A., *Menschenrechte und moralische Rechte*, in : Gosepath, S./ Lohmann, G. (éd.), *Philosophie der Menschenrechte*, Frankfurt/ M., Suhrkamp, 1998, p. 125 sq.

46 Tugendhat E., *Vorlesung über Ethik*, p. 336, trad. *Conférences sur l'éthique*, p. 349 (traduction modifiée).

47 *Ibid.*, p. 337, trad., p. 350.

48 Cf., *ibid.*, p. 87, trad., p. 86.

49 *Ibid.*, p. 336, trad., p. 349.

vient de montrer comment cette conception se rapporte elle-même à l'idée du « bon »[50]. En s'appuyant sur la 2ème formulation de l'impératif catégorique de Kant : « *Agis de telle sorte que tu traites l'humanité aussi bien dans ta personne que dans la personne de tout autre toujours en même temps comme une fin, et jamais comme un moyen* »[51], Tugendhat entend par le terme de bon une détermination qui serait universellement valable et reconnue par tous les hommes.

Aussi bien la première que la dix-septième conférence énoncent le principe de la morale du respect universel et égal comme suit : « Tu dois respecter chacun de manière égale et tu ne dois instrumentaliser personne ! »[52]. Ce principe implique, d'une part, une formulation négative : « n'instrumentalise pas autrui ! » et suggère, d'autre part, une connotation affirmative : « respecte les fins d'autrui ! »[53]. Partant donc d'une lecture des *Fondements de la métaphysique des mœurs* de Kant, l'enjeu majeur de Tugendhat consiste à fonder l'objectivité du principe du respect universel et égal ainsi que celle de tous les jugements moraux. Un jugement moral n'est dit objectif que s'il est universellement applicable et reconnu par tous les hommes. Dès lors, la distinction entre une justification relative et une autre absolue de la morale – qui doit surgir des prémisses indubitables – permet à Tugendhat de se distancier à la fois du concept traditionnel de la morale et de celui des contractualistes pour prouver l'aspect universel et égalitaire de la morale.

Etant donné qu'il puise sa légitimité dans la croyance, le concept traditionnel se réfère strictement à des prémisses transcendantes[54] et ne peut, par conséquent,

[50] Concernant la justification morale des droits de l'homme chez Tugendhat, cf. Tugendhat, E., *Die Kontroverse um die Menschenrechte*, *op. cit.*, et la dix-septième conférence des *Conférences sur l'éthique.*

[51] Kant, I., *Gesammelte Schriften*, Berlin, Akademie-Ausgabe, Bd. IV., 1907, p. 430, trad., *Fondements de la métaphysique des mœurs*. Traduction de Victor Delbos revue et modifiée par Ferdinand Alquié, in : *Œuvres philosophiques* II, Paris, Gallimard, 1985, p. 295.

[52] Tugendhat, E., *Vorlesung über Ethik*, p. 28, p. 336, trad., *Conférences sur l'éthique*, p. 20, p. 349.

[53] *Ibid.*, p. 146, trad., p. 147. Cf. Brezina, F. F., *Die Achtung: Ethik und Moral der Achtung und Unterwerfung bei Immanuel Kant, Ernst Tugendhat, Ursula Wolf und Peter Singer*, Frankfurt/ M., Lang, 1999, p. 235 sq. ; Geuss, R., *Gleichheit und Gleichgewicht in der Ethik Ernst Tugendhats*, in : *Deutsche Zeitschrift für Philosophie*, Heft 1, 1997, p. 99 ; Gosepath, S., *Gleiche Gerechtigkeit. Grundlagen eines liberalen Egalitarismus*, Frankfurt/ M., Suhrkamp, 2004, p. 154 sq. ; Wingert, L., *Gott naturalisieren? Anscombes Problem und Tugendhats Lösung*, in : *Deutsche Zeitschrift für Philosophie*, 45, 1997, p. 505 sq.

[54] Il convient de remarquer que Tugendhat critique, dans les *Conférences sur l'éthique*, la fondation transcendante – non transcendantale – de la morale, celle qui se réfère à une instance divine ou suprasensible (cf. Tugendhat, E., *Vorlesung über Ethik*, p. 23, trad. *Conférences sur l'éthique*, p. 15). La traduction française de « transzendent »

proclamer une validité universelle. Quant au contractualisme, tel qu'on le trouve par exemple chez J.L. Mackie[55], il renonce certes aux prémisses transcendantes, mais il demeure, toutefois, incapable de penser un concept universel du bon et reste sur ce point prisonnier d'une conception égoïste et individuelle : « la caractéristique décisive du contractualisme est de ne disposer d'aucune conception du bon ; cette position se fonde uniquement sur un concept relatif de ce qui est 'bien ou bon pour...'. »[56]. Une telle critique du contractualisme a été déjà esquissée dans la première phase de la pensée éthique de Tugendhat.

Ce souffle égalitaire qui traverse l'approche de la morale dans les *Conférences sur l'éthique* est plus manifeste dans l'étude *Egalité et universalité dans la morale*[57]. Si nous accordons une attention particulière à cette conférence, c'est parce qu'elle nous aide à mieux saisir le principe du respect des intérêts de tous. En s'inscrivant, en fait, dans une approche morale de l'égalitarisme, Tugendhat ne prétend pas défendre l'idée d'une distribution égale des biens, ni proposer une conception prescriptive de l'égalité, mais il essaie de justifier la norme d'après laquelle tous les hommes ont les mêmes droits moraux. Une telle idée de la norme morale constitue le fil d'Ariane dans la détermination de l'intérêt. C'est donc le primat de l'égalité morale de tous les hommes qui fonde l'universalité des droits. Appréhendée sous cet angle, la morale ne saurait être selon Tugendhat qu'un système d'obligations réciproques déterminées par des normes[58]. Il s'agit donc d'une morale qui renonce à l'instrumentalisation et à la discrimination de l'autre : « Selon ma conception, écrit Tugendhat, la morale est un système normatif qui ne repose pas sur la violence, c'est-à-dire sur des peines, mais sur des sanctions réciproques internes, c'est-à-dire affectives. Et cela veut dire donc que chaque individu qui doit se justifier par rapport à une communauté morale, doit se soumettre librement à ses sanctions intérieures réciproques »[59].

Toutefois, deux difficultés demeurent inhérentes à cette approche morale et égalitaire du droit chez Tugendhat : la première porte sur le passage de l'universel au particulier, c'est-à-dire d'une communauté représentant toute l'humanité à une communauté morale restreinte représentant une partie ou la totalité

par transcendantal ne rend pas justice à l'approche de Tugendhat (cf. Tugendhat, E., *ibid.*, p. 23 sq., p. 68, p. 69, trad., p. 15, p. 16, p. 64, p. 66, etc.). Pour cette raison il est plus convenable de réserver transcendant pour « transzendent » et transcendantal pour « transzendental ».

55 Cf. Mackie, J.L., *Ethics: inventing Right and Wrong*, *op. cit.*, chapitre 3.

56 Tugendhat, E., *Vorlesung über Ethik*, p. 76, trad. *Conférences sur l'éthique*, p. 72 (traduction modifiée). Cf. Pauer-Studer, H., *Vernunft, Rationalität und der Konstruktualismus. Einige Fragen zu Ernst Tugendhats Vorlesungen über Ethik*, in : *Deutsche Zeitschrift für Philosophie*, 45, 1997, p. 109 sq.

57 Tugendhat, E., *Gleichheit und Universalität in der Moral*, *op. cit.*, p. 3 sq.

58 Tugendhat, E., *Aufsätze 1992-2000*, *op. cit.*, p. 7.

59 Tugendhat, E., *Gleichheit und Universalität in der Moral*, *op. cit.*, p. 15.

d'une société. L'universalisme proclamé par la morale égalitaire néglige apparemment la diversité des instances morales et étatiques.

La seconde difficulté touche à la détermination de cette notion d'intérêt qui constitue la fin de la morale du respect universel et égal : il s'agit de savoir si l'interprétation morale de cette notion ne s'opère-t-elle pas aux dépens de son contenu matériel ?

Il est clair que la conséquence de la morale du respect universel et égal, développée jusqu'à présent par Tugendhat, est de reconnaître l'autre non seulement comme un sujet de droit, mais aussi comme un sujet de devoir. Dans ce contexte Tugendhat affirme que nous devons comprendre « notre devoir comme une réaction par rapport à son droit »[60]. Le concept de droit serait donc le corrélat du concept de devoir. Une telle corrélation entre devoir et droit sollicite encore quelques éclaircissements.

Un droit moral est dit tel parce qu'il se fonde sur la conscience morale de l'homme et sur le respect de sa dignité. Par ailleurs et dans la mesure où la première phrase du premier article de la Constitution allemande soutient que « la dignité humaine est inviolable », l'homme est donc autorisé à revendiquer légitimement des droits moraux à l'égard de l'État. Ceci implique que l'État doit se comporter moralement en vue d'assurer la dignité humaine de ses sujets. C'est en partant de la norme selon laquelle la conscience morale est ce qui fonde le droit, que Tugendhat prend position, en 1986, quant à la question du droit d'asile. Il affirme que l'asile n'est pas une faveur mais « un droit moral fondamental ». C'est un droit parce qu'il figure dans l'article 16 de la constitution allemande ; ce droit est moral parce qu'il renonce à l'humiliation de l'autre et vise à assurer le respect égal entre les hommes[61].

Schématisant ce rapport de correspondance ou de symétrie entre devoir et droit, l'auteur admet dans *Egalité et universalité dans la morale* que « pour tout x et y doit valoir que quand x a un devoir vis-à-vis de y, y a donc, quand il est simultanément une personne et non identique à x, un droit correspondant »[62]. Dans ce sens, il est impératif de situer ce rapport de correspondance des deux notions dans son contexte normatif. Une telle correspondance n'est exigible et ne peut devenir positive qu'au sein d'une communauté morale qui adhère au même système normatif moral et légal. Dès lors le problème auquel se confronte l'idée de la normativité est celui, justement, de structurer le rapport du droit au devoir

[60] Tugendhat, E., *Vorlesung über Ethik*, p. 348, trad. *Conférences sur l'éthique*, p. 361 (traduction modifiée).

[61] Cf. Tugendhat, E., *Asyl : Gnade oder Menschenrecht?* In : Tugendhat, E., *Ethik und Politik*, Frankfurt/ M., Suhrkamp, 1992, pp. 67-69, trad. *L'asile, une faveur ou un droit de l'homme?* In : *Être juif en Allemagne. Conférences et prises de position des années 1978-1991*. Traduit par Rochlitz, Paris, Éd. du Cerf, pp. 71-80.

[62] Tugendhat, E., *Gleichheit und Universalität in der Moral*, *op. cit.*, p. 5.

d'un point de vue qui soit à la fois juridique et moral, c'est-à-dire d'un point de vue qui soit en mesure d'exiger les devoirs correspondant aux droits et d'imposer, en outre, les sanctions nécessaires au respect du droit.

Même si le droit moral n'est donné ni par Dieu, ni par la nature, ni encore par la raison, mais déterminé par un « devoir moral collectif »[63] qui renvoie, lui aussi, à une « instance légale du droit », il reste profondément dépendant de l'instance étatique. Le devoir moral exige ainsi la création d'une instance légale qui représente le caractère propre d'une société : « Il y aurait ainsi une obligation *morale* à créer une instance légale qui représenterait tous les individus, ce qui signifie donc qu'il y aurait une exigence morale à créer un État »[64]. Ainsi, confrontée à la diversité des instances étatiques et morales, l'universalité du respect égal risque de tomber dans un formalisme tant qu'elle ne sera pas assurée par des normes juridiques.

4. Conclusion

Le primat de l'éthique chez Tugendhat se confirme dans les deux phases de sa pensée de deux manières différentes : dans la première phase, Tugendhat présente le point de départ de sa réflexion et de sa justification d'un concept raisonnable de l'éthique ; dans la seconde phase, il permet de déployer la perspective éthique au sein de laquelle l'approche du droit devienne possible. Le droit se comprend et se justifie ainsi dans son lien indissociable à l'éthique de l'égalité et du respect mutuel. Il faut aussi remarquer que la question du droit, son rapport avec l'éthique et la théorie de l'égalité ne sont abordés chez Tugendhat de façon explicite et détaillée que dans la seconde phase de la pensée éthique, c'est-à-dire à partir de ses *Conférences sur l'éthique* et les études qui lui sont contemporaines, telle que *La controverse sur les droits de l'homme*[65].

Deux remarques finales s'imposent ici et se rapportent respectivement au rapport de Tugendhat à Kant et au contractualisme : si l'approche morale de Kant est critiquée dans les textes de la première phase, parce qu'elle remplace la vérité supérieure des religions par une autre métaphysique, elle l'est moins dans les *Conférences sur l'éthique* et les textes qui lui sont contemporains ou postérieurs. À partir des *Conférences sur l'éthique,* Kant devient, en effet, un interlocuteur éminent de Tugendhat, surtout dans son approche du respect mutuel et égal. La justification de l'éthique comme du droit se réalise également dans une approche critique du contractualisme de Mackie : au cours de la première phase Tugendhat reproche au contractualisme d'avoir négligé une théorie des sentiments dans la fondation de l'éthique. Seulement, il semble que dans la seconde phase de sa

[63] Tugendhat, E., *Vorlesung über Ethik*, p. 350, trad. *Conférences sur l'éthique*, p. 363.
[64] *Ibid.*
[65] Cf. Tugendhat, E., *Die Kontroverse um die Menschenrechte*, *op. cit.*, pp. 27-39.

pensée éthique, Tugendhat met moins l'accent sur la théorie des sentiments moraux afin d'investir les apports du contractualisme pour fonder et justifier son approche de l'égalité morale et universelle entre les hommes.

Georg Mohr

Les pièges des humanismes hypocrites. Histoire et justification d'un point de vue postcolonial

> The relationship between Islam and the West includes centuries of coexistence and cooperation, but also conflict and religious wars. More recently, tension has been fed by colonialism that denied rights and opportunities to many Muslims, and a Cold War in which Muslim-majority countries were too often treated as proxies without regard to their own aspirations.
>
> Barack Obama, *Remarks by the President on a New Beginning*, Cairo University, 4 juin 2009[1]

1.

J'aimerais commencer par quelques remarques plutôt personnelles. – Depuis que, lors de notre dernier colloque à Tunis en octobre 2008 portant sur « Les figures de l'humanité », nous avons convenu qu'en 2009 à Bremen ce serait la dernière rencontre de notre série de colloques sous le titre « Philosopher le vivre ensemble – Philosophie et transculturalité », j'ai essayé de me souvenir un peu de ce qui s'est passé durant les dix ans de coopération et de voir un peu ce que je crois avoir appris à nos débats. Ce furent dix ans de communication et de malentendu, d'apprentissage et de désillusion, de consensus et de désaccord, bref: de discussion. Les conditions de départ: rencontre entre des « Orientaux » et des « Occidentaux », entre des Musulmans et des laïques, entre des particularistes et des universalistes. Chose peu étonnante en fait: Ces oppositions ne sont pas univoques. Il y a des « Orientaux » qui défendent l'universalisme et il y a des « Oc-

1 http://www.whitehouse.gov/the_press_office/Remarks-by-the-President-at-Cairo-University-6-04-09/ (8 août 2009). « Les relations entre l'islam et l'Occident se caractérisent par des siècles de co-existence et de coopération, mais aussi par des conflits et des guerres de religion. Dans un passé relativement plus récent, les tensions ont été nourries par le colonialisme qui a privé beaucoup de musulmans de droits et de chances de réussir, ainsi que par une guerre froide dans laquelle des pays à majorité musulmane ont trop souvent été traités comme suppléants, au mépris de leurs propres aspirations. »

cidentaux » qui défendent le particularisme. Il y a des « Occidentaux » fondamentalistes et il y a des « Orientaux » libéraux.

Une autre chose, peut-être pas étonnante non plus, mais tout de même un peu intimidante: Les collègues tunisiens connaissent et maitrisent les *deux* traditions philosophiques: la philosophie occidentale (européenne et américaine) *et* la philosophie arabe, y compris le coran avec la tradition des textes islamiques – à la différence de moi-même qui ne connais qu'à peine la philosophie de ma propre culture.

Finalement une observation qui m'intrigue de plus en plus: Au cours de nos rencontres, je crois m'être de plus en plus rendu compte du fait que mes collègues tunisiens réfléchissent d'avantage sur les différences et sur le contexte historico-culturel de ces différences, sur l'histoire et les différentes manières de voir et de comprendre l'histoire. Il me semble que leurs réflexions philosophiques sont beaucoup plus nourries par un horizon académique et politique plus large. La double formation académique (tunisienne *et* française, arabe *et* européenne) qui se manifeste dans leurs communications reflète aussi un double contexte historique et vital, reflète des expériences avec « deux mondes »: avec le monde arabe et avec l'Europe.

Par contre, il me semblait de plus en plus que les réflexions philosophiques que je me suis proposé de présenter étaient très peu contextualisées. Rétrospectivement, mon approche qui consistait à parler sur des sujets plus ou moins classiques de la philosophie européenne me semble maintenant un peu naïve. N'ai-je pas utilisé les mots (culture de droit, impartialité, égalité, reconnaissance, dignité humaine, droits de l'homme, universalisme) d'une manière purement académique, comme des éléments de théories et non pas comme des mots chargés de sens politique? Je n'ai pas suffisamment considéré – bien que j'aurais pu le savoir – que pour mes interlocuteurs certains de ces mots ont un sens ambigu, sont connotés de sentiments et de pensées qui eux, à leur tour, sont liés avec des expériences politiques et des circonstances existentielles très différentes des miennes.

2.

Le jour après la clôture de notre dernier colloque, je suis tombé, en fuyant un peu dans une librairie tunisienne, sur un livre qui venait de paraître et qui est intitulé *Nous, décolonisés*. L'auteur est Hélé Béji, tunisienne, née en 1948 dans une famille anticolonialiste, agrégée de lettres modernes, écrivaine, professeur de littérature, historienne, fonctionnaire international à l'UNESCO, fondatrice, en 1998, du Collège international de Tunis. Dans son essai *Désenchantement national* (Maspéro 1982), Hélé Béji a présenté les premiers résultats de ses recherches sur la décolonisation. Son dernier livre sur ce même sujet, qui est resté au centre de son intérêt, est intitulé *Nous, décolonisés*, paru à Paris en 2008. Ce livre est riche de réflexions diagnostiques qui à mon sens mettent en lumière des confusions, des perturbations, des irritations, des malentendus concernant la décolonisation en les éclairant « des deux côtés »: du côté des décolonisés ainsi que du côté des ex-colonisateurs et des néo-colonisateurs. Béji formule des critiques sévères adressées aussi bien aux Européens (et aux Américains) qu'aux Arabes. En lisant ce livre j'ai eu l'impression de comprendre un peu plus mes étonnements, ma naïveté.

Je vais reprendre quelques-unes des observations de Hélé Béji qui me paraissent significatives, et ceci sur deux plans: d'abord par rapport à l'atmosphère politique actuelle et ensuite par rapport à certaines questions philosophiques fondamentales. Ces dernières ne touchent pas seulement les *contenus* des positions rivalisant en éthique ou en philosophie politique, mais elles concernent surtout une question *méthodologique* de la philosophie pratique en général: savoir si et dans quelle mesure la *validité de certains principes normatifs fondamentaux* – tel que la dignité humaine, la reconnaissance mutuelle, l'autonomie de la personne, le droit à la participation politique – peut être *touchée par l'histoire*, plus précisément par *l'expérience historique que certaines personnes ou groupes ont faite de l'usage et de l'abus de ces principes.*

Je vais donc relever quelques points abordés par Hélé Béji dans *Nous, décolonisés* pour en tirer quelques conclusions philosophiques.

3.

Le ton et le souci du livre sont marqués par une déception et par la tentative d'en analyser les causes. Les luttes anticoloniales étaient alimentées par des ambitions de liberté, d'indépendance et d'autonomie. Mais, après un demi-siècle d'indépendance politique, Hélé Béji constate que l'état actuel des pays décolonisés est décevant vis-à-vis de ces ambitions. La décolonisation est marquée par une ambiguïté étonnante. Béji tente de mettre en évidence le danger auquel sont confrontés les pays décolonisés et les pays ex-colonisateurs s'ils ignorent cette ambiguïté, son origine et ses conséquences. Elle parle en tant que fille d'un des pays qui ont vécu la colonisation; elle parle en tant que membre d'une société décolonisée. Elle parle de « nous, décolonisés ». Elle s'adresse à ses compatriotes, à tous ceux qui se trouvent dans cette même situation historique en vivant dans un pays décolonisé. Mais, elle s'adresse également à tous les citoyens du monde.

Le point de départ des réflexions d'Hélé Béji est l'observation de cette ambigüité frappante de la décolonisation : D'une part, la décolonisation est « la victoire de la liberté des peuples à disposer d'eux-mêmes. [C'est] la démocratie étendue à toute la terre, promise à tous les hommes, partout dans le monde. [...] C'est l'idée égalitaire qui fait de chaque peuple un individu maître de soi. Ce n'est pas seulement un évènement historique, c'est une aventure métaphysique ».[2] La décolonisation apparaît comme « la résistance de l'humain à sa dépossession ». Elle est « la forme la plus instinctive et la plus avancée de la liberté. Elle est l'avant-garde de toutes les libertés. »[3]

Mais, d'autre part, la décolonisation est une liberté malheureuse, « la plus malheureuse de toutes, car elle n'a pas tenu ses promesses. »[4] « Nous nous sommes cru meilleurs que les Européens, mais nous n'avons pas appliqué, depuis que nous sommes souverains, cet idéal de justice que la civilisation nous avait refusé. Nous qui avons tellement subi le mal des autres, nous n'avons pas su en tirer une morale pour nous-mêmes. »[5] Hélé Béji utilise la métaphore de *piège* : « Je me suis trouvée prise dans de nouveaux pièges, comme si, en me délivrant d'un fléau, l'Indépendance m'en réservait d'autres ».[6] Quelle est l'origine de ce piège? Quelle est sa nature? De quel piège s'agit-il? J'y reviendrai.

4.

Au début du deuxième chapitre, Béji en arrive à l'analyse suivante: « L'anticolonialisme portait la promesse – à plus ou moins brève échéance – d'une démocratie mondiale. Tant que d'autres peuples n'en jouissaient pas, les *droits de l'homme* avaient quelque chose d'imparfait, de mensonger. »[7] Analysons cette réflexion. Elle contient deux prémisses implicites:

1. Les droits de l'homme, si on les réalise « parfaitement », si on les prend dans leur sens « vrai », sont des droits *universaux.*
2. L'anticolonialisme était la *critique* du colonialisme et de *l'inégalité* inhérente à celui-ci. L'anticolonialisme critique la garantie inégale des droits de l'homme et la démocratie partielle sous les conditions coloniales. Le *but* de l'anticolonialisme était la démocratie pour tous avec la réalisation *universelle* des droits de l'homme.

Selon les deux prémisses, c'est précisément l'universalisme des droits de l'homme et de la démocratie qui est visé positivement par l'anticolonialisme et qui est considéré comme une caractéristique essentielle d'une vie sociale *sans* oppression et *sans* domination. L'universalisme des droits de l'homme et de la démocratie est donc *revendiqué* par l'anticolonialisme. Il s'agit là d'une *nécessité conceptuelle* de l'anticolonialisme, de sa revendication *essentielle*. Si, cepen-

2 Hélé Béji, *Nous, décolonisés. Essai*, Paris, 2008, p. 11.
3 *Ibid.*, p. 13.
4 *Ibid.*
5 *Ibid.*, p. 18.
6 *Ibid.*, p. 13.
7 *Ibid.*, p. 21.

dant, dans des pays décolonisés aujourd'hui, on entend des voix dire que « la revendication d'universalité est suspecte puisqu'elle est l'expression de la volonté de domination »[8], on doit se demander si cela n'est pas renverser les choses. Tout de même, ce serait trop rapide de conclure que ce « renversement » est un sophisme ou une agression. On comprend mieux si l'on ajoute une hypothèse: Dans l'objection citée, l'équation apparente « universalisme = domination » n'est certainement pas entendue comme un énoncé portant sur l'universalisme en tant que tel, mais il s'agit plutôt d'une conclusion tirée de la *politique* de ceux qui *abusent* de la rhétorique de l'universalisme.

5.

Dans *Les damnés de la terre*, Frantz Fanon constate: L'Europe « n'en finit pas de parler de l'homme tout en le massacrant partout où elle le rencontre, à tous les coins de ses propres rues, à tous les coins du monde. Voici des siècles [...] qu'au nom d'une prétendue « aventure spirituelle » elle étouffe la quasi-totalité de l'humanité. »[9] Jean-Paul Sartre, dans sa Préface, écrit:

> Nos victimes nous connaissent par leurs blessures et par leurs fers: c'est ce qui rend leur témoignage irréfutable. Il suffit qu'elles nous montrent ce que nous avons fait d'elles pour que nous connaissions ce que nous avons fait de nous. [...] Vous, si libéraux, si humains, qui poussez l'amour de la culture jusqu'à la préciosité, vous faites semblant d'oublier que vous avez des colonies et qu'on y massacre en votre nom. [10]

Sartre appelle ceci « l'hypocrisie libérale »[11]. Ce libéralisme est un pseudo-universalisme, un universalisme hypocrite. « Nos soldats, outre-mer, repoussant l'universalisme métropolitain, appliquent au genre humain le *numerus clausus*: puisque nul ne peut sans crime dépouiller son semblable, l'asservir ou le tuer, ils posent en principe que le colonisé n'est pas le semblable de l'homme. »[12] Et vers

8 Cette dernière citation reprend une objection faite par mon collègue tunisien Mehrez Hamdi lors de la discussion de ma communication « L'homme des droits de l'homme face aux figures de l'humanité » à Tunis en 2008 (cf. la version écrite dans Jacques Poulain et al. (éd.), *Les figures de l'humanité*, Francfort/Main, 2009, pp. 19-26) dans laquelle j'affirme que le sens critique et normatif d'un particularisme bien entendu est non seulement compatible avec un universalisme bien entendu mais qu'il l'implique.

9 Frantz Fanon, *Les damnés de la terre*, Préface de Jean-Paul Sartre, 1ère éd. Paris : Maspero, 1961, réédité avec préface d'Alice Cherki et postface de Mohammed Harbi, Paris, 2002, p.18.

10 Jean-Paul Sartre, « Préface à l'édition de 1961 », dans : Frantz Fanon, *op. cit.*, p. 22.

11 *Ibid.*, p. 23.

12 *Ibid.*

la fin de sa préface, Sartre en arrive à cette pointe perspicace « dévoilante »: « Il faut affronter d'abord ce spectacle inattendu: le strip-tease de notre humanisme. Le voici tout nu, pas beau: ce n'était qu'une idéologie menteuse ».[13]

Mais, ceci n'est pas seulement une belle pointe d'un écrivain doué. C'est l'expression représentative (et je dirais: adéquate) du « visage moral » de l'Europe colonisatrice, de l'hypocrisie « occidentale » à l'époque de la colonisation. Comme le dit clairement Albert Memmi dans son *Portrait du colonisé*: Le colonisateur, tout en revendiquant pour lui-même les droits de l'homme et la liberté d'agir dans le monde entier à son profit, « dénie au colonisé le droit le plus précieux reconnu à la majorité des hommes: la liberté ».[14] Sartre, dans sa préface au livre de Memmi, souligne cette analyse:

> Le colon jouit là-bas, dans la Métropole, des droits démocratiques que le système colonial refuse aux colonisés [...]. Le colonialisme refuse les droits de l'homme à des hommes qu'il a soumis par la violence, qu'il maintient de force dans la misère et l'ignorance, donc, comme dirait Marx, en état de « sous-humanité ». [...] le racisme est inscrit; [...] la Déclaration des Droits de l'Homme ne le concerne pas [l'indigène]; [les] relations de production [coloniale] définissent deux sortes d'individus: pour l'un, le privilège et l'humanité ne font qu'un; il se fait homme par le libre exercice de ses droits; pour l'autre, l'absence de droit sanctionne sa misère, sa faim chronique, son ignorance, bref sa sous-humanité. [15]

L'Europe a trahi son humanisme par son colonialisme. Tout en déclarant publiquement des idéaux philosophiques tels que l'égalité parmi les hommes, la liberté en tant que droit fondamental de tout être humain, la dignité de l'humanité en tout homme, les Européens ont opprimé, exploité, maltraité, massacré des millions de personnes sur tous les continents de cette planète et ils ont accompagné, sinon soi-disant « justifié » cela par une rhétorique contraire: civiliser les barbares, missionner les ignorants, moderniser le monde etc.[16]

C'est l'hypocrisie, c'est dire ou exiger une chose et penser ou faire le contraire, c'est revendiquer pour soi-même ce que l'on refuse à autrui. « Une civili-

13 *Ibid.*, p. 31.

14 Albert Memmi, *Portrait du colonisé*, précédé de *Portrait du colonisateur* et d'une préface de Jean-Paul Sartre, 1ère éd. Corréa 1957, Paris, 1985, p. 105.

15 Jean-Paul Sartre, « Préface », dans : Albert Memmi, *Portrait du colonisé*, précédé de *Portrait du colonisateur* et d'une préface de Jean-Paul Sartre, 1ère éd. Corréa 1957, Paris, 1985, pp. 23-24.

16 Voir Jürgen Osterhammel, *Kolonialismus. Geschichte, Formen, Folgen*, München, 3e éd. 2001 (1ère éd. 1995).

sation qui ruse avec ses principes est une civilisation moribonde. »[17] Les principes de la civilisation « européenne », c'est la raison, c'est la conscience, c'est l'idée de justification et d'impartialité. Mais, la « civilisation dite « européenne », la civilisation « occidentale » […], déférée à la barre de la « raison » comme à la barre de la « conscience » [donc jugée selon ses propres principes; GM] est impuissante à se justifier; […] de plus en plus, elle se réfugie dans une hypocrisie d'autant plus odieuse qu'elle a de moins en moins chance de tromper. » L'humanisme européen s'est dévoilé comme un barbarisme, la civilisation « occidentale » s'est elle-même décivilisée.[18]

6.

Les études post-coloniales confirment que la notion d'universalité (ou d'universalisme) a été reçue par « les Orientaux » comme une idéologie hypocrite. Dans son introduction au chapitre « Universalité et différence » dans son recueil sur les études post-coloniales, Bill Ashcraft écrit:

> C'est cette notion d'une nature humaine homogène et unitaire qui marginalise et exclut les caractéristiques distinctives, la différence des sociétés post-coloniales. […] On nous dit souvent que ce qui fait que Shakespeare ou Dante ou Goethe soient des « grands », c'est leur capacité de révéler quelque chose de la « condition humaine universelle ». […] Le mythe de l'universalité sert ainsi de stratégie primaire du contrôle impérial. […] « Européen » égal « universel ». […] L'affirmation de l'universalisme est une caractéristique fondamentale de la construction du pouvoir colonial parce que les caractéristiques « universelles » de l'humanité sont les caractéristiques de ceux qui occupent des positions de dominance politique. Ce sont ceux-là qui sont « humains », qui possèdent une théorie légitime, qui vivent dans « le monde ». Puisque le langage est un discours de pouvoir, dans la mesure où il procure les termes et les structures par lesquels les individus ont un monde, une méthode par laquelle le « réel » est déterminé, des notions d'universalité peuvent, comme le langage qui les suggère, devenir impérialiste. [19]

17 Aimé Césaire, *Discours sur le colonialisme* (1955), suivi de *Discours sur la Négritude*, Paris, 2004, p. 7.

18 Voir aussi Octave Mannoni, *Psychologie de la colonisation*, 1950.

19 Bill Ashcraft, « Introduction » (au chapitre 3: « Universality and Difference »), dans: Ashcraft, Bill / Griffiths, Gareth / Tiffin, Helen, *The Post-Colonial Studies Reader*, London and New York, 1st ed. 1995, 2001, p. 55. (« it is this notion of a unitary and homogeneous human nature which marginalises and excludes the distinctive characteristics, the difference, of post-colonial societies. […]We are often told that what makes Shakespeare or Dante or Goethe 'great' is their ability to reveal something of

Dans cette analyse post-coloniale, l'ambiguïté de la rhétorique universaliste est clairement mise en lumière. Les rapports d'inégalité ne sont pas la seule caractéristique de la colonisation, mais ils se manifestent encore dans les discours « occidentaux » après la colonisation. « Enduring Freedom » n'est que l'épisode le plus récent d'une longue histoire.

7.

Face à cette contradiction inhérente non seulement à l'Europe colonisatrice mais aussi à l'Europe post-colonisatrice, Hélé Béji laisse « le décolonisé » dire à « l'Européen »:

> L'humanité s'est déplacée. Tu es le passé, je suis l'avenir, l'enfant naturel, légitime, de l'humanisme que tu as ruiné. Pendant qu'à Nuremberg tu jugeais en 1945 les crimes contre l'humanité, tu perpétrais en Algérie le massacre de Sétif ! Tu condamnais les horreurs que tu faisais chez nous. T'en étais-tu aperçu? Ton humanisme a péri. Je suis le balbutiement de sa seconde naissance. Je suis l'idée du genre humain que tu as mutilé. Je suis l'appropriation de la démocratie par toute la terre. Je suis *le droit des peuples à disposer d'eux-mêmes* ! [20]

Ce discours fictif met en lumière ce que j'appelle ici « l'humanisme hypocrite ». Il consiste à juger des crimes contre l'humanité pendant qu'on en commet soi-même; se gérer comme un missionnaire de la démocratie tout en enlevant à un autre peuple son autonomie et lui imposant un état d'occupation et de terreur quotidienne; parlant de liberté tout en menaçant le monde d'une domination extérieure par la force militaire et économique. L'aspiration qui était liée à l'idée de la décolonisation était celle-ci: « la mort du vieil humanisme et l'avènement du nouveau ».[21] « Mort à l'humanisme hypocrite ! Construisons un humanisme vrai ! » – était la devise.

'the universal human condition'. [...] The myth of universality is thus a primary strategy of imperial control. [...] ‚European' equals ‚universal' [...] The assumption of universalism is a fundamental feature of the construction of colonial power because the 'universal' features of humanity are the characteristics of those who occupy positions of political dominance. It is these people who are 'human', who have a legitimate theory, who live in 'the world'. Because language is a discourse of power, in that it provides the terms and the structures by which individuals have a world, a method by which the 'real' is determined, notions of universality can, like the language which suggests them, become imperialistic.")

20 Hélé Béji, *op. cit.*, p. 14.

21 *Ibid.*, p. 12.

8.

Une réaction qui se manifeste de plus en plus dans les pays décolonisés est la revendication de droits culturels. Hélé Béji critique de manière énergique la notion même de droit culturel. Alors qu'on a cru présenter les droits culturels comme « l'avant-garde d'un humanisme de la tolérance », une philosophie politique fondée sur celle-ci « conduirait bien vite à l'intolérance ».[22] Béji fait remarquer qu'avec la notion de droit culturel, « donc de légitimité propre à chaque culture, on perd l'espoir qu'émerge une morale valable pour tous les hommes. »[23] Au lieu de soutenir la libération pour obtenir une autonomie légitime, un « droit culturel sert souvent à justifier l'injustifiable. »[24] Béji observe de manière très critique que « dès qu'on s'est retrouvés entre soi, indépendants, l'intolérance a pris une vigueur nouvelle. [...] De nouvelles guerres internes sont nées […] qui ont gagné tous les esprits et dont on ne voit pas la fin. »[25] Hélé Béji s'y oppose et défend la priorité de la civilité par rapport à la culturalité: « C'est la civilité, et non la « culturalité », qui fonde l'humanité du politique. »[26]

9.

Malheureusement, la défense de la civilité, de la démocratie et du libéralisme fondé sur les droits de l'homme ne convaincra pas ceux auxquels elle s'adresse en premier lieu, les décolonisés, du moins tant que ceux qui sont associés mentalement à « la démocratie » (les acteurs d' « Enduring Freedom » et compagnie) continuent à pratiquer une expansion par la force et donc tentent de néocoloniser les décolonisés. Béji relève ce point de manière pertinente : « Si la démocratie veut y remédier par des interventions extérieures, par la force, elle ruine sa propre morale. La démocratie ne peut provenir que de soi-même. »[27] L'expansion ‚néocoloniale' de la démocratie est vouée à l'échec. Nous avons à faire apparemment à une re-colonisation. La culture « démocratique » qui s'avère une culture « re-colonisante » échoue à un niveau moral: elle triche, elle ment, du moins le font certains de ses acteurs. Elle tient un discours démocratique tout en supprimant (le droit à) la participation politique, elle tient un discours de marché libre tout en exploitant la situation des pays désavantagés (économiquement – d'ailleurs, qu'est-ce-que l'économie?).

22 *Ibid.*, p. 121.
23 *Ibid.*, p. 122.
24 *Ibid.*, p. 123.
25 *Ibid.*, p. 180.
26 *Ibid.*, p. 124.
27 *Ibid.*, p. 125.

10.

Il y a *plusieurs* humanismes: l'humanisme universaliste *et* l'humanisme particulariste. Les deux peuvent être hypocrites et poser des pièges. Je m'oppose aux deux: aux universalistes « néocoloniaux » aussi bien qu'aux particularistes religieux (fondamentalistes) « décolonisés ». Les pièges de l'humanisme hypocrite se trouvent des deux côtés, du côté du particulariste, qui risque d'être un idéologue de la dictature close, ainsi que du côté de l'universaliste positiviste dans la mesure où il ne fait qu'insister sur un droit formellement en vigueur et formellement libéral mais dont la légitimité reste insuffisante. Le colonisateur aussi bien que le post-colonisateur déclarent les droits de l'homme chez eux, ils les ignorent et les violent ailleurs. Le décolonisé se proclame de droits de l'homme universels pour sa lutte d'indépendance, il refuse de les universaliser après la libération. A l'époque de la décolonisation, les ex-colonisateurs font comme si de rien n'avait été, les ex-colonisés ont de la peine à ne plus se considérer eux-mêmes comme des colonisés.

11.

Or, précisément dans des débats interculturels, il est important de voir que les interlocuteurs (« Occidentaux » et « Orientaux », « Européens » et « Arabes ») argumentent à partir de contextes d'expérience et de réflexions différents, « opposés ». Il semble que des Occidentaux – surtout ceux qui défendent comme but de politique internationale le fait de permettre à toutes les sociétés de pouvoir jouir de la démocratie et à tous les hommes de pouvoir jouir des droits de l'homme – ces Occidentaux tendent souvent à oublier l'histoire et la situation à partir desquelles ils énoncent ces idéaux et à partir desquelles « les autres », les Orientaux, les écoutent. Les Orientaux, en revanche, considèrent plutôt les grands programmes éthico-politiques des Occidentaux avec l'œil méfiant de celui qui a été frustré et battu.

Je crois avoir remarqué que, dans mes contributions à nos débats, j'étais beaucoup moins sensible à l'histoire et à la situation actuelle que mes interlocuteurs arabes. Et il me semble que l'oubli et le refoulement historique soient nettement des tendances d'Européens de l'Ouest, alors que les Arabes argumentent plutôt en partant de leur conscience de l'histoire et de leur expérience politique.

Puisque conscience historique signifie ici souvenir de souffrances et d'injustices infligées par la violation des idéaux que les Européens avaient proclamés pour eux-mêmes, il semble qu'il y ait de bonnes raisons de se méfier de ces idéaux, surtout quand ceux-ci sont prononcés et proclamés par ceux qui les ont violés (ou par leurs enfants). Il faudra alors se demander, si et dans quelle mesure la réflexion philosophique sur les principes normatifs fondamentaux (moraux, juridiques) comme la liberté, la justice, l'égalité etc. doit prendre en considération le fait que les différentes sociétés aient fait des expériences historico-politiques divergentes avec ces principes. Dans quelle mesure et comment peut-on considérer les expériences divergentes comme contexte(s) de la justification et de la validité de principes normatifs? Pour tenter d'y répondre, revenons aux notions fondamentales en jeu ici: droit, justification, histoire.

12.

Droit et justification. – Nous exigeons que le « droit » se qualifie comme un système de règles générales qui ne se réduisent pas à la facticité de l'application par la force mais dont la validité normative est *justifiée.* La notion de droit est liée à l'idée de *justice* et en tant que telle à l'idée de *justification.*

Histoire et droit. – Nous savons que « le droit » (quel droit d'ailleurs?) n'est point une déduction purement logique de premiers principes moraux ou naturels, mais que « les droits » sont le résultat *historique* de luttes sociales que l'on peut caractériser comme des luttes pour la reconnaissance. Les droits ont « obtenu » leur signification dans certaines circonstances: les sentiments d'injustice des membres d'une société ont engendré l'action de revendiquer la reconnaissance de ces droits.

Justification et histoire. – Pour juger de la qualité normative, c'est-à-dire de la validité d'un système juridique, il faut considérer la *genèse* du droit, c'est-à-dire le *contexte historique* qui a mené à l'institutionnalisation juridique de ce droit. Cela est essentiel pour une compréhension adéquate du droit dans deux sens. Premièrement – c'est l'aspect « formel » –, la qualité normative de la procédure par laquelle un droit est positivé constitue une condition nécessaire de la légitimité du droit. Par conséquent, la genèse au sens procédural fait partie de la légitimité du droit. Deuxièmement – c'est l'aspect « matériel » –, la justification du droit est liée au caractère approprié du contenu normatif d'un droit par rapport à la culture normative d'une société. Celle-ci, étant un aspect intégrant du contexte historique de la société, est constituée surtout par deux éléments : (a) par la situation historico-politique avec ses *conditions existentielles* des gens qui font l'objet de la revendication d'une garantie juridique de certains droits, ainsi que (b) par *l'horizon évaluatif et normatif*, c'est-à-dire (b1) par les *convictions morales* avec les *valeurs* fondamentales acceptées et (b2) par le *statu quo* des *principes de droit* avec les *standards de justification* (implicites ou explicites) déjà acquis. Dans ce sens, la justification d'un droit fait partie de sa genèse et, vice versa, la genèse du droit fait partie de sa justification.

13.

Un principe (pratique: moral, politique, juridique) qui est l'objet d'un abus rhétorique et dont l'abus fait partie d'une stratégie politique hypocrite perdra sa crédibilité. Il est vrai qu'en règle générale un abus est tout d'abord la faute d'une personne qui le commet et non pas le défaut des mots où des principes utilisés qui sont plutôt les victimes de l'abus. Mais dans la mesure où les effets abusifs d'un principe sont graves, de longue durée et concernent le sort de toute une société (où même de tout un espace culturel), le principe sera lui-même mis en question. L'abus du principe aura des répercussions sur l'acceptation du principe. Il est vrai qu'au sens strict la validité d'un principe ne sera pas mise en question par de simples faits historiques. Mais les idéaux moraux et politiques qui s'expriment dans les principes tels que la personnalité, l'humanité et la dignité perdent leur crédibilité. C'est une vérité trop peu dite et trop peu reconnue: L'incrédibilité d'une rhétorique hypocrite se transmet aux idéaux moraux qui deviennent peu crédibles eux-mêmes. S'approprier un idéal, l'accepter comme « fil conducteur », signifie reconnaître sa fonction d'orientation. Pour que l'idéal remplisse cette fonction, il est essentiel qu'il y ait la conviction subjective que son application mène à une bonne praxis selon des critères acceptés par les personnes concernées.

14.

On a trahi l'idée de l'universalisme humaniste tout autant qu'on a trahi l'idée d'un particularisme culturel. Les rhétoriques de la mission soi-disant « démocratique » des Etats-Unis qui se manifeste par des guerres contre les « ennemis de la liberté », d'une part, et les rhétoriques de la « légitime défense » du monde arabe qui se manifeste dans les actes de terrorisme, d'autre part, sont les deux hypocrites et accompagnent des politiques criminelles. Non seulement les victimes (tués, blessés, déracinés) sont nombreuses, mais les principes normatifs cités dans ces rhétoriques hypocrites subissent une diffamation et perdent leur crédibilité. L'abus rhétorique des principes touche leur substance normative.

Il me semble que les débats sur la question de l'universalité de certains principes moraux et/ou juridiques fondamentaux ont soufferts précisément du fait historique qu'il y a eu et qu'il y a encore abus rhétorique et politique de ces principes. Une raison essentielle de cet abus est que ces principes ont été détachés de leur contexte, de leur genèse et, par là, de leur substance normative. Une leçon importante à apprendre aujourd'hui est que l'on ne peut nier le statut constitutif de l'histoire pour la validité même des principes normatifs en fonction desquelles nous justifions les notions fondamentales du droit. Il faut *situer* les principes. Il faut les *contextualiser*. En les abordant il faut savoir qui est le locuteur et qui est le destinataire, dans quelle situation et dans quel but s'en réclame-t-on, quelles sont les histoires, les biographies politiques dont ressortent ceux qui défendent un principe éthique ainsi que ceux à qui ce principe est proposé.

Certes, l'histoire ne pourra pas dans un sens strict réfuter la validité d'un principe normatif. Les faits ne réfutent pas les normes, pas dans un sens logique du terme. Mais les principes sont associés à leur usage et, par conséquent, à leur abus. *La biographie politique du locuteur affecte la véracité de revendication d'un principe.*

15.

Cette leçon n'aboutirait pas à la *relativisation* de la valeur des principes ou des notions qui en constituent le contenu. Je n'imagine pas que nous puissions renoncer tout simplement aux notions élémentaires suivantes:

personnalité – être l'auteur de buts et de règles de conduite
liberté – la possibilité réelle de déterminer son agir
dignité – reconnaissance réciproque
humanité – égalité morale
égalité – égalité juridique
justice – application impartiale et appropriée des normes

La sémantique de ces notions implique un humanisme en tant qu'universalisme. Elles perdraient leur sens (elles n'auraient *aucun* sens) si on les concevait comme des notions distinctives qui marqueraient des différences entre les humains ou qui ne s'attribueraient que conditionnellement. (Quelles conditions? Qui définit les conditions?) La contextualisation des principes normatifs fondamentaux n'expose pas à l'arbitraire les notions susmentionnées, elle n'exclut pas la défense d'un universalisme des principes. Edward W. Saïd soutient à juste titre que « l'humanisme est la seule résistance et, j'irais même jusqu'à dire, la résistance finale dont nous disposons contre les pratiques inhumaines et les injustices qui défigurent l'histoire humaine. [...] Le désir humain et humaniste d'éclaircissement et d'émancipation ne saurait être retardé malgré la force incroyable d'opposition qui vient des Rumsfeld, Bin Laden, Sharon et Bush de ce monde. »[28]

[28] Edward W. Saïd, *Orientalism* (1ère éd. 1978), avec une nouvelle préface de l'auteur lors de la 25e édition d'anniversaire, New York, 2003, p. xxix (« Humanism is the only, and I would go so far as to say, the final resistance we have against the inhuman practices and injustices that disfigure human history. »), et p. xxx: « The human, and humanistic, desire of enlightenment and emancipation is not easily deferred, despite the incredible strength of the opposition to it that comes from the Rumsfelds, Bin Ladens, Sharons, and Bushes of this world. »

Le noyau normatif de cet humanisme incontournable est l'universalisme et l'égalitarisme de la reconnaissance réciproque des êtres humains en tant que personnes agissantes qui se rencontrent en tant que libres et égaux. Tout autre conception du vivre ensemble aboutira nécessairement sur un « état de nature » où tout le monde serait livré à l'arbitraire du plus fort.

16.

Le particularisme bien entendu est un universalisme. Je me permets de revenir sur cette thèse que j'ai soutenue dans ma communication de l'année passée et qui a suscité des réactions d'étonnement parmi les auditeurs.[29] Le présent contexte permettra peut-être de rendre cette thèse plus compréhensible. Le particularisme dont je parle consiste dans la revendication de reconnaissance de la particularité (d'une culture, d'une société, d'une morale, d'une religion) et de son intégrité. La justification du particularisme entendu de cette manière va recourir à l'argument suivant: La particularité (d'une culture etc.) est le produit d'une activité humaine (sociale, historique). Les êtres humains créent leur culture en tant qu'espace vital. Celui-ci est façonné d'après les idées et les valeurs que les membres de la culture concernée estiment comme précieux et essentiels. Ils le considèrent comme étant digne d'être cultivé et protégé. Or, la revendication de protection de la particularité est évidemment une revendication universaliste. Certes, la prémisse de cette thèse est que la justification du particularisme n'est pas elle-même arbitraire mais se réfère à cette qualité culturelle fondamentale de création de l'espace vital par les êtres humains. L'argument sera donc que, *prima facie*, chaque culture particulière, en tant que création humaine, mérite l'estime de la part des autres autant que chacune des autres souhaitent être respectée par elle. Le particularisme dans ce sens d'une position rationnelle et normative est au fond un universalisme, à savoir *l'universalisme de l'estime réciproque universelle de la dignité de l'autocréation culturelle humaine*. Cela n'implique point que toute pratique, par le fait même qu'elle est une pratique humaine, soit justifiée a priori et immunisée contre toute critique, mais que, tout au contraire, celui qui prétend justifier sa pratique en ayant recours au principe de la protection des cultures accepte la limitation de son droit par le sens normatif de l'universalisme de la dignité des cultures particulières.

L'universalisme bien entendu, dans le sens où il coïncide avec le particularisme bien entendu, exclut toute forme de chauvinisme colonialiste, de racisme, d'apartheid et d'« orientalisme ». Il en est, tout au contraire, l'opposé diamétral, le programme critique par excellence contre toutes ces déformations de l'huma-

[29] Cf. Georg Mohr, « L'homme des droits de l'homme face aux figures de l'humanité », dans : Jacques Poulain et al. (éd.), *Les figures de l'humanité*, Francfort/Main, 2009, p. 25.

nité. En tout cas, il devrait l'être. L'hypocrisie susmentionnée semble nourrir le soupçon que l'universalisme ne soit qu'une forme philosophique sublimée du colonialisme. Sur le plan politique, il se présente actuellement comme une oppression exercée par les pouvoirs hégémoniques qui imposent leurs structures politiques comme instrument de domination. Quand la rhétorique de l'universalisme est utilisée pour soi-disant justifier[30] cette politique impérialiste, on trompe la conscience philosophique de l'humanité en ignorant la différence catégorielle entre universalisme descriptif (égaliser les différences) et universalisme normatif (reconnaissance réciproque et droits égaux). Une des tâches les plus importantes de la philosophie et de la politique aujourd'hui est de conceptualiser et de concrétiser un universalisme normatif basé sur la critique du colonialisme qui soit en tant que tel un universalisme non colonial.

17.

Certes, les analyses d'Hélé Béji sont provocantes, elles démasquent des ambiguïtés dans la réalisation actuelle de la décolonisation. Elle critique des hypocrises qu'elle identifie des deux côtés, du côté des décolonisés autant que du côté des ex-colonisateurs, dans leur manière de se réclamer de l'idée d'humanité. Le reproche d'hypocrisie qu'Albert Memmi, Aimé Césaire et Jean-Paul Sartre avaient adressé à l'Europe colonisatrice dans leurs écrits « classiques » des années 1950 et 1960 doit être adressé aujourd'hui également à certains porte-paroles des décolonisés qui abusent de l'idée d'humanité en prêchant la « vanité des origines » et le fondamentalisme religieux en son nom. Ce reproche est à adresser également à ceux parmi les Occidentaux de nos jours qui instrumentalisent la rhétorique de la liberté et de la démocratie pour leurs ambitions d'hégémonie politique et d'exploitation économique.

Certes, ni « vous » ni « nous », nous ne serons d'accord avec toutes les critiques avancées par Hélé Béji. Mais j'ai constaté quant à moi que précisément l'autocritique de la décolonisée Hélé Béji, aussi dure qu'elle soit, m'a permis de comprendre certains défauts cruciaux dans ma propre approche des questions discutées ensemble; elle m'aide à comprendre mieux les pièges dans lesquelles je tombe moi-même.

[30] Voir l'article de Fathi Triki dans ce volume.

Bibliographie

Ashcraft, Bill, et al. (eds.), 2001, *The Post-Colonial Studies Reader*, London and New York (1st ed. 1995)

Ashcraft, Bill, et al., 2004, *Post-Colonial Studies. The Key Concepts*, London and New York (1st ed. 2000)

Béji, Hélé, 2008, *Nous, décolonisés. Essai*, Paris

Césaire, Aimé, 2004, *Discours sur le colonialisme* (1955), suivi de *Discours sur la Négritude*, Paris

Fanon, Frantz, 2002, *Les damnés de la terre*, Préface de Jean-Paul Sartre, 1ère éd. Paris: Maspero, 1961, réédité avec préface d'Alice Cherki et postface de Mohammed Harbi, Paris, 2002

Mannoni, Octave, 1950, *Psychologie de la colonisation*, Paris

Memmi, Albert, 1985, *Portrait du colonisé*, précédé de *Portrait du colonisateur* et d'une préface de Jean-Paul Sartre, 1ère éd. Corréa 1957, Paris

Mohr, Georg, 2009, « L'homme des droits de l'homme face aux figures de l'humanité », dans: Jacques Poulain et al. (éd.), *Les figures de l'humanité*, Francfort/Main, 2009, pp. 19-26

Osterhammel, Jürgen, 2001, *Kolonialismus. Geschichte, Formen, Folgen*, München, 3., durchges. Aufl. (1. Aufl. 1995)

Poulain, Jacques, et al. (éd.), 2009, *Les figures de l'humanité*, Francfort/Main

Saïd, Edward W., 1994, *Culture and Imperialism*, New York (1st ed. 1993)

Saïd, Edward W., 2003, *Orientalism*, with a new Preface by the author to the Twenty-Fifth Anniversary Edition, New York (1st ed. 1978)

Sartre, Jean-Paul, 1957, « Préface », dans: Albert Memmi, *Portrait du colonisé*, précédé de *Portrait du colonisateur* et d'une préface de Jean-Paul Sartre, 1ère éd. Corréa 1957, Paris, 1985

Sartre, Jean-Paul, 1961, « Préface », dans: Frantz Fanon, *Les damnés de la terre*, Paris: Maspero, 1961, réédité avec préface d'Alice Cherki et postface de Mohammed Harbi, Paris, 2002, pp. 17-36

Young, Robert J. C., 2003, *Postcolonialism. A Very Short Introduction*, Oxford

Index des Noms

PHILOSOPHIE UND TRANSKULTURALITÄT
PHILOSOPHIE ET TRANSCULTURALITÉ

Herausgegeben von
Sous la direction de
Jacques Poulain (Paris), Hans Jörg Sandkühler (Bremen/Brême), Fathi Triki (Tunis)

Bd./Vol. 1 Hans Jörg Sandkühler / Fathi Triki (Hrsg./éd.): Die Aufgaben der Philosophie in der transkulturellen Welt / La tâche de la philosophie dans le monde transculturel. 2002.

Bd./Vol. 2 Hans Jörg Sandkühler / Fathi Triki (Hrsg./éd.): Der Fremde und die Gerechtigkeit / L'étranger et la justice. 2003.

Bd./Vol. 3 Hans Jörg Sandkühler / Fathi Triki (Hrsg./éd.): Gewalt und Recht in transkultureller Perspektive / Violence et droits dans une perspective transculturelle. 2004.

Bd. 4 Jacques Poulain / Hans Jörg Sandkühler / Fathi Triki (Hrsg.): Menschheit – Humanität – Menschlichkeit. Transkulturelle Perspektiven. 2009.

Vol. 5 Jacques Poulain / Hans Jörg Sandkühler / Fathi Triki (éd.): Les figures de l'humanité. Perspectives transculturelles. 2009.

Vol. 6 Anthony Onyemachi Agwuele: Rorty's Deconstruction of Philosophy and the Challenge of African Philosophy. 2009.

Vol. 7 Jacques Poulain / Hans Jörg Sandkühler / Fathi Triki (ed.): La dignité humaine. Perspectives transculturelles. 2009.

Vol. 8 Cyrille B. Koné: De la réconciliation terrestre. Essai sur la citoyenneté réhabilitée. 2010.

Vol. 9 Jacques Poulain / Hans Jörg Sandkühler / Fathi Triki (éds.): Justice, Droit et Justification. Perspectives transculturelles. 2010.

www.peterlang.de

Peter Lang · Internationaler Verlag der Wissenschaften

Jacques Poulain / Hans Jörg Sandkühler / Fathi Triki (ed.)

La dignité humaine

Perspectives transculturelles

Frankfurt am Main, Berlin, Bern, Bruxelles, New York, Oxford, Wien, 2009.
195 p.
Philosophie et transculturalité. Edité par Jacques Poulain, Hans Jörg Sandkühler et Fathi Triki. Vol. 7
ISBN 978-3-631-59696-8 · rel. € 42,80*

La dignité humaine est inviolable. Elle doit être respectée et protégée. La dignité de l'homme est-elle par essence inviolable? De la dignité de qui s'agit-il? Faut-il entendre par cette proposition qu'il est impossible de ravaler l'homme? Est-il juste de dire qu'on ne peut retirer à personne sa dignité et que seul le droit au respect peut être mis à mal? Les idées et concepts de dignité humaine contiennent les réponses aux questions «Qu'est-ce qu'un individu? Qu'est-ce que vivre en société?» S'agit-il de réexaminer le bien-fondé des notions modernes d'individu, de personne et de sujet dans la perspective du vivre-ensemble et à la lumière des nouvelles instances de socialité et de transculturalité, alors les déclarations sur la dignité humaine nous confrontent à des problèmes philosophiques, anthropologiques et juridiques.

Contenu: La dignité humaine et la transformation des droits moraux en droit positif · Dignité et hospitalité du vivre-ensemble · Dignité humaine et esclavage en Islam · La dignité dans la pensée mésopotamienne et ses implications en Irak aujourd'hui · Solon et la dignité humaine · Dignité et moralité chez Spinoza · Fondements de la dignité de l'humanité chez Kant · Les concepts de respect et respect mutuel · La morale pragmatique du respect et la dignité humaine · Le partage et le non partage du jugement de vérité · Dignité humaine et démocratie · Quelques difficultés relatives à la democratie et aux droits de l'homme